鹿児島の伝統産業と職人ことば

福田陽子

海鳥社

鹿児島の職人ことば

　近世以後の職人には出職と居職の区別があった。出職は大工・左官のように、外へ出向いて仕事をする職人であり、居職は鍛冶屋や仏師のように自家にいて仕事をする職人である。
　この本は、鹿児島県における伝統産業の職人ことばの特性を社会言語学的に調査・研究したものである。ここで採り上げられた伝統産業は居職であり、鹿児島の地域社会に根差した鹿児島茶、焼酎、さつまあげ、福山酢、薩摩焼（龍門司焼）、薩摩切子、薩摩錫器、竹細工・竹製品である。
　著者は、機械化の進む産業の中にあって、失われていく手作りの伝統産業のことばを記録・保存し、職人の言語生活を後世に伝えようとする。
　鹿児島県の職人ことばは、当然ながらいずれも鹿児島方言の言語生活と密接な関係がある。さつまあげ用語に、新鮮な魚をブエン、内蔵をワタといい、竹細工職人の用いるコガンナ（小刀）、アンカタ（編み方）などを挙げる。家内工業的な手作りの中で使用された語彙も採集している。焼酎の製造においては、麹作りで用いるモロブタ・コウジムロ（麹室）のような語がある。伝統産業の特有語、たとえば龍門司焼の窯の名称、サンゲンメ（三の間）、ヨンゲンメ（四の間）のような語を知る人は少なくなった。ヒキガエルの肌に似たところからドンコ焼といい、ドンコ釉、ダカツ（蛇蝎釉）、サメグスリ（鮫肌釉）のように比喩的に動物名が職人ことばになった釉薬の語も収められている。
　一般語の意味を薩摩錫器の職人は特殊化して用いている。モチ（餅）・ユ（湯）から錫を熔かしてできる塊をモチ、鋳造のために熱して熔かした金属をユという。職人の修業に関する言い伝えが残っている。窯焼きに没頭する職人の修業の厳しさを「カマヤキン（窯焼きの）トキャ（時には）親のシンメ（死に目）にも会えん」という。職人の気質を反映する言い回しも

採集されている。龍門司焼の職人は「十作るよりも百」、「作れば他人のものが見えてくる」と、数多く作って仕事を覚える大切さをいう。鹿児島茶製造の集団では、「新茶目の毒、古茶あがれ」というが、新茶を飲むと古茶が残るので、もったいないことをしないように注意した言い伝えである。

　このように本書は職人ことばを豊富に採録し、伝統産業に従事する鹿児島の職人の言語生活を明らかにしている。こつこつと念入りに根気強く調査した著者の努力の成果が見られてありがたい。

2006年3月

関西外国語大学大学院教授
新村出記念財団理事長

堀井令以知

まえがき

　本書は、関西外国語大学大学院において2001年3月に取得した博士（言語学）のために執筆し、2001年9月に印刷・公表した博士論文「鹿児島県における職業集団語の社会言語学的研究（A Sociolinguistic Research of Technical Terms of Craftsmen in Kagoshima Prefecture）」をもとに、日本語版として書いたものです。

　本書のもとになっている博士論文を執筆するにあたり、次の方々に貴重なアドバイスとご協力をいただきました。心から感謝いたします。

　堀井令以知教授には研究を通して、親切にご指導いただきました。今現在の職人ことばを将来のために記述しておく大切さは、この研究をする励みになりました。

　臨地調査を行うにあたっては、西芳香園・西芳夫氏、大山酒造合名会社・大山哲彦氏、田中蒲鉾店・田中茂樹氏、坂元醸造、龍門司焼企業組合（現在、龍門司焼次郎太窯）・川原輝夫氏（2代目軍次）、薩摩ガラス工芸、大辻朝日堂・大辻賢一氏、大崩竹細工店・大崩紀明氏（柳 明齊(りゅうめいさい)）の方々にお世話になりました。お忙しい中、また限られた時間ではありましたが、調査に協力してくださり、それぞれの伝統産業と職人ことばと職人の生活について多くのことを熱心に話してくださいました。

　最後になりましたが、鹿児島在住の方々、鹿児島出身の方々、友人・知人に多くの励ましや提案をいただき、心から感謝いたします。

　本書が鹿児島県の地域文化と伝統産業集団の発展に少しでもお役に立てればと願っています。

福田陽子

鹿児島の
伝統産業と職人ことば

◆※◆

目　次

鹿児島の職人ことば ── 堀井令以知
まえがき

はじめに・・15

● 第1章　鹿児島茶製造 ●

1　鹿児島茶について・・・・・・・・・・・・・・・・・・・・・・・・・・・・23
2　鹿児島茶の製造工程・・・・・・・・・・・・・・・・・・・・・・・・・25
3　鹿児島茶製造者の生活との関係について・・・・・32
4　鹿児島茶の歴史について・・・・・・・・・・・・・・・・・・・・34

● 第2章　焼酎製造 ●

1　焼酎について・・・・・・・・・・・・・・・・・・・・・・・・・・・・・・・・39
2　焼酎の製造工程・・・・・・・・・・・・・・・・・・・・・・・・・・・・・42
3　焼酎製造者の生活との関係について・・・・・・・・・56
4　焼酎の歴史について・・・・・・・・・・・・・・・・・・・・・・・・・69

● 第3章　さつまあげ製造 ●

1　さつまあげについて・・・・・・・・・・・・・・・・・・・・・・・・・75
2　さつまあげの歴史について・・・・・・・・・・・・・・・・・・76
3　さつまあげの製造工程・・・・・・・・・・・・・・・・・・・・・・78
4　さつまあげ製造者の生活との関係について・・・85

第4章　福山酢製造

1　福山酢について・・・・・・・・・・・・・・・・・・・・・・・・・・・・・・・・・・・89
2　福山酢の歴史について・・・・・・・・・・・・・・・・・・・・・・・・・・・・91
3　福山酢の製造工程・・・・・・・・・・・・・・・・・・・・・・・・・・・・・・・・93
4　福山酢製造者の生活との関係について・・・・・・・・・・・・・105

第5章　薩摩焼製造

1　薩摩焼について・・・・・・・・・・・・・・・・・・・・・・・・・・・・・・・・・・107
2　龍門司焼の生産工程・・・・・・・・・・・・・・・・・・・・・・・・・・・・・110
3　龍門司焼製造者の生活との関係について・・・・・・・・・・・130
4　薩摩焼の歴史について・・・・・・・・・・・・・・・・・・・・・・・・・・・134

第6章　薩摩切子製造

1　薩摩切子について・・・・・・・・・・・・・・・・・・・・・・・・・・・・・・・143
2　薩摩切子の歴史について・・・・・・・・・・・・・・・・・・・・・・・・144
3　薩摩切子の生産工程・・・・・・・・・・・・・・・・・・・・・・・・・・・・148
4　薩摩切子製造者の生活との関係について・・・・・・・・・・・154

第7章　薩摩錫器製造

1　薩摩錫器について・・・・・・・・・・・・・・・・・・・・・・・・・・・157
2　薩摩錫器の歴史について・・・・・・・・・・・・・・・・・・・・・158
3　薩摩錫器の生産工程・・・・・・・・・・・・・・・・・・・・・・・・162
4　薩摩錫器製造者の生活との関係について・・・・・・・173

第8章　竹細工・竹製品製造

1　竹細工・竹製品について・・・・・・・・・・・・・・・・・・・・・175
2　竹細工・竹製品の歴史について・・・・・・・・・・・・・・・177
3　竹細工・竹製品の生産工程・・・・・・・・・・・・・・・・・・178
4　竹細工・竹製品製造者の生活との関係について・・・・196

結　論・・199

あとがき　207
参考文献　209
索　引　219

《凡　例》

　本書では、博士論文「鹿児島県における職業集団語の社会言語学的研究（A Sociolinguistic Research of Technical Terms of Craftsmen in Kagoshima Prefecture）」を書いた2000年当時の平成の大合併（2004～2006年）前の市町村名のまま記述する。なお、新設合併・編入合併後の市町村名は、次の通りである（市町村自治研究会編『全国市町村要覧〈平成17年度版〉』第一法規株式会社より）。

合　併　後	合　併　前
鹿児島市	鹿児島市、鹿児島郡吉田町、鹿児島郡桜島町、揖宿郡喜入町、日置郡松元町、日置郡郡山町
鹿屋市	鹿屋市、曾於郡輝北町、肝属郡串良町、肝属郡吾平町
薩摩川内市	川内市、薩摩郡樋脇町、薩摩郡入来町、薩摩郡東郷町、薩摩郡祁答院町、薩摩郡里村、薩摩郡上甑村、薩摩郡下甑村、薩摩郡鹿島村
日置市	日置郡東市来町、日置郡伊集院町、日置郡日吉町、日置郡吹上町
曾於市	曾於郡大隅町、曾於郡財部町、曾於郡末吉町
薩摩郡さつま町	薩摩郡宮之城町、薩摩郡鶴田町、薩摩郡薩摩町
姶良郡湧水町	姶良郡栗野町、姶良郡吉松町
肝属郡錦江町	肝属郡大根占町、肝属郡田代町
肝属郡南大隅町	肝属郡根占町、肝属郡佐多町
肝属郡肝付町	肝属郡内之浦町、肝属郡高山町
いちき串木野市	串木野市、日置郡市来町
霧島市	国分市、姶良郡横川町、姶良郡牧園町、姶良郡溝辺町、姶良郡霧島町、姶良郡隼人町、姶良郡福山町
南さつま市	加世田市、川辺郡笠沙町、川辺郡大浦町、川辺郡坊津町、日置郡金峰町
指宿市	指宿市、揖宿郡山川町、揖宿郡開聞町
志布志市	曾於郡松山町、曾於郡志布志町、曾於郡有明町
出水市	出水市、出水郡野田町、出水郡高尾野町
出水郡長島町	出水郡東町、出水郡長島町

鹿児島の伝統産業と職人ことば

はじめに

　鹿児島は、九州地方南部に位置し、気候は温暖である。桜島のように火山帯に属し、シラス台地が広がっている。内陸部は山地が多いため、農業にとっては土地が狭く、不利である。それぞれの家がすべてのことに手をかけている時期もあった。一方、地域文化の特徴が際立っており、鹿児島独特だと思われるものも少なくない。鹿児島文化の特徴として、年齢階梯制的性格などが挙げられる。鹿児島の教育は、郷中教育や示現流(1)(2)をもとにして行われてきている。これらは、鹿児島県における職業集団語に何らかの影響がある。鹿児島の伝統技芸は土俗的といわれる。例えば、帖佐人形や紙雛などの形や表情は、素朴で南国的温かさと庶民の生活感に満ちている。これは、ほかの工芸や民芸全般にも当てはまる特色だろう。700年間に及ぶ島津藩の支配により、強い郷党意識が育てられ、他に対して閉鎖的な精神風土が生み出された。そのため、鹿児島で作られるものは見かけよりも使い勝手が重視された。鹿児島の職人芸は、生活と関わりの深い質素さの原点を守っている。独特の味わいのある芋焼酎が、焼酎ブームまで県外の人々にほとんど飲まれることなく、地元消費用に供されていたことも、自分たちで用いる気風のためだったと思われる。一方、閉鎖性とは相反するが、武士階級の多くに見られた進取性の投影もある。例えば、朝鮮からもたらされた薩摩焼が、薩摩風に、献上用の白薩摩と庶民用の黒薩摩に分化していった複雑さなどがある。

　本研究の目的は、鹿児島の伝統産業集団の社会言語学的特徴を中心に、

（1）薩摩藩の独特な青少年教育。
（2）薩摩独特の剣術。

鹿児島県における生活語彙の社会言語学的特徴を明らかにすることである。伝統産業を中心とした職業集団語についての記述にあたっては、鹿児島茶製造や焼酎製造などいくつかの産業を比較することにより、地域社会・文化との密着度との関係で、方言語彙をよく使う産業とあまり使わない産業があるが、それらの職業語について、詳細に調査研究する。また、焼酎製造などのように、鹿児島県内に生産地が散在している場合には、地域やその地域の特徴による職業語や方言語彙の違いについて考察する。近年、機械化も進んでいるので、機械化による職業集団語の変化についても取り上げる。あわせて、年齢差、性差などとことばの変異、集団語についても考察する。

　職業集団語についての先行研究には、清野(せいの)文男の『日本の職人ことば事典』がある。3000語余りのことばが藍染、石工、鋳物、団扇(うちわ)、漆、江戸風鈴、桶、織物、硝子(ガラス)、金工、こけし、左官、三味線、大工、竹細工、樽、提灯、籐細工、日本刺繍、日本酒、日本刀、人形、ブリキ、木工、焼物、友禅、和菓子、和紙など100種余りの職種から収録されている。京都については、井之口有一・堀井令以知(れいいち)の『職人ことば辞典』があり、西陣織、京友禅、伏見酒、京焼、京人形、京扇、宇治茶、祇園花街における京都伝統産業の職人ことばが明らかになっている。しかし、京都以外の地域では、今までにこの種の研究はないように思われる。他の地域の職人集団語についても調査する必要があると思われるので、その１つとして鹿児島県について取り上げる。

　本研究でいう「伝統工芸」は、『大辞林』の「伝統工芸」の項に従う。「日本の伝統的な技術を基礎に、現代生活に即した作品を創造し、新しい伝統を築くことをめざす工芸。また、その作品。天然素材を用いた手作りを本旨とする。陶芸・染織・漆芸・金工・木竹工・人形など多くの分野がある」。また、「職人」とは、熟練した技術を身につけ、物を製作・加工することを職業とする人を指す。

　鹿児島方言は、一般的に鹿児島市の方言を指すことが多いが、本研究で

は、鹿児島県本土と種子島・屋久島および宮崎県諸県地方で使われている薩隅方言（南九州方言）を指す。鹿児島方言の特徴は地域によってさまざまであり、簡単には説明できない。鹿児島方言についての研究は、鹿児島市の方言が鹿児島方言の代表であると考えられており、他の地域の方言については、揖宿郡頴娃町のように特徴が明らかになっている地域と、今後の研究が必要な地域とで差がある。

　鹿児島方言の語彙についての先行研究としては、上村孝二の『九州方言・南島方言の研究』などがある。『九州方言・南島方言の研究』には、語彙「肥前から薩摩へ」、南九州の語彙、日葡辞書と九州方言、南九州の俚言の溯源的解釈、鹿児島の親族語彙、薩隅方言の動物方言語彙、薩隅地方の珍語300選について書かれている。また、鹿児島の伝統産業において使用されている方言や語彙に関する先行研究は、『大隅肝属郡方言集』などに多少見られ、農作物、農業、山仕事、蚕業、漁業関係、狩猟、労働、職業に関する語彙が取り上げられているにすぎない。鹿児島の職業集団における方言や語彙についての先行研究は、ほとんど行われておらず、研究の意義があると思われる。

　鹿児島方言の語彙は、アクセントや音韻転訛を無視すれば、肥筑方言（西九州方言）に共通する特徴が多い（なお、無声化音は。で表す）。例えば、テノハラ（手のひら）、イガー（井戸）、ホケ（湯気）、ナバ（きのこ）、ソラ（たわし）、オセ（大人）、イゲ（刺）、ホメッ（蒸し暑い）、ネマッ（腐る）、キビッ（結ぶ）、モス（蒸す）、カル（背負う）、ムゾカ（かわいい）、ヌッカ（あたたかい）、アッタラシ（惜しい）、ヤゾロシ（うるさい）などが挙げられる。一方、薩隅方言特有の語彙と思われるものも少なくない。ゴテ（足）、サダッ（夕立）、オンツ・メンツ（雄牛・雌牛）、ヨモ（猿）、アップ（ひき蛙）、ヨメジョキッ（とうもろこし）、トッサゴ（ほうせんか）、ヨマ（紐）、イッガネ（指輪）、ウッニワ（土間）、シッタレ（末っ子）、ガラッパ（河童）、オヤス（育てる）、オカベ（豆腐）などが挙げられる。

　昔は各家庭ですべてのことを手がけていたが、現在は分業化している。

そのため、日常生活の語彙も職業集団で使われている語彙と共通点があると思われる。交通機関の発達やマスコミの影響などにより、方言の共通語化が進んで、死語になった語彙もあると思われる。

　日常生活や正月などの年中行事と竹細工や焼酎などの伝統産業とは、切り離せない関係にある。鹿児島の主な産業には、鶏・豚・牛などの畜産、酪農・ポンカン・文旦・(小)みかん・びわ・漬物(山川漬)・そば・(桜島)大根・たばこ・麦、薩摩芋・菜種油・鹿児島茶などの農林業、きびなご・鰹節・さつまあげなどの漁業、ふくれがし、ゆべし、かるかん、福山酢、焼酎、大島紬(つむぎ)、知覧傘提灯(ちょうちん)、竹細工・竹製品、温泉(砂蒸し温泉)、金山、帖佐人形、川辺仏壇、薩摩琵琶、薩摩錫器(すずき)、薩摩焼、薩摩切子(きりこ)などが挙げられる。これらの中で、大島紬、知覧傘提灯、竹細工・竹製品、帖佐人形、川辺仏壇、薩摩琵琶、薩摩錫器、福山酢、鹿児島茶、焼酎、さつまあげ、薩摩焼、薩摩切子などが鹿児島の伝統産業である。

　ここでは、鹿児島の地域社会に根差し、特に重要な産業だと思われる①鹿児島茶、②焼酎、③さつまあげ、④福山酢、⑤薩摩焼、⑥薩摩切子、⑦薩摩錫器、⑧竹細工・竹製品について、順に職業集団語彙などを考察していく。本研究で取り上げた職業集団の調査地点などは、以下に示す通りである。なお、職業集団への従属年数や職名などは、調査年月時点のものである。

①	職業集団名	鹿児島茶製造			
	調査地点	姶良郡牧園町	調査年月	1999年9月、2000年3月	
	生　　年	1947年	性　別	男	
	従属年数	牧園町で30年位。茶業試験場に2年			

②	職業集団名	焼酎製造					
	調査地点	伊佐郡菱刈町	調査年月	1999年9月、2000年3月			
	生　　年	1939年	性　別	男	職　名	社長	
	従属年数	33年					

	職業集団名	さつまあげ製造					
③	調査地点	姶良郡加治木町	調査年月	1999年9月			
	生　　　年	1951年	性　別	男	職　名	社長
	従属年数	25年位					

	職業集団名	福山酢製造					
④	調査地点	姶良郡福山町	調査年月	1999年8、9月			
	生　　　年	1943年	性　別	男	職　名	店主
	従属年数	20年					

	職業集団名	薩摩焼製造					
⑤	調査地点	姶良郡加治木町	調査年月	1999年9月、2000年3月			
	生　　　年	1947年	性　別	男	職　名	専務理事
	従属年数	31年					

	職業集団名	薩摩切子製造					
⑥	調査地点	鹿児島市	調査年月	1999年9月			
	年　　　齢	26歳	性　別	男	職　名	主査
	従属年数	8年					

	職業集団名	薩摩錫器製造					
⑦	調査地点	鹿児島市	調査年月	1999年9月、2000年3月			
	生　　　年	1935年	性　別	男	職　名	専務取締役
	従属年数	24年					

	職業集団名	竹細工・竹製品製造					
⑧	調査地点	姶良郡吉松町	調査年月	2000年1月			
	生　　　年	1940年	性　別	男	職　名	竹細工師
	従属年数	京都での10年を含めて45年					

▶調査地点地図

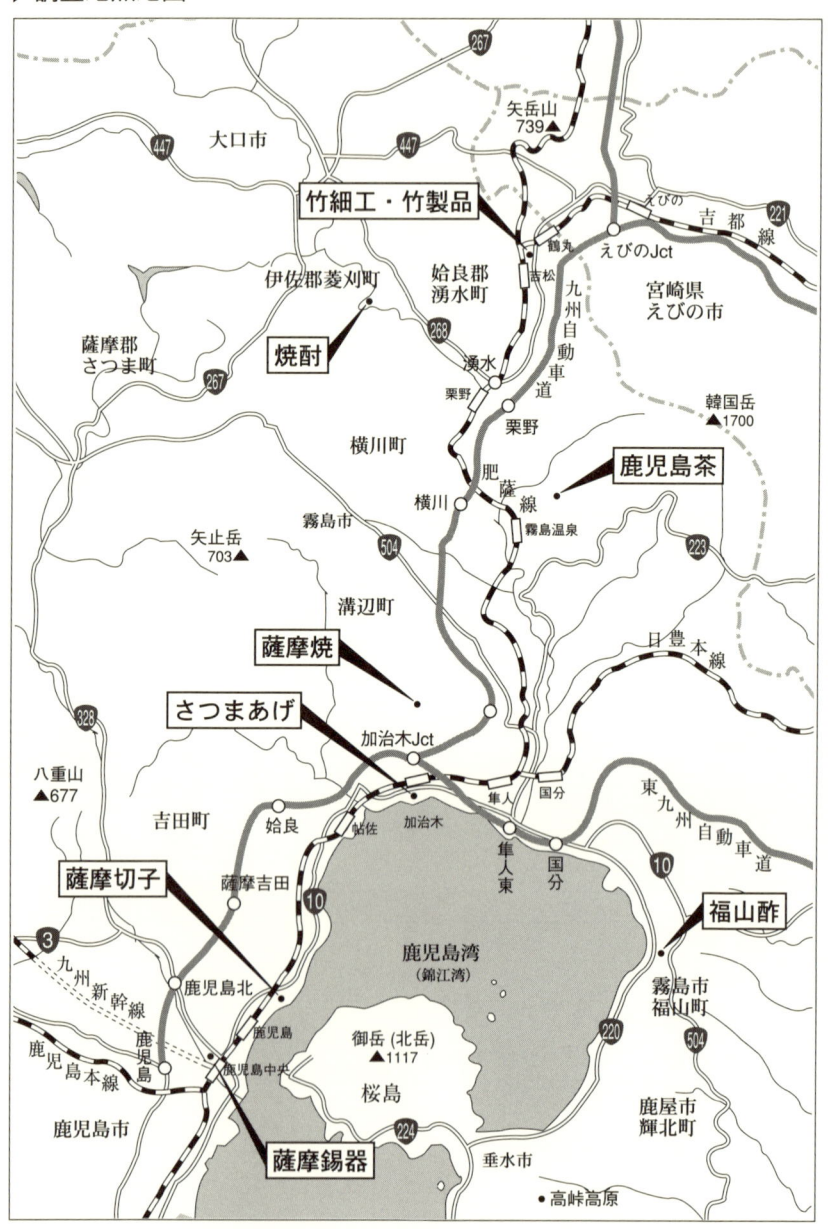

はじめに

　研究にあたっては、1999年8月、9月、2000年1月、3月にいずれも焼酎製造など鹿児島の産業が行われている現地で、職業集団語彙などの調査を行い、その結果をまとめた。それぞれの職業集団の起こりなどについて、温暖な気候、シラス台地の火山灰、黒潮、食文化など、地理的・社会的要因との関係からも、検討を加えることとする。また、交通手段の発達などの差、言語接触、後継者の育成、家内作業か工場で作業するかの違い、作業時間、同一語で複数の意味がある場合の使い分けなどについてもあわせて考察する。

　産業として早くからあったと思われるものに、焼酎製造や薩摩焼製造が挙げられる。一方、鹿児島茶製造や竹細工・竹製品製造のように、家内工業から発展したものもある。また、薩摩切子のように復元されて、今日鹿児島の重要な産業になっているものもある。江戸時代、竹細工の技術は庶民が受け継いでいたが、鉄や金、錫、陶器などは士族が管理したり、自ら製作した。

　研究の意義は、鹿児島において失われつつある伝統産業を中心とした職業集団語彙の体系を後世に残すことであり、時代とともに変化する伝統産業などの職業集団語彙の現在の状況を記録しておくことに価値がある。産業の近代化による機械化の影響についても考察していく。また、機械化前のかつての語彙などをできるだけ復元する必要がある。焼酎製造や福山酢製造に使われているモロブタのように、かつて家庭で使われていた道具を職業集団でも使っている場合もある。

第1章

鹿児島茶製造

1 鹿児島茶について

　生活の中で最も身近な飲み物にお茶がある。茶は主に、その年に伸びた新芽や新葉を摘み取り加工して飲用する。今では一般的な嗜好品となっているが、昔は薬用として飲まれていた。茶の木は、椿や山茶花の親類に当たるツバキ科の永年性の常緑樹で、アジア南部の亜熱帯地方や東南アジアが原産地である。自然状態では、低木から高さ十数メートルに達する喬木まであるが、栽培する茶は70センチメートルほどに煎定して育てる。

　鹿児島茶は、豊かな大地、南国の陽光、適度な雨量に育まれ、気候が温暖で、日照時間が長いため、暖地茶としての特色を持ち、茶葉は厚く、葉緑素も豊富に含む。特徴として、外観は緑色が濃く、艶があり、形がよく揃っている。香味は、若芽の新鮮な高い香りと、爽やかさがある。味は濃厚で、まろやかさに富んでいる。水色(1)は濃く、深みがあり、きれいである。食後に飲むと、口の中はべとつかず、何回も注ぎ足して飲める。上品で淡白な風味の宇治茶や静岡茶とは対照的で、鹿児島茶にはいわゆる南国的な男性的風味がある。

　鹿児島茶の生産地は、揖宿郡頴娃町、川辺郡知覧町・川辺町、枕崎市、曾於郡有明町・財部町・末吉町・志布志町、姶良郡溝辺町・牧園町、鹿屋

（1）淹れた時のお茶の色。

市、日置郡伊集院町・松元町、肝属郡田代町、薩摩郡宮之城町など県内各地に散在している。かぶせ茶、煎茶、玉緑茶、番茶が栽培されている。しかし、ほうじ茶、紅茶、どくだみ茶はあまり作られておらず、抹茶と玉露は栽培事例がない。静岡に次いで全国第2位の生産地と生産量である。全国生産量に対する割合は1999年度27%を占めている。茶園栽培面積は1999年度7900ヘクタール、荒茶生産量は1999年度18400トンである。茶類別荒茶生産量は1998年度かぶせ茶1600トン、煎茶12700トン、玉緑茶304トン、番茶24507トンである。荒茶工場数は1998年度で718ある。栽培農家数は1998年度で12300である。茶師の数は10人程度である。銘柄数は159で、「さつまみどり」、「さつま路」、「かごしまみどり」、「翠鳳（すいほう）」、「太陽」などの銘柄がある。

　鹿児島県の茶業の歴史は浅いが、広大な畑地と温暖な気象条件を生かし、生産量は年々増加している。昔は人手で1つ1つ摘んでいたが、今では茶摘み機械が発達し、乗用型摘採機の普及や加工施設などの機械化がある。一方、日置郡松元町には手揉み保存会がある。

　鹿児島は、栽培区域が広いという特徴を持ち、日本一早い走り新茶が生産される。茶産地の地帯区分には、気候が温暖で走り新茶に重点を置く温暖早場地帯と、機械化により良質茶を大量に低コストで生産する畑作平坦地帯、冷涼な気候を生かして上級茶を生産する山麓（さんろく）傾斜地帯がある。

　臨地調査は、姶良郡牧園町における鹿児島茶の製造を扱った。調査地点の特徴は、霧島山麓の標高350メートルの冷涼地である。調査した茶園は1921年に創業した。1935年に共同工場になり、茶業専業になったのは1965年からである。銘柄は「きりしまみどり」である。

2 鹿児島茶の製造工程

　茶園、茶摘み、製茶などの製造工程とそれに伴う製茶工程語について考察する。

Ⅰ　製造工程

1 茶　園

　鹿児島での茶園の始まりは、人家との境や防風林の目的で、畑と畑との間に植えていた土手茶からで、高台の水はけのよい所だった。

　煎茶を作る茶園をすべてチャエン（茶園）という。霜の被害から守るために、防霜ファンを回したり、ワラガケ（藁掛け）をする。現在、カンレイシャ（寒冷沙）も使っているが、鹿児島にはもともとなく、宇治からの影響で、30年位前から使うようになった。新芽の出る春に、被せをする。臨地調査した茶園では、ウネマ（畝間）は180センチメートルあり、長さは100メートルである。マクラジ（まくら地）は3.5メートルである。

　種播きの様式は、かつては茶の木を作るために、成木からミショウ（実生）を拾って、植え、発芽させていた。実で植えた時は強かったといわれているが、芽が出なかったりした。現在、実生の種類は藪北実生である。種播きをすると、発芽や生育が均一になりにくく、雑種化し変種になるため、実生による繁殖は行わず、純度を高めるためにすべて挿し木による苗移植の形態をとっている。挿し木は手でチドリ（千鳥）に挿す。鹿児島県の規格では、45センチメートル×50センチメートルの二条千鳥植えで、技術は静岡からきた。挿し木の適期は6月頃で、日覆をして、毎日1回水やりをする。挿し木をしてから2年で苗木になり、苗床か茶畑に定植する。苗木に、肥料をあげたり、剪枝をしたりして、3～4年育てると、摘み採りができる成木になる。茶の木の経済年齢は、成木になってからおよそ23

～30年で、この間、年に3回位の茶摘みが休むことなく行われる。
　成長が早いのから遅いのまで順にいうと、ゴクワセ（極早生）、ワセ（早生）、チュウセイ（中生）、オクテ（晩生）で、5日位の差がある。
　防除は、新芽が出てから1カ月の10月10日頃で、葉の層が4～5センチメートルの時にする。茶の木の病気としては、タンソビョウ（茶炭そ病）、輪斑病（りんはん）、アミモチビョウ（茶網もち病）、モチビョウ（茶もち病）が挙げられる。害虫では、クワシロカイガラムシ／クワカイガラムシ、コカクモンハマキ／チャノヒメハマキ、チャノホソガ／サンカクハマキ、ミノムシ／チャミノガ、ゴマフボクトウ／チャノテッポウムシ、ヨモギエダシャク／シモフリエダシャク、シャクトリムシ、ミドリヒメヨコバイ／チャノウンカ、ミナミキイロアザミウマ／チャノキイロアザミウマ／チャノスリップス）がいる。
　調査地点では、ミノムシはミノムシィ、シャクトリムシはシャットイ／シャットイムシ、ミドリヒメヨコバイはシャベ、ミナミキイロアザミウマはスリップスという。ミナミキイロアザミウマは近頃入ってきた害虫である。ゴマフボクトウは木に穴を開けて中を食べる。その他の害虫は葉を食べる。茶の木の病害は20種類近くある。茶の木が病気になることをビョウガイッタという。

2 茶摘みことば

　茶摘みは、5月のイッチャ（一番茶）から8月の三番茶まで3回行われる。南部の暖地の南薩地方や大隅中南部から霧島山麓地帯、そして川内川流域から日置地区などでは4回摘む所もあり、一番茶を八十八夜に先立って4月上・中旬に摘む。一番茶の後、カイオトシをする。ニチャ（二番茶）は一番茶から45日で、三番茶は二番茶から35日で摘む。また、秋晩茶を摘む所もある。二番茶、三番茶はブレンド用になる。シュン（旬）の目安は、葉齢で判断する。通常5葉期前後で摘採する。また、デビラキド（出開き度）の65％になった時が茶摘みには一番よい時期で、トメの状態でわかる。

第1章　鹿児島茶製造

　茶摘みの方法は、鹿児島県ではほぼ100％が茶摘採機（ちゃてきさいき）（乗用型摘採機・可搬型摘採機）を利用しており、現在、乗用型茶管理機械の普及率は、全国第1位である。10アールの茶園の場合、機械では1時間で摘むことができる。一番茶は一気に摘む。機械で茶摘みができるように、畝間を裾切りする。かつては、オリヅミ（折り摘み）、スゴキヅミ／シゴキヅミ（扱き摘み）、イッシンニヨウヅミ（一芯二葉摘み）、リョウテヅミ（両手摘み）があった。折り摘みは、一番よい摘み方で、今は品評会など特殊なものに限られている。全国茶品評会で、鹿児島県は4年連続日本一になったこともある。

　茶撰りは、機械化により行われていないようである。かつては、バラや篩（ふるい）を使ってヒィ（簸る（ひる））ことをしていた。また、茶の葉を目視した。篩は角篩（かくふるい）で、木板で作った道具で2、3種類あり、番号が大きくなるにつれ、目が小さくなる。現在、篩の目はステンレスである。

　生葉（なまは）置場の生葉を選り分けた。現在は、食品工場としての認識が高いため、生葉コンテナをほとんどの工場で導入している。生葉コンテナは、温度センサーが付いており、送風装置付きである。

　昔は摘んだ茶葉を1日置いて萎れさせた。今は2時間半位置くが、一昼夜置いておくと茶葉が発酵し、イチョウカ（萎凋香）がするので、摘んだらその日のうちに加工する。

3 製　茶

　現在、製茶工程はほとんど機械化されており、荒茶製造工程と仕上げ茶製造工程の2つに分けられる。荒茶製造工程では、給葉機、蒸し機、冷却機、粗揉機、揉捻機、中揉機、精揉機、乾燥機を通り、アラチャ（荒茶）となる。次の仕上げ茶製造工程では、仕上げ総合機、仕上げ茶乾燥機（火入れ機）、選別機、合組機を通り、仕上げ茶となる。なお、鹿児島茶製造において一般的に手揉みは行われていないので、かつて行われていた時で明らかになっている部分のみ取り上げる。手揉み製法では、揉むのは男性が

していた。摘んだ生葉を持ち帰り、まず鉄製の釜や蒸籠（せいろ）で蒸し、しなやかになったところで竹製のバラの上で手揉みし、木炭の火で乾燥を繰り返すという方法である。燃料は昔は薪か炭だったが、今はプロパンガスを使う。

　荒茶製造工程は４時間位である。原料や流通の仕方によって、所要時間は変わる。生葉や畑の状況、出荷先の消費者の嗜好などで、深く蒸すか浅く蒸すかなどが決まる。薩摩地方南部に比べて、牧園では蒸し方が浅い。原料がよいほど製造工程には時間がかかる。

　集められた茶の若葉を給葉機に入れ、自動的に蒸し機に送る。

　蒸しは、蒸し機を使って、茶葉を蒸気で蒸す。

　冷却は、冷却機を使って、ムシツユ（蒸し露）を取り除きながら冷ます。

　ソジュウ（粗揉）は、粗揉機で、揉みながら熱風で乾かす。ウワガワキ（上乾き）にならないようにする。

　ジュウネン（揉捻）は、揉捻機を使って、茶葉に力を加えて水分の均一をはかりながら揉む。

　チュウジュウ（中揉）は、中揉機を使って、茶葉を再び揉みながら熱風で乾かす。

　セイジュウ（精揉）は、精揉機を使って、茶葉に熱と力を加え、形を整えながら乾かす。

　乾燥は、棚式乾燥機を使って、60度で１時間行う。自動乾燥機を使った場合は、70〜80度で20分程度である。揉み上げた茶を十分に乾かす。

　なお、荒茶製造工程にあたる手揉み製法では、ホイロ（焙炉）、ツユキリ／ツユギイ（露切り）、葉振い、葉打ち、レンギイ、横まくり、カイテンモミ（回転揉み）、タマホドキ／タマホドッ／タマトキ（玉解き）、中上げ、茶揃え、中揉み、揉み切り、セイジョウ、仕上げ揉みのような語を使う。葉打ち機は露切りにあたる。

　仕上げ茶製造工程では、篩をかけたり、色彩選別機を使う。

　仕上げは、現在総合仕上げ機を利用している。荒茶は、形が大小さまざまな状態で混じりあっているので、篩い分け、切断、木茎（もっけい）分離、風撰（ふうせん）して、

形を整えきれいにする。

　シアゲチャカンソウ（仕上げ茶乾燥）／ヒイレ（火入れ）は、仕上げ茶乾燥機／火入れ機を使って、茶をさらによく乾燥させると同時に、独特の茶の香りや味を引き出す。後火(あとび)と先火(さきび)がある。火入れを先にして、茶の分類をする方法と、その逆がある。

　選別は、色彩選別機／選別機を使って、コンピュータで色、形、大きさ、茎と葉を分ける。色彩選別機は、普通シキセンという。色別機を使って、悪いのはエア（空気）で吹き飛ばす。キンバマジリのようにいい、黄色い葉が混じっているという意味である。

　ゴウグミ（合組）は、合組機を使い、製品の調整・配合と均一化をはかる。配合ともいう。

　生葉1キログラムに対して製茶は180〜200グラムになる。生葉に対する製茶の割合は、今は20％、昔は25％である。

　茶を収めるのに、現在は冷蔵庫を使っており、窒素ガスを入れて、−20〜40度程度で冷凍保存している。

Ⅱ　製造工程語

　今まで考察してきたことをもとに、製造工程語についていくつか解説する。

　ワラガケ（藁掛け）はワラフッともいった。

　カンレイシャ（寒冷紗）とは、『日本国語大辞典』に「目の荒い薄い綿織物で、固い糊仕上げをしたもの。カーテン、蚊帳(かや)、芯地、装飾などに用いる。唐布(とうぬの)」とある。『改正増補和英語林集成』には「Kanreisha　カンレイシャ　寒冷紗」とある。

　ウネマ（畝間）とは、『日本国語大辞典』に「畝合(うねあい)に同じ」とあり、畝合とは、「うねとうねとの間」とある。浄瑠璃『日本振袖始』には「身の上に引田のくさもしげるなたねのうね合を、一鍬かへす土の下」とある。畝と

は、前記辞典に「作物を栽培するとき、排水、施肥その他の目的で、一定の間隔に列状にみぞを切り、その土をみぞの側に細長く盛り上げたもの」とある。『色葉字類抄』には「畝　ウネ　田畝」、『平家物語』には「昔は巌窟(がんくつ)の洞(ほら)にこめられて、三春の愁歎を送り、今は曠田(くわうでん)の畝に捨られて胡敵の一足となれり」、『世俗諺文鎌倉期点(せぞくげんもんかまくらきてん)』には「壟(うね)の上に耕す」とある。また、「作物を栽培するとき、排水、施肥その他の目的で、一定の間隔に列状にみぞを切り、その土をみぞの側に細長く盛り上げたもののように高低が線状をなしているもの。小高く連なった地形や波のうねりなどをいう」とある。『大観本謡曲』には「唯滄波のうねに浮き沈む水鳥の如し」とある。

　マクラジ（まくら地）のマクラとは、『日本国語大辞典』に方言として「田や畑の両端にあって他の幾条かの畝とは直角をしている畝」とあり、奈良県、和歌山県が挙げられている。

　ミショウ（実生）とは、種子から生えて生育した茶の実である。

　チドリ（千鳥）とは、『日本国語大辞典』に方言として「苗などを二列に植える場合にたがいちがいにすること」とあり、千葉県東葛飾郡が挙げられている。

　ワセ（早生）とは、『日本国語大辞典』に「一般に、他の同種のものより成長が早いこと。普通より早熟なこと。また、そのもの。穀物や果物などについていう」とある。『東大寺諷誦文平安初期点(とうだいじふじゅもんへいあんしょきてん)』には「花に約きては先(さ)披く花　中(なかて)披く花　後(おくて)披く花有り」、『名語記』には「早田をわせとなつく。如何。答わせはうはしねの反。稲のわせより事おこりてよろづのものとくいでくるをばわせの名をつくる也」とある。

　ビョウガイッタとは、茶の木が病気になることである。

　イッチャとは一番茶、ニチャとは二番茶である。

　カイオトシは、カリオトシのリがイに転訛した語である。一番茶の後に摘む番茶のことである。カリオトシバンチャ（番茶）があり、カリバンチャ（刈り番茶）という。『緑茶の事典』には「番茶の１つ。一番茶を摘採した後、茶株の摘採面を均(なら)すために製枝して刈り取った茶葉で作る茶。刈り

番ともいう。地方によって番柳(ばんやなぎ)、親子番茶などともいう」とある。

シュン（旬）は、ツミシュン（摘み旬）ともいう。

デビラキド（出開き度）とは、茶の芽が伸びて芯が出ると成長が止まり、これが全体の何％になるかという指針で、摘む時期の目安になる。鹿児島では60〜70％の時が適期である。デビラキ（出開き）とは、止葉の開いた状態である。

トメとはトメバ（止葉）のことで、新芽の先端の部分である。

オリヅミ（折り摘み）とは手摘みの1つの方法で、新芽を折って摘む方法である。

スゴキヅミ／シゴキヅミ（扱き摘み）とは、末期の硬化した芽を摘む時に、下部の硬い茎を摘み込まない摘み方で、スゴキという。スゴキはシゴキが音変化して、扱き摘みのツミが落ちたものである。シゴクをスゴッという。

イッシンニヨウヅミ（一芯二葉摘み）とは、1個の芯芽と2枚の新葉だけを摘む方法で、極上の茶を作る時の摘み方をいう。

リョウテヅミ（両手摘み）とは、昔は両手で茶を摘むことをいい、この摘み方があった。

ヒィ（簸(み)る）とは、茶葉を箕で篩って、ゴミを振り落としたり、屑や粉を除く作業である。ヒランナイカンチは「きれいにしないといけない」という意味である。

イチョウカ（萎凋香）とは、茶の萎れた匂いがすることである。

アラチャ（荒茶）とは、荒茶製造工程を終えたばかりで、まだ篩い分けをしていない茶である。

ムシツユ（蒸露）とは、蒸すと露がつくことである。また、蒸された茶葉の表面水分をいう。ムシツユガツイタ、ミズガアガッタのようにいう。

ウワガワキ（上乾き）とは、表面水分と内容水分の不均一な状態である。『緑茶の事典』には「荒茶加工中、茶葉の表面だけが乾いて中心部の水分が残っている状態をいう。煎茶の製造では粗揉機で熱風量が多過ぎて、茶葉

内部の水分拡散速度と表面の水分蒸発速度がバランスを失うために起こる。破砕葉が多くなる」とある。

　ホイロ（焙炉）は、紙を何重にも貼って、太鼓の皮のようになっていた。紙は、和紙のカジカミ（梶＝梶の木）で、蕨の根元を粉にした蕨糊を使って貼られていた。蕨糊がない場合は糊は小麦の粉で代用した。

　ツユキリ（露切り）とは、冷却した蒸し葉をホイロ（炉）の上で水分を蒸発させる作業である。

　カイテンモミ（回転揉み）とは、炉の上で茶葉を寄せては広げて、水分の蒸発を促しながら、茶葉の組織、細胞を破壊し、柔らかくする作業である。

3　鹿児島茶製造者の生活との関係について

　職名、ことわざや言い伝えなど、天気との関係、鹿児島茶製造における男女の役割、鹿児島茶製造に関する行事、茶問屋、思い出・苦労話を順に考察していく。

　職名は、チャシ（茶師）、ショッコウ（職工）という。茶師、職工の順で、今でも茶師の方が序列では上である。茶師とは茶を揉む人で、各地の茶工場に製茶技術の指導を行う職人（技術者）を意味する。茶師集団の里が日置郡金峰町白川にある。茶を揉む人を職工と呼んでいる。茶師は大型機械が導入される以前、石炭焚き、手揉み、蒸し、火入れなどの伝統的な技術を各地の茶産地で教えていた。大規模な機械化が進んだ現在でも、生葉の生育状況、その日の天候、品種など微妙な変化に合わせた製茶技術はもっぱら茶師の長年の経験と勘だけが頼りである。現在はほとんどいないが、鹿児島では春夏期は茶、秋冬は酒や焼酎の杜氏として働いていたようである。また、道具などは静岡から入ったものを使っている。茶品種改良の先駆者である杉山彦三郎（1857〜1941）が、手揉みの機械を考え出した。

　鹿児島茶製造に関係のあることわざや言い伝えなどには、シンチャ　メ

ンドッ（ドク）　コチャ　アガレ、チャガ　イッモシタ／イイモシタ、チャヲウエレバ　ワカジニスル、ウンマンションベンヨウナチャヲ　イレルナ、オチャトナサケハ　コイゴイトがある。

　シンチャ　メンドッ（ドク）　コチャ　アガレとは、新茶は目の毒だから古い茶から飲みなさい、という意味である。新茶を飲むと古い茶が残りもったいないので、茶摘みの時期になると古い茶は加工してから飲んでいた。

　チャガ　イッモシタ／イイモシタとは、鹿児島方言である。茶は古くから慶事に使われたことが市町村の郷土誌にもみられる。茶は結納品の第一とされ、その茶を婿方の親族一同が飲むことによって、結婚の成立とされた。オチャガ　イッモシタ／イイモシタは、結納のことをお茶ともいうことから発生したことばである。また茶は、慶事や仏事を問わず、人の集まりには必ず最初に出す接待である。

　チャヲウエレバ　ワカジニスル（茶を植えれば若死にする）という言い伝えがある。南薩の一部地方に、茶を新植すれば、若死にするという迷信があった。これは明治の初め頃までは、まだ耕地の民有制度が確立していなかったため、百姓たちは茶のような永年作物の栽培は不安であり、嫌う傾向が強かった。しかし、公儀をはばかり、たとえわが子であっても事実を事実として表向きにはいえない関係もあり、迷信を通じて永年作物は植えつけさせないように言い聞かせたものと思われる。

　ウンマンションベンヨウナチャヲ　イレルナとは、薄い茶を入れるなという意味である。

　オチャトナサケハ　コイゴイトとは、茶と情けは少ない方がよいという意味である。

　茶に渋味はあるが良質でない状態を、タンニンという。悪い茶を、ノドゴシガ　ワルイのようにいう。喉に抵抗なく入る茶を、ノドゴシガイイナア　コノオチャハのようにいう。

　天気や風向きなどは鹿児島茶製造に関係があり、霧が深いと茶の香りがよいといわれている。香りは知覧よりも牧園の方がよい。また、茶を摘む

時は雨が少ない方がよい。雨が多いと香りが出ないから、茶を摘む1週間位前は雨が降らないと香りがよい。冬は寒いと木が眠るからよいといわれる。暖かいと木が眠らず、刺激がない。木の休眠が長いほどよい茶になる。鹿児島茶栽培では、塩害、寒風害、桜島の火山灰が影響する。

　鹿児島茶製造では、男性と女性で役割分担などがある。男性が揉むなどの力仕事をする。一方、女性は手摘みや一番茶を担当する。

　鹿児島茶製造に関係がある行事として、ホイロアゲがある。ホイロアゲとは仕事仕舞にあたる。また、頴娃(えい)新茶まつりがあり、献茶祭である。揖宿郡頴娃町で茶摘みを始める時に、茶業関係者が集まり、大野岳(おおのだけ)神社に行く。記念碑の前で神事が行われ、茶業振興を祈願する。指宿郡頴娃町牧之内(まきのうち)の一氏(いっし)集落では、神社奉納用の新茶を手摘みして、手揉みして、製品化する。

　茶問屋については、仲買さんがいて、自転車の前後に製品を積んでいた。茶は問屋に直接卸さず、仲買さんが卸していた。現在、鹿児島県内に、問屋は25人いる。鹿児島県茶市場は入札制度である。

　昔は、燃料を自分たちで調達して炭を作った。熱量が高すぎると温度が上がりすぎるため、熱量・温度の設定が難しかった。また、運搬も牛車だった。運搬の途中で松葉とカマツ（粘土）が挟まって、棒でほじくって取らないと取れなかった。茶をカマゲ(かます)（叺）に入れてイノウ（担ぐ）こともあった。

4　鹿児島茶の歴史について

　鹿児島における茶と茶業の歴史に先立って、日本における茶栽培・茶製造の始まりと変遷について触れておく。

1　日本における茶栽培・茶製造の始まりと変遷

　日本で茶は1000年以上も昔から愛飲されてきた。茶の原種は、数千年前

に中国南西部チベット山岳地方の東側に広がる雲貴高原で生まれた。遣唐使による中国との交流が盛んな時代に、僧侶によって中国から日本に伝わったといわれる。805年に中国に渡った最澄や空海が茶を持ち帰り、比叡山に植えた。僧侶や貴族の間で薬用や儀式に用いられたが、一般には普及しなかった。894年の遣唐使の廃止により、次第に衰退していった。

　茶が日本に導入されたのは1191年で、中国宋に学んだ栄西禅師（1141～1215）が帰国する際、茶の種を持ち帰り、広めたといわれる。肥前脊振山（今の佐賀県神埼郡）の霊仙寺石上坊の境内に播き、石上茶となった。脊振山で茶を栽培する一方、栄西禅師は『喫茶養生記』(2)を記し、源実朝に献上した。また、京都栂尾の明恵上人に茶の種を贈って、明恵上人が各地に播き、次第に宇治、伊勢、大和、駿河、武蔵、川越などに広がったとされている。宇治茶、伊勢茶、静岡茶、狭山茶の起こりである。1195年、栄西は博多に聖福寺を建てて、その境内にも植えた。

　室町時代（1336～1573）、茶は禅の精神に通じる作法を重視する貴族や武士など身分の高い人たちの間で人気を集めた。足利義満（1358～1408）の時代に西南地方の山間部に自生する茶が発見されたといわれている。現在、九州や四国地方の山間部には自生するヤマチャ（野生茶）があり、日本固有のものであると認定されている。しかし、日本で最初に栽培された茶は中国から持ち帰ったものである。

　1738年に、蒸し製茶の創始者永谷宗円は、碾茶（抹茶）が蒸し製であることにヒントを得て、蒸して揉み乾かす煎茶を作った。煎茶は、江戸時代初期に中国の明から伝わったといわれる。当時すでに抹茶は武家の間に浸透していたが、形式化された作法で飲む抹茶に馴染めなかった知識人たちは、自由に飲める煎茶を愛飲するようになった。製茶の技術が進歩するにしたがって、煎茶は庶民にも飲まれるようになり、大流行した。江戸時代後期には、庶民から武士まで、多くの人々が茶を楽しむようになった。

――――――――――――――――――――――――――――――――――――
（2）1214年、鎌倉初期に完成した医書で2巻ある。

1835年頃に山本徳兵衛（徳翁）が玉露の製法を考案したといわれている。1859年の初輸出以来、日本の茶業は著しい発展を遂げた。その生産はすべて手揉みによる製茶法だった。1899年頃に埼玉県の高林謙三が、手揉みに代わる粗揉機のような茶葉揉葉機を完成し、製茶機械の始祖といわれる。

2 鹿児島における茶と茶業の歴史

　鹿児島茶の栽培は、家内工業から発展したものである。かつては茶の木を庭や畑の周囲に植え、丸く刈り込んで、各家庭で自給自足していた。

　鹿児島県の茶の歴史は、平安時代末期の1185年、壇之浦の戦いで敗れた平家一族の落人5人が、現在の日置郡金峰町阿多（阿多村）白川周辺に落ち延びた際に始まる。そのうち3人は知覧の手蓑へ行き、茶栽培を始めた。これが知覧茶の起源であるといわれている。残りの2人は阿多村に住んだ。この台地の風土が京都の山城宇治に似ていたから、茶に適するだろうと、一帯を宇治野と名付けた。自らも姓を宇治野と改め、持参した茶の栽培を始めたのが起源という説がある。しかし、茶を持ち帰ったとされる栄西の帰国が1191年、平家没落の6年後なので、平家の落人自体が茶の知識を持っていたかどうかは疑問である。

　一方で、室町時代、あるいは、元応年間（1319～21）に、姶良郡吉松町の般若寺内に、宇治から茶の種を取り寄せて播き、栽培を始めたという説や、運んできた茶樹を植え、製茶して、その製法を門徒に伝えたという説などがある。また、出水郡野田町の感応寺説などもある。

　島津藩政時代は、歴代の藩主が奨励し、吉松、阿久根など薩摩地方北部の山間部で栽培された。宮之城（薩摩郡）4代領主島津久通は、家老職中宇治の茶の実を取り寄せ、自領宮之城に茶の奨励をした。禰寝清雄は、根占在封中に都城から茶種を取り寄せて栽培を勧め、蒸茶の製法を伝えた。

　『仰望節録』によると、島津重豪は1812年、江戸郊外大崎、大井、白金の別野に茶園を開き、宇治から好種を得て栽培させた。およそ3年を経て、清明・穀雨の間にその頂芽を摘み取って蒸焙し、これより毎年内宮へ奉進

した。

　鹿児島で茶が産業として奨励され出したのは、文政年間（1881年頃）になってからというのが定説である。島津歴代藩主の手厚い保護と奨励によって広く普及していった。1825年正月に、阿久根の島津藩茶業開発者の小木原三楽(きばるさんらく)（本名・小木原庄兵衛。1773〜1857）が、島津斉宣(なりのぶ)の命を受けて京都宇治に留学した。川村宗順(かわむらそうじゅん)について5カ月間師事し、茶種の播き付け、培養日覆(ひおき)など栽培から燻蒸(くんじょう)、焙炉の製茶、貯蔵までの加工技術をすべて習得して、その年の5月に暇を告げて帰郷、茶業を盛んに始めた。帰郷の際、小木原三楽は、茶の実を持ち帰って、種を播いた。霧が深く、ひんやりした米次(こめつぐ)が宇治と気象条件が酷似していたことから、小木原三楽はこの地に茶園を開き、製茶して、島津斉興(なりおき)に献上した。茶の培養から製法貯蔵と茶業全般に渡って、新しい技術を統一的に身につけたのは、鹿児島人としては、おそらく小木原三楽が初めてで、宇治式製茶法を鹿児島に伝えた。鹿児島茶が産業的に芽生えをみせたのは、文政の頃からではなかろうかと思われ、産業としての鹿児島茶のルーツであろう。以来、阿久根茶は一躍、宇治茶と並ぶ名声を博するようになったという。この阿久根茶は、『三国名勝図会』によると、「品位、宇治茶に劣らず。本藩の茶の産は阿久根、吉松、都城の三所を以って名邑とす」とあり、かつての鹿児島茶を代表するものだったことがわかる。鹿児島県茶業の発祥地は、阿久根市鶴川内(つるがわうち)地区田代の米次集落であるといわれている。見事栽培に成功した後、種苗は川辺地方などへ送られた。

　本格的な栽培や生産が行われるようになったのは、明治時代以降である。特に川辺郡知覧町の知覧茶は有名で、県道谷山・知覧線の市境が、知覧茶の発祥地とされている。1868年、知覧町北部山間地の手蓑の農民の山之内藤左衛門、片之坂休左衛門、折田藤左衛門が、手蓑の旧藩有軍律地杉林の一部の土地をもらいうけ、伐採、村人に払い下げた。1872年、山野を開墾、茶の実を植栽した。植えてみると、風土が合って発育がよく、よい茶がとれるので、農家はみな栽培を広げた。知覧茶の始まりといわれる。1855年

には製茶技術の伝習を受けた。以後、技術者を招聘(しょうへい)、茶業組合を設立し、宇治茶の製法を伝習、緑茶の製造所を設置し、生産拡大に努めた。手揉み茶の技術は明治時代、静岡、京都から伝わった。また、金峰町の製茶技術については、1899年頃阿多村白川の南谷庄兵衛(みなみたにしょうべえ)が、知覧の手揉で製茶法を習い、集落の同行者を指導した。その後、同地に製茶伝習所を設ける一方、阿多村茶業組合を組織し、引き続き、後進子弟を導いて、製茶技術を授けた結果、今日のように多数の製茶教師や職工を世に送るようになったのだろう。

　大正時代初めが全盛で、鹿児島県内全域に手揉みの製茶伝習所が開設された。しかし、手揉みは重労働のうえ生産性が機械製茶の150分の1しかなく、次第に機械化が進んだ。1920年、製茶機械一式の据付けを始め、摘採機を奨励し、共同機械製茶所を設けた。

　戦時中に食料増産のために断茶(だんちゃ)があり、茶の木を抜かされた。抜いた茶の木はモンゴルに送ったといわれている。本格的な茶の栽培や生産の奨励は第2次世界大戦後に勧められ、積極的な増反が進んだ。昭和30年代に緑茶生産を大々的に奨励し、国や県も助成した。また、茶産地作りを目指した積極的な茶業振興施策は、1965年頃からである。戦後、手揉みは全く姿を消した。労賃の高騰と生産性が悪いため、茶業界から消え去ろうとしていた。しかし、1969年5月5日、日置郡松元町に手揉み技術保存会が発足した。

　以上の考察より、鹿児島茶の製造はほとんど機械化している。そのため、静岡や宇治からの影響が大きく、鹿児島方言特有のものは、イッチャ（一番茶）やニチャ（二番茶）ぐらいしかない。

第2章

焼酎製造

1 焼酎について

　私たちが日常飲んでいるお茶のほかに、鹿児島ではダレヤメ／ダイヤメ（晩酌）にショツ（焼酎）がある。ダイヤメとは一日の疲れをとるという意味である。飲むことをマツル（祭る）という。鹿児島人と焼酎との付き合いは古く、昔は祝いの席では最初から焼酎を飲んでいた。また、職人の兼業として、鹿児島茶製造においてかつて重要な地位にあった茶師などの中には、季節労働者として焼酎製造にも従事していた。

　鹿児島では酒とは焼酎であり、焼酎以外に酒はないと考えられている。もともと気候的に清酒造りには不向きとされている。昔ながらの九州の焼酎は、気候と風土が育てたものといえる。焼酎は日本で唯一の蒸留酒であり、酒税法により甲類と乙類に分類されている。また、焼酎の種類と味は、甲類と乙類のほかに、原料別による分類、甘み、こく、香りで分かれる。乙類焼酎は別名本格焼酎と呼ばれる。アルコールを含んだ醪を単式蒸留装置で蒸留して造るアルコール分45度以下の焼酎で、添加物がない100％天然醸造である。製法の違いにより、粕取り焼酎と醪取り焼酎に大別される。

（1）甲類焼酎は、別名ホワイトリカーと呼ばれ、アルコール含有物質を連続式蒸留装置により精留されたアルコールを薄めて、アルコール分36度未満にした焼酎である。清酒粕をさらに発酵させて、蒸留する（『鹿児島大百科事典』540ページを参照）。
（2）1971年に、乙類「本格焼酎」の呼称が、法的に認められた。

醪取り焼酎とは、麹と水、あるいは麹と澱粉質の原料の米、麦、芋などの農産物と水に酵母菌を加えて麹を寝かせ、アルコール発酵させて醪を醸し、その発酵醪を単式蒸留機により蒸留して造る焼酎の総称である。芋焼酎、黒糖焼酎、米焼酎、泡盛などが含まれる。

　鹿児島で製造されている焼酎は、奄美諸島の黒糖焼酎を除くと、米、麦などさまざまな種類があるが、薩摩芋を原料にしたものが多いので、芋焼酎を中心に考察していく。芋焼酎は、原料と原産地の特性がある伝統的な本格焼酎の代表格である。薩摩芋を主原料として、蒸したり焼いたりした薩摩芋の芳香はソフトで甘みがある。古くからお湯割りで飲まれてきたが、水や湯をどんな比率で混ぜても風味のバランスが崩れないで飲めるのも芋焼酎である。その独特の香気と風味のために、年代物はほとんど珍重せず、長く寝かせるとその独特の風味が抜けてしまう。本格焼酎は麹と原料の良悪で風味が決まる。長い間南九州の地酒として定着していたが、昭和40年代から日本中に広がりを見せ始め、焼酎ブームの先駆けとなった。

　薩摩芋を甘藷と呼ぶが、鹿児島では琉球芋または唐芋という。穀類に比べて澱粉含量が3分の1しかなく、水分が多くて長期の貯蔵に耐えられず、酒の原料としては扱いにくく、そのままの形で酒造原料となっているのは芋焼酎だけである。新鮮な原料の確保が何より重要で、さらには徹底した選別作業が酒質を左右するため、製造場は薩摩芋の主産地に集中し、製造時期も秋から冬の収穫時期に限定されている。

　芋焼酎は、薩摩芋の主産地である鹿児島県全域と宮崎県下の平野部で造られている。唯一の例外は、南九州から遠く離れた東京都下の伊豆諸島である。江戸末期、八丈島へ流された薩摩の貿易商人丹宗庄右衛門が、薩摩芋の栽培と蒸留法を伝えて以来、今日まで島酒として造られている。

　鹿児島県は、焼酎の生産量と消費量がともに全国一で、1999年6月現在、125社の酒造会社（焼酎工場）があり、酒造組合に加盟する。代表銘柄数は106である。全体としては920余り（800～1000）の銘柄があるといわれている。鹿児島県本土の生産地は、鹿児島市、日置郡市来町・日吉町・吹上町

・金峰町、川辺郡知覧町・川辺町・笠沙町、加世田市、枕崎市、指宿市、揖宿郡山川町・頴娃町、川内市、薩摩郡樋脇町・里村・下甑村・宮之城町、出水市、阿久根市、出水郡高尾野町・東町・長島町、姶良郡姶良町・加治木町・隼人町・霧島町・牧園町・溝辺町、国分市、伊佐郡菱刈町、大口市、曾於郡大隅町・末吉町・有明町・志布志町・大崎町、鹿屋市、垂水市、肝属郡大根占町・根占町・吾平町である。酒造数は平成10酒造年度（1998年7月1日〜1999年6月30日）12万2633キロリットルである。年間酒造高は600〜700億円位である。現在、焼酎の量り売りが再びはやっている。杜氏の数は鹿児島に100人位いる。蔵子の数は少ない蔵元でも2人はいる。

　焼酎業界は、鹿児島県外に販路を拡大し、オートメーションで製品を次々に送り出す大手と、昔ながらの手法で家内工業的な製法を守る中小メーカーとがある。長島、甑島、屋久島、種子島の離島ではそれぞれ芋焼酎が造られ、島酒として愛飲されている。島酒には本土の焼酎とは別の風格とよさがある。その理由は、まず水と薩摩芋である。島ごとに地下水系が異なり、潮風を受けて育った薩摩芋は質がたいへんよい。本土では、シラス土壌は酒造りには願ってもない清水を提供する。シラスの層を通った冷水を汲み上げるために200メートルもの井戸を掘ったり、また地の利を生かして、湧き水や滝の水を引く所もある。

　臨地調査した伊佐郡菱刈町の大山酒造は、1905年の創業である。現在3代目で、銘柄は「伊佐大泉」だけである。霧島山系に源がある川内川の伏流水を用いて仕込む芋焼酎である。「味に生きる」の信念で、機械化せず、手作りにこだわっている。味の中枢は「麹が酒の基盤であり、その出来が味を左右する」という考えから、昔ながらのモロブタと麹室を使った伝統的な蓋麹法を用いて、手作りの製麹を行う。芳純な原酒のよさを最大限に生かすため、完全に濾過をしないで、淡麗な味に仕上げている。

2 焼酎の製造工程

Ⅰ 製造工程

　焼酎の製造工程は、醸造、蒸留、貯蔵の3つに大きく分けられる。今日は機械化している醸造元が多いので、機械化している場合の醸造工程図を示すと、次の通りである。なお、醸造工程図は『薩摩焼酎紀行——民の生活と文化』18ページの図を一部改訂したものである。

■焼酎の醸造工程

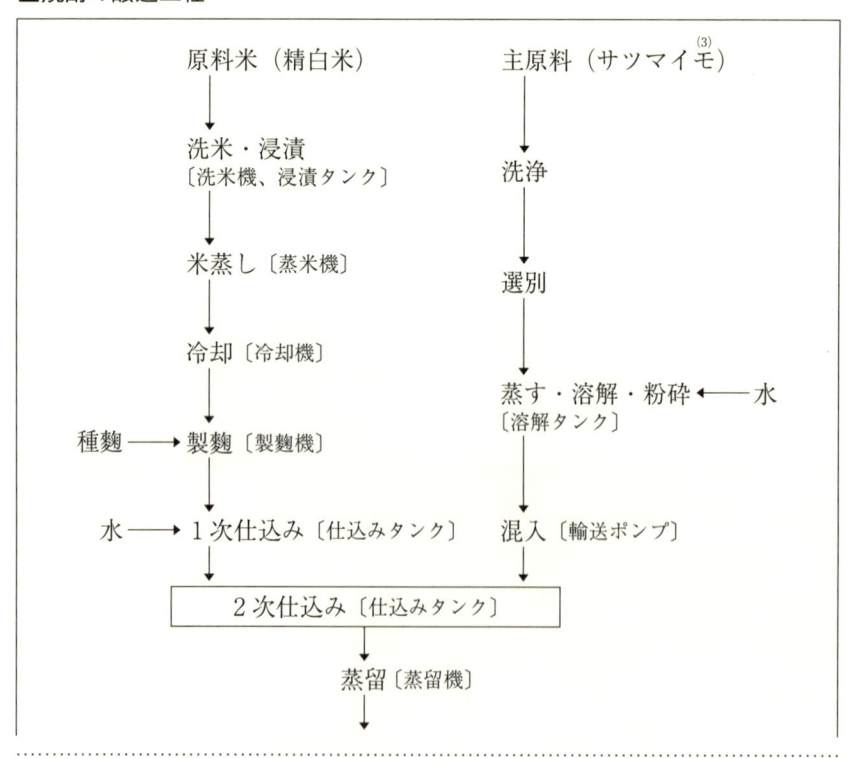

```
原料米（精白米）            主原料（サツマイモ）[3]
     ↓                          ↓
洗米・浸漬                     洗浄
〔洗米機、浸漬タンク〕            ↓
     ↓                        選別
米蒸し〔蒸米機〕                  ↓
     ↓                   蒸す・溶解・粉砕 ← 水
冷却〔冷却機〕                〔溶解タンク〕
     ↓                          ↓
種麹 → 製麹〔製麹機〕              
     ↓                          
水 → 1次仕込み〔仕込みタンク〕  混入〔輸送ポンプ〕
     ↓                          ↓
       2次仕込み〔仕込みタンク〕
              ↓
         蒸留〔蒸留機〕
              ↓
```

（3）カンショともいうが、本書では、サツマイモという。

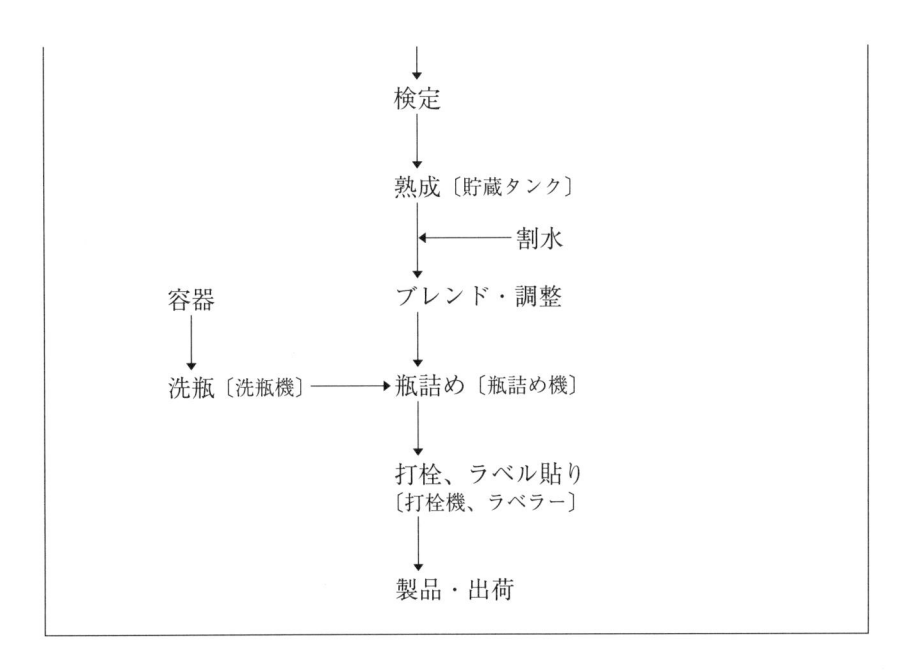

```
          ↓
        検定
          ↓
    熟成〔貯蔵タンク〕
          ↑――――割水
          ↓
    ブレンド・調整
          ↑
 容器      │
  ↓       │
 洗瓶〔洗瓶機〕――→瓶詰め〔瓶詰め機〕
          ↓
    打栓、ラベル貼り
    〔打栓機、ラベラー〕
          ↓
    製品・出荷
```

　上で示した醸造工程図を参考にしながら、それぞれの作業と内容について、臨地調査の結果をもとにして考察していく。なお、臨地調査の結果だけでは限界があるので、文献資料なども参考にする。

1 準備工程
〈1〉蔵入り

　大山酒造では、焼酎を期間限定で製造し、職人が季節労働者なので、クライリ（蔵入り）がある。時期は9月で、9～11月に焼酎造りをする。この時期であればサツマイモの腐ったのが少ない。サツマイモは水分と糖質を多く含む野菜なので、夏場雨が多いと腐りやすく、長く貯蔵すると糖分が増えてよくない。また、サツマイモは霜に弱く、低温貯蔵に弱い季節野菜で、冬になると凍傷で傷みやすい。このため、芋焼酎の製造はサツマイモの旬に限られる。仕込みの時期はほぼ9月から年内で、遅くても4月頃までに1年分を造り終える。この時期は雑菌の繁殖期でないため、昔から

焼酎の仕込み時期である。蔵入りすると、アライ（洗い）がある。

現在、杜氏制度がない所では、蔵入りという語は使っていない。始める時はコシキダテ（甑立て）をする。大きな桶の下にすのこを敷いて行う。

〈2〉原料について

芋焼酎に使用される素材は、原料米、タネコウジ（種麹）、主原料のサツマイモと水である。水は自家井戸から汲み上げた井戸水、米はタイ米、サツマイモはシロサツマなどを使っていて、昔はコガネセンガン（黄金千貫）を使っていた。サツマイモはイモという。澱粉量の多いコガネセンガンが好適種で、味はジョイ・ホワイトがよい。澱粉化の高いサツマイモなら、できる焼酎の量が多い。澱粉量とできる焼酎の量は比例する。サツマイモは日照りの関係で良悪が決まる。

〈3〉精 米

精米作業はなく、精米した米を使っている。精白度は7割残りで、削るのが3割である。昔と現在で異なる点はない。

〈4〉洗 米

洗米は米洗い場／洗い場で手洗いで行っている。アライキ（洗い器）／コメアライキ（米洗い器）は手で動かす。洗米では米に付着している糠分やゴミなどを除く。洗米の後、浸漬する。浸漬時間は14時間で、前日から浸漬する。昔と現在で異なる点はなく、洗米機は使っていない。洗米はポンプアップしたらそのまま洗米になる所もある。

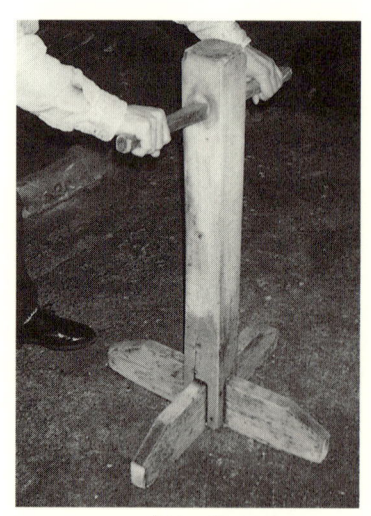

米洗い器

〈5〉蒸 米

ムシゴメ（蒸米）のコシキハジメ（甑初め）となる。蒸米では、コシキ（甑）を使っている。蒸し時間は、蒸気を含んでから90分である。米は芯まで蒸す。白

い部分が残るのはよくない。杜氏が蒸米のでき具合を調べるため、甑の上部の蒸米を取って、手のひらで平たくモム（揉む）。蒸米を広げて、ホウレイ（放冷）する。その年における蒸米が終了した時、コシキダオシ（甑倒し）をする。昔と現在で異なる点はなく、連続蒸米機や蒸米冷却機は使わない。

2 仕込み工程
〈1〉麹仕込み

　仕込み工程では、まずコウジシコミ（麹仕込み）が行われる。コウジ（麹）は手作りの所なので、コウジムロ（麹室）で作っている。麹室は温度30度、湿度80％程度に保たれている。麹室の中で、原料の蒸米に1000分の1の種麹をタネカケし、トコモミ（床揉み）し、半日ほど放置しておく。ザルを米のモミ（揉み）に使う。原料が300キログラムだったら、種麹は300グラムになる。その朝に床揉みしたものを、翌朝にキリカエシ（切り返し）をする。現在でも、切り返し機を使わず、手作業で行う。その後、モリをする。種麹を加えた蒸米を、モロブタに1升ずつモッ（盛っ）て、かきならして麹を作る。翌日の昼に、モロブタの内容物のナカテイレ（中手入れ）をする。中間で酸素を入れる。中手入れは上に、同じ方向にモロブタを置く。その日の夕刻、モロブタいっぱいに内容物を広げて水分を抜くシマイテイレ（仕舞手入れ）をする。仕舞手入れの時はモロブタを下に置く。酸を切り、空気を入れるために、段違いにする。翌日の朝5時に麹室から、できあがった麹をデコウジ（出麹）する。できた麹はすぐに使わないで、2時間位扇風機に当てて、カラシをする。コウジキン（麹菌）は水分が多いと食わないので、水分は35％がよい。麹作りに2日間かかる。自動製麹装置を使っている所もある。大山酒造では、現在、白麹を使っている。昔は黒麹を使っていた。醸造元によっては、黒麹を使っている所がある。麹仕込みが終わると、シコミ（仕込み）に進み、イチジシコミ（一次仕込み）が行われる。

〈2〉一次仕込み

　イチジシコミハジメ（一次仕込み始め）となる。できあがった麹とクミミズ（汲み水）を、およそ30％対70％の割合で一次シコミタンク（仕込みタンク）に入れ、コウボキン（酵母菌）のシュボ（酒母）を加えてマゼル（混ぜる）。汲み水は井戸水を使っている。杜氏がカイイレ（櫂入れ）する。6日間でコウボ（酵母）／イチジモロミ（一次醪）になる。カメ（甕）はステンレス製で、500〜600リットル入る。

〈3〉二次仕込み

　一次仕込みの後はニジシコミ（二次仕込み）になる。一次仕込みをした金属性タンクに、一次仕込みでできた酒母／酵母、主原料の蒸されたサツマイモを粉砕して加え、再び汲み水を加える。サツマイモと米の割合は全体で5対1で、米が100キログラムだったら、サツマイモが500キログラム要る。汲み水の量は原料の状態によって変わる。サツマイモは、洗浄され、1つ1つ選り分けられ、両端と病痕部（びょうこんぶ）などを切り落とされる。腐ったものは除去する。かなり機械化されたが、サツマイモの選別作業では、人が一番大事な仕事をする。麹によってサツマイモの澱粉が糖化され、一次仕込みで増殖した酵母がアルコール発酵を行う。発酵温度が上がりすぎると水で冷やし、適温に調整する。適温は30度を境にしている。温度が高いとハッコウ（発酵）が弱くなる。季節によって発酵の速度が違う。寒いと発酵に時間がかかる。発酵の時の泡は炭酸ガスで、温度は32、33度である。モロミ（醪）の発酵状態は、醪の表面にぶつぶつと泡がタチハジメ、ワキツキ（湧きつき）になる。醪の表面が、クソブタ（糞蓋）で覆われた状態になる。醪の発酵状態がクソブタのこともある。二次仕込みされたものを適温で10〜14日置き、発酵させると、アルコール度数が14〜16となる。これがニジモロミ（二次醪）である。発酵が終わるとアルコール分は17〜18度になる。二次醪造りでは、焼酎の場合は一次醪が1、二次醪が2、全体で3倍になる。手と鼻と舌によってモロミキキ(醪利き)をする。シャク(杓)で汲んで、舌で触る。醪の発酵度がワカイ（若い）時やサンパイ（酸敗）

櫂

が出る場合もある。

　醸造場では発酵する醪を、杜氏と蔵子が昔ながらの櫂でタンク内をかき混ぜ、発酵をさらに促す。

③ 蒸　留

　発酵が終わったら、ジョウリュウキ（蒸留機／蒸留器）を使って、ジョウリュウ（蒸留）が行われる。タンシキジョウリュウキ（単式蒸留機）に醪を1釜分全部一度に投入した後、ボイラーに常圧で直接蒸気を吹き込み、醪中のアルコール分を取り出す。ハリ（張り）は蒸留機の70％位に醪をハル（張る）。最初に出てくる焼酎はアルコール分が70度近くもある。アルコール分は次第に低くなるので、10度位のところで蒸留を停止し、直ちに蒸留で出た蒸留粕を蒸留機外に全部排出し、さらに新しい醪を投入して蒸留する方法を繰り返す。芋焼酎では、原酒は全体のアルコール濃度が42～43％位である。焼酎の種類と味は蒸留の仕方で違う。また、蒸留機の構造と操作によって品質に大きく影響する。蒸留は単式蒸留である。蒸留初期のハナダレ／ハナタレ／ハツダレ（初垂れ）は度数が高く、香気が強い。中期のナカドメ（中留）／ホンダレ（本垂れ）は格別な特徴がなく、後期のスエダレ（末垂れ）は度数が低く癖が強い。乙類は不純物が完全には取り除かれないので、使用原料による匂いと独特の風味を残し、色が白く濁っている。

4 貯蔵（熟成）

　貯蔵（ジュクセイ〔熟成〕）では、原酒を熟成させるとともに、分離した油成分を除去する。また、熟成期間は、貯蔵タンクの種類と容量、季節によって異なる。コシュ（古酒）ができる場合もある。

　すべての焼酎造りの作業がカイゾウ（皆造）すると、みんな一緒にサトガエリ（里帰り）する。

5 瓶詰め

　熟成を終えた原酒は、検定タンクに流し込まれ、酒精計によってアルコール濃度などが計られる。原酒をブレンドして、良質の地下水でワスイ（割水）をし、25度あるいは30度のアルコール度数に調整し、完全に洗浄した容器（瓶、パック）に、定量にビンヅメ（瓶詰め）し、最終チェックを受け、製品となる。焼酎粕を浄化装置で処理する所もある。

Ⅱ　製造工程語

　製造工程に関係する語彙をまず考察し、その後製造過程で使われている道具をみていく。

1 製造工程に関係する語彙

　クライリ（蔵入り）とは、9月頃に蔵人（くらびと）たちがそれぞれの仕事場である酒蔵に就くことである。

　アライ（洗い）とは、蔵人が道具類を洗い、夏の日に当てて乾かすことである。

　ムシゴメ（蒸米）とは、種麹が糖化と酸化を行うにあたって最適な状態にすることである。同時に、加熱によって雑菌を殺す働きもある。蒸米を種麹の繁殖しやすい35度程度に冷却する。ジョウキョウ（蒸きょう）ともいう。

コシキハジメ（甑初め）とは、蒸米の開始である。ムシハジメ（蒸し始め）ともいう。

モム（揉む）とは、杜氏が蒸米のでき具合を調べるために、甑の上部の蒸米をとってきたものを、手のひらで平たく揉み潰すことである。

ホウレイ（放冷）とは、蒸米を広げて冷却する作業である。

コシキダオシ（甑倒し）とは、その年における蒸米終了時である。コシッダオシともいう。

コウジシコミ（麴仕込み）は、セイキク（製麴）やコウジヅクリ（麴造り）ともいい、麴を作ることである。機械化してしまった所では、手作業の時は、一番仕事、二番仕事といった。現在、二番仕事はない。麴は、次のような働きを持つ。醪の中で、原料の澱粉をブトウ糖に糖化し、蛋白質をアミノ酸に溶解される酵素を作り、香味生成する。麴菌は、クエン酸を作ることで、ほかの雑菌を寄せ付けない。不純物が混ざり合って、どこで甘くなるかについては、解明されていない。

コウジ（麴）とは、蒸米にカビの一種麴カビを繁殖させたもので、淡緑色で種々の酵素を含み、焼酎など醸造の主要原料となるものである。原料の澱粉質を糖化する時に使う。鹿児島方言でコシ、コヒという。『大隅肝属郡方言集』のコシの項には「黴、麴の意にも用いられる」とある。コジュネセルとは麴を作るという意味である。コシ／コヒガナッタ（麴ができた）、コヒガハエタ（カビが生えた）のようにいう。コメコウジ（米麴）ともいう。九州内の醪取り焼酎のほとんどは、清酒麴と異なり、鹿児島県内において発見分離された独特の白麴菌によって製造されている。焼酎の麴菌は、清酒の麴菌より強いといわれている。その由来は、比較的新しいものである。薩摩藩が琉球を支配していた頃、薩摩の殿様は、泡盛の製法の秘密である黒麴菌を強引に薩摩に伝えさせようとしたができなかった。鹿児島の焼酎造りに泡盛の黒麴菌が使われるようになったのは、河内源一郎（かわちげんいちろう）が鹿児島税務監督局に入り、鹿児島で酒類の技術指導や監督をしていた1909年に泡盛黒麴菌を南九州地方の焼酎製造に取り入れて以来である。明

治30年代まで、鹿児島県本土の焼酎造りは、清酒と同じ日本麹菌（黄麹菌）を使って、蒸米に加えて発酵させ、これを原料のサツマイモに入れて造るという方式であった。しかし、この菌は寒冷地の酒造りには適しているが、高温地帯では腐りやすく、残暑が厳しい年には、焼酎を蒸留する前の醪が腐ってしまい、途中で失敗する例も多かった。杜氏たちから相談を受けた河内源一郎は、夏でも醪が腐らない沖縄の泡盛の黒麹菌に目をつけ、焼酎造りにも使うように業者に勧め、1908、1909年頃から、一部の製造元が菌の切り替えに踏み切った。ずっと歩留まりがよいとの噂が広まると、数年の間に競って使い出した。それ以降、焼酎の生産量は飛躍的に増大した。

　黒麹菌は黄麹菌と菌の性格も少し違い、生育の間にクエン酸を多く作るため、高温でもなかなか腐らない防腐作用がある。しかし、味が強烈であるという欠点がある。麹の生えた米粒の味は、夏みかんのように酸っぱい。だから、黒麹菌で焼酎の醪を造ると、辛口でピリピリした焼酎になるが、クエン酸の酸性によって、気温の高い南日本での焼酎造りでは、腐敗菌の繁殖を防ぐことができる。

　1923年か1924年のある日、研究を続ける熊本国税局鑑定官だった河内源一郎は、培養中の黒麹菌の中に、色が変わった褐色の一群を発見し、分離した。雑菌ではなく、黒麹菌から突然変異して生まれた白麹菌で、後にカワチキン（河内菌）と命名された。現在、河内菌と呼ばれる白麹菌（カワチシロコウジキン〔河内白麹菌〕。学名アスペルギルス・カワチイキタハラ）で、突然変異種に改良を重ねて誕生した。河内菌のような白麹菌を使えば、黒麹菌と同じくクエン酸を作るが、味はまろやかになる。しかし、酸度が低く、夏場には腐敗しやすいという欠点があった。白麹菌の種麹は、鹿児島市の河内源一郎商店で作られている。ドラム缶のような培養器の中で、白麹菌を蒸米にまぶし、7日間置く。この間にかき混ぜたり、冷やしたりして、35度±2度以内に保つ。麹が育ってくるので、これをモロブタと呼ぶ木箱に入れ、さらに麹室に入れ、5日間置く。これを2日間、乾燥して袋詰めにする。

タネカケ（種かけ）とは、蒸米に種麹を加えて混ぜることである。タネフリ（種ふり）ともいう。

　トコモミ（床揉み）とは、蒸米に種麹を加えて揉むことである。トコ、トコノセ、モミともいう。

　キリカエシ（切り返し）とは、その朝に床揉みしたものを、翌朝に再度かき混ぜることである。マゼアワセともいう。

　モリ（盛り）とは、床揉みの翌日に、種麹を加えた蒸米を、1升ずつモロブタに盛って、かきならして麹を作ることである。モリは、モロブタニモルからいうようになった。タナモリ（棚盛り）ともいう。

　モル（盛る）とは、蒸米をモロブタに入れることである。

　ナカテイレ（中手入れ）とは、翌日の昼に、モロブタの内容物をかき混ぜることである。ナカシゴト（中仕事）ともいう。

　シマイテイレ（仕舞手入れ）とは、中手入れの日の夕刻、モロブタいっぱいに内容物を広げて、水分を抜くことである。シマイシゴト（仕舞仕事）ともいう。

　デコウジ（出麹）とは、麹室からできあがった麹を出す作業である。

　カラシとは、できた麹をすぐに使わないで、2時間位扇風機に当てて乾かすことである。

　シコミ（仕込み）とは、焼酎の原料を調合して、発酵するように桶などに詰め込んでおくことである。仕込みの工程は、一次、二次という。甕壺仕込みを行っている所もある。

　イチジシコミ（一次仕込み）とは、できあがった麹と水を、およそ30％対70％の割合で、一次仕込みタンクに入れ、櫂で卸すようにかき混ぜ、酒母を造ることである。イチジモロミノシコミ（一次醪の仕込み）ともいう。清酒醸造の酛仕込みにあたる。

　イチジシコミハジメ（一次仕込み始め）とは、一次仕込みの開始である。シコミハジメ（仕込み始め）ともいう。

　クミミズ（汲み水）とは、一次醪の時に仕込みタンクに入れる水である。

シコミミズ（仕込み水）ともいうが、汲み水の方が一般的である。

　マゼルとは、蔵人が櫂で混ぜることである。カキマワス（かき回す）、マワス（回す）ともいう。

　カイイレ（櫂入れ）とは、櫂で卸すようにかき混ぜることである。カイヲイレル（櫂を入れる）ともいう。

　コウボ（酵母）とは、一次仕込みでできあがった焼酎を醸す原料で、シュボ（酒母）のことである。麴を発酵させて造ったものである。酵母は、すべての基本になるので、モト（酛）とも呼ぶ。麴の一部を栄養分として酵母が増殖し、酵母菌が糖化することにより、澱粉に変わる。コメコウジ（米麴）、イチジモロミ（一次醪）、イチジモト（一次酛）ともいう。モト（酛）とは、『日本国語大辞典』に「原料。特に、酒をかもす原料。酒母」とある。『日葡辞書』には「サケノ　moto（モト）〈訳〉日本の酒を作る元になる米で、新たに米を加えながら増殖し、肥育させるもの」とある。

　ニジシコミ（二次仕込み）とは、約1週間前から準備していた米麴の酵母に、茹でて砕いたサツマイモを混入する作業である。シコミ（仕込み）ともいう。

　ハッコウ（発酵）とは、醪の中で、サツマイモが麴で分解され、さらに醪の酵母菌によって、アルコールやその他の成分に分解されることである。一番初めの段階で、ワクという。ワイタといえば、発酵したという意味である。ワキガハヤイ、ワキガオソイのようにいう。ワクとは、『日本国語大辞典』に方言として「発酵する」とあり、青森県、岩手県、秋田県、山形県、新潟県、佐渡、滋賀県彦根、奈良県北葛城郡、山口県、徳島県が挙げられている。

　モロミ（醪）とは、発酵が終わり、アルコールが十分生成した熟成醪である。ニジモロミ（二次醪）、ショウチュウモロミ（焼酎醪）ともいう。

　タチハジメとは、醪の表面にぶつぶつと泡ができ始めた状態である。一次発酵である。

　ワキツキ（湧きつき）とは、醪の発酵が始まって激しく泡が湧き立つ状

態である。

　クソブタ（糞蓋）とは、醪の表面が、泡の滓の薄い膜で覆われた状態、また、醪の発酵状態がよくないものである。クソブタのクソ（糞）とは、『日本国語大辞典』に「あか。かす。『歯くそ』、『耳くそ』、『鼻くそ』、『金くそ』など」とある。『十巻本和名抄』には「鉄落　本草云鉄落銕液〈鐵乃波太　一訓加奈久曽〉。蘓敬曰是鍛家焼鐵赤沸砧上鍛之皮甲落也」とある。また、「役に立たないこと。価値の無いもの」とある。『新撰大阪詞大全』には「くそとは、やくにたたぬこと」とある。

　モロミキキ（醪利き）とは、手と鼻と舌によって、醪の熟成度を確かめることである。杓で汲んで、舌で触る。

　ワカイ（若い）とは、醪の発酵度が未熟なことである。マダワカイカライチニチオケ（醪の発酵度が未熟なのであと１日置きなさい）のように使われる。ワカモロミ（若醪）とは、完全に発酵が終わっていない醪である。ワカモロミヲニタとは、完全に発酵が終わっていない状態である。

　サンパイ（酸排）とは、焼酎の発酵中に有害菌が繁殖して、発酵がうまくいかなかった場合で、酸排が出るという。サンパイシナイヨウニシナサイヨのようにいう。酸っぱい焼酎ができた時は失敗した時で、税務署立会いのもとで捨てる。

　ジョウリュウ（蒸留）は、ニルともいう。『日本国語大辞典』には「溶液を蒸発させて、その蒸気を再び凝縮して集めることにより、溶液の成分を分離すること」とある。『和英語林集成』（再版）には「Jōriu　ジャウリウ　蒸溜」とある。

　ハリ（張り）とは、蒸留タンクの中に入れる醪の量である。

　ハル（張る）とは、蒸留タンクの中に醪を入れることである。『日本国語大辞典』には「液体を一面に満たす」とある。総生寛の『西洋道中膝栗毛』には「鉄の火鉢を見た様なものに水が充分張てあるが」とある。

　ジュクセイ（熟成）とは、原酒にまろやかな味と香味を加えることである。ジュクセイサセル（熟成させる）は、ネカセルともいう。ネカス（寝

かす）とは、『日本国語大辞典』に「麴、納豆などを暖室に入れて十分、黴を発生させる。また、味噌、醬油、酒などを仕込んで、熟成させる」とある。

コシュ（古酒）とは、夏を越した焼酎である。反対語に新酒がある。

カイゾウ（皆造）とは、すべての焼酎造りの作業が終了することである。みんな一緒に帰る。サトガエリ（里帰り）ともいう。

ブレンドとは、味、こく、香りが微妙に異なる原酒の特徴を最大限に発揮させ、さらに品質を均一にすることである。

ワスイ（割水）とは、熟成した焼酎にアルコール度数を調整する時に加える水である。ワリミズ（割り水）ともいう。

ビンヅメ（瓶詰め）とは、調合した焼酎を樽詰め、瓶詰めをして、製品化することである。

2 道具

コシキ（甑）とは、米を蒸す道具である。『日本国語大辞典』には「昔、米や豆などを蒸すのに用いた器。円形の瓦製で底に湯気を通す小穴があり、湯釜にのせて蒸した。のち、方形または円形の木製となった。蒸籠。こそき」とある。『日本書紀』には「復、百姓、他に就きて甑を借りて飯を炊くこと有り」、『万葉集』には「竈には　火気ふき立てず　甑には　蜘蛛の巣懸きて〈山上憶良〉」、『新撰字鏡』には「㼵　己之支」、『宇津保物語』には「廿石いるかなへどもたてて、それがほどのこしきどもたてて、いひかしぐ」とある。『日本国語大辞典』に方言として「食物を蒸す用具。蒸籠」と説明してあり、青森県、長野県上伊那郡、三重県鳥羽市国崎、広島県府中が挙げられている。なお、甑の底穴の蒸気の出口に被せ、上がる蒸気を八方へ均一に分散させる道具にコマ（駒）があり、八角形をした亀甲型のものである。また、甑から熱い蒸米を取り出すのにゲタ（下駄）を使った。歯の部分に米が詰まるので、歯がとってある。

モロブタとは、麴を入れる浅い木の箱である。ムロブタともいう。コウ

第 2 章　焼酎製造

ジブタ（麴蓋）ともいうが、モロブタの方が一般的である。『大隅肝属郡方言集』のモロフタの項には、「杉材で作った餅、麴等を入れるもの」とある。『日本国語大辞典』のモロブタの項には、方言として「長方形の浅い木の箱。餅などを一時的に並べて重ね用いることが多い」とあり、長野県諏訪、静岡県、和歌山県、島根県鹿足郡、岡山県御津郡、広島県、山口県大島、愛媛県、熊本県南関が挙げられており、鹿児島県肝属郡ではモロフタ、壱岐ではモルブタという。なお、棒積の際、最上部の蓋として用いるモロブタはトモブタ（共蓋）といい、保温や保熱が目的になる。

　シコミタンク（仕込みタンク）とは、サツマイモを蒸した後、砕いて入れるタンクである。直径２メートル、深さ２.５メートルの大きさで、１タンク当たり一升瓶で約2000本分を仕込むことができるものもある。タンク、ニジガメ（二次甕）ともいう。タンクとは、『日本国語大辞典』に「液体や気体をたくわえておく容器」とある。

　カイ（櫂）とは、攪拌用の道具で、長い柄の木である。攪拌と温度調整に使う。カイボウ（かい棒）、マゼボウ（まぜ棒）、カキボウ（かき棒）などともいう。『日本国語大辞典』には「しょうゆや食酢を造る際に、樽の中の原料をかきまぜる木製の用具」とある。長さ約２メートルから７～８メートルある。

　カメ（甕）とは、『日本国語大辞典』に「底を深く、内を広く作った陶磁器、または、金属製の器」とある。『播磨風土記』には「瓶の酒を馬の尻に着けて、家地を求め行きしに、其の瓶、此の村に落ちき。故、瓶落といふ」、『万葉集』には「陶人の　作れる瓫を〈乞食者〉」、『栄花物語』には「御骨拾はせ給て、かめに入れて」、『宇治拾遺物語』には「酢、酒、塩入たる瓶どもなめりと見ゆる、あまた置きたり」、俳諧『曠野』には「一里の炭売はいつ冬籠り〈一井〉　かけひの先の瓶氷る朝〈鼠弾〉」とある。

　シャク（杓）はヒシャク（柄杓）ともいい、焼酎を酌む時に使う。ダイビシャク（大柄杓）とは、酒母や醪をすくう道具である。

　ジョウリュウキ（蒸留器）とは、『日本国語大辞典』に「液体を加熱して、

55

沸点の相違によって特定の物質だけを気化し、その後冷却して比較的成分の一定した液体を得る装置。蒸露罐」とある。『漂流記』には「今日天気よく風静なるを以て蒸溜器を仮に設け、潮を蒸溜し清水を取て貯ふ」とある。タンシキジョウリュウキ（単式蒸留機）とは『焼酎の事典』を参照すると、蒸留のたびごとに新たに発酵醪など蒸留しようとする溶液を入れ、蒸留が終了したら、蒸留残液を排出する蒸留機である。単式蒸留機の構造は、目的成分の精製度合が低いが、発酵によって形成された複雑な風品成分の多くを製品に回収する。チンタラを使っている所もある。単式蒸留機の性能を生かして酒類では、本格焼酎、ウイスキー、ブランデー、ラム、ジンなどを造るのに用いられ、西洋では、この種の蒸留機をポットスチルと呼んでいる。世界四大河川文明の発祥地の１つであるメソポタミア（現在のイラク周辺）では、紀元前3000年頃すでにこの種の蒸留機の原型が存在していたといわれ、アラビアなど西方の国々に伝播して、錬金術を発展させた。この当時の蒸留機は、アランビックと呼ばれる銅製やガラス製のもので、直火で蒸留する形式で、現在でもブランデーなどに使われている。アランビックは東洋に渡って、その素材が陶土、木、竹という東洋的な材料に変化した。また、清酒粕のような固形状の醪を蒸留するのに用いられる蒸籠式の蒸留機のように、直接加熱しないで下からの蒸気をあてて蒸留する固形分の多い東洋的な発酵液を焦げつかせないような工夫や、上部に冷水を入れてアルコール分を含んだ蒸気を冷却する方法など、さまざまな改良が加えられた。しかし、日本の古式の焼酎蒸留機がランビキ（蘭引）と呼ばれたように、元祖アランビックの流れを汲んでいる。なお、日本の酒税法では、本格焼酎は必ず単式蒸留機を用いなければならない。

3 焼酎製造者の生活との関係について

職名、職人気質、蔵人の生活、焼酎製造に関係がある行事、忌み詞、禁忌、挨拶などのことば、天気との関係、焼酎製造における男女の役割、思

い出・苦労話、酒器、銘柄を順に考察していく。

1 職　名

　職名はトウジ（杜氏）とクラコ（蔵子）で、大山酒造には蔵子は２人いる。今でも、序列がはっきりしている。杜氏が上で、現場の総合責任者である。大山酒造では、杜氏は金峰町白川から来ている。蔵子は地元からで、杜氏は住み込みである。また、杜氏・蔵子の形態は取っていない醸造元もある。芋切りは、１カ月でだいたい流れ作業についていけるようになり、３カ月でプロになる。

　杜氏とは、焼酎造りに携わり、生きた経験と勘を備え持つ酒造職人の長で、蔵のことについて焼酎造りから出荷までの全工程の全責任を持つ技術者である。仕込みの時期になると、酒造業主のもとで住み込みで働く。焼酎造りの技術者は、清酒の場合と同様に杜氏と呼ばれる。鹿児島方言ではトジ、トシという。鹿児島の焼酎造りを担った職人集団は、川辺郡笠沙町の黒瀬杜氏と、日置郡金峰町の阿多杜氏である。県内出稼ぎで、茶の後、焼酎をしていた人もいる。

　蔵子とは、蔵で働く杜氏以下の焼酎造りに携わる者で、杜氏の補佐役である。倉子、倉工、蔵男、庫男とも書く。

　大山酒造では、麴仕込みの責任者、夜中に醪の泡の状態を見守る番は、杜氏がする。焼酎造りの諸道具を整備する責任者、麴室で働く者、水汲みなどの下働きや雑役をする者は、杜氏と蔵子がする。米を蒸す係は杜氏がする（蔵子がする所もある）。

2 職人気質

　職人気質は、「責任が多い」、「プライドを持っている」、「造りを全部任されている」がある。またほかの醸造元の職人には、「機械化が進む中、手づくりの心も残したい」、「杜氏の技術を徹底的に盗んだ。夜中に１人で復習して、そのうち『もっとこうした方がよかのに』と思うことも出てきた」、

「人の言う通り造っちょても、それ以上のもんはできん。酒造りは自分で考えんな。それなら独立は早い方がいい」、「人がうなるような新製法を探し、うまい焼酎をつくるのが何より楽しみ」という人もいる。

3 蔵人の生活

　蔵人の生活については次の通りである。

```
5：00    起床
 ｜      麹の切り返し作業　出麹
         （30分間）
5：30
 ｜      一次酛（仕込み）の移動
6：00
 ｜      休み
8：00
 ｜      麹の盛り付け（モロブタに盛る）
8：30
 ｜      一次仕込み
9：00
 ｜      二次仕込み
9：30
 ｜      蒸米の移動
10：00
 ｜      休み
10：30
 ｜      床揉み
11：00
 ｜      麹ヒッコミ／引き込み（麹室に入れる）
11：15
 ｜      麹の中手入れ
12：00
 ｜      休み（昼寝）
13：00
 ｜      芋洗い
14：00
 ｜      休み
```

```
16：00
 ｜   米洗い
16：30
 ｜   麴の仕舞手入れ
17：00  終了
　5：00～6：30　芋蒸し　6：30～11：00　蒸留
　8：30～9：30　米蒸し
```

　朝5時に起きて、1時間、出麴をする。その後、6～8時は休みになる。杜氏部屋で蔵人が食事や休息する。食事後、1時間位昼寝する。当番で、麴の温度管理をする。温度が高い時は水で冷やす。低い時は湯を入れる。途中、土・日曜日も休みなしで製造する。

4 焼酎製造に関係がある行事

　焼酎製造に関係がある行事として、新酒ができた時に、蔵では初検／初検定がある。税務署が来て、立会いのもとで行っていたが、25年位前になくなり、今は自主検定している。利き酒や新酒割りといって、味見をする。また、サテイワイ（査定祝い）があり、初飲みの飲み方をする。甑倒しがある。ほかに、甑立て、中祝いをする所もある。焼酎造りを終えたら、皆造の祝いをして、里帰りする。酒造組合では、2月に焼酎鑑評会がある。11月1日は焼酎の日である。正月には蔵に餅などを飾っていた。松尾神社が焼酎の神様である。

　一方、焼酎は正月、葬式習俗、盆などの年中行事では欠かせないものである。焼酎に関する行事として、カンナレコ（雷講）、タノカンコ（田の神講）がある。焼酎とナンコは、切っても切り離せない関係にあり、宴会にはナンコ遊びがつきものである。ナンコギは、1センチメートル角で長さ5センチメートルである。島津領だった隣の宮崎県都城地方でも、盛んに続いている。0から6までの数字を「何個」と当てる遊びだからナンコになったと思われるが、その数え方は独特である。0はお居やらん、1本は

天皇陛下、2本は下駄ん歯(げた)、3本は犬の小便、4本は蚊帳ん釣り手(かや)、5本は片手、6本はケネジュ（家内中）のようにいう。これは一例で、ほかにもユーモアととんちに富む呼び方がたくさんある。

5 忌み詞、禁忌、挨拶などのことば

　忌み詞、禁忌、挨拶などのことばには、ミカント　ニクワ　タベテワイカンやオンナワ　フジョウなどがある。『職人ことば辞典』などを参考にしながらみていく。

　ミカント　ニクワ　タベテワイカン（みかんと肉は食べてはいけない）は、清酒製造のように焼酎製造では別にない。みかんを食べたら、手をよく洗うようにしている。醸造元によっては、「蔵の中にみかんを持ってくるな」という所もある。

　オンナハ　フジョウ（女は不浄）という。焼酎製造では清酒製造ほど厳しくない。ウツリカガスッデ（移り香がする）のようにいい、ウツリカ（化粧香）がしたり、移るから、嫌う。

　サカヤドウシワ　アイテノクラニ　デイリワシナイ（酒屋同士は相手の蔵に出入りはしない）とは、特に厳しくいわない。醸造元によっては、「モロヤにほかの人は入ってはいけない」という所もある。

　コトシモヨロシク（今年もよろしく）／コトシモヨロシュウタノモンデ（今年もよろしく頼みます）のように、蔵人たちが仕事場である酒蔵に着いた時の挨拶としていう。蔵入りの決まり文句である。マタライネンモヨロシク／マタライネンモヨロシューナ（また来年もよろしく）のように、杜氏が蔵人を代表して酒蔵の主人にそれぞれの故郷へ帰る時にいう。

　永年の経験から生まれた焼酎造りにおける微妙な焼酎管理を、モチアジ（持ち味）／ウデ（腕）という。アノトウジノモチアジデ　チガウヨ（あの杜氏の持ち味で違う）やイイウデダ（よい腕だ）のようにいう。

　焼酎造りの工程とその難しさの順をいったものに、イチコウジ　ニモトサンモロミ（一麹、二酛、三醪）、イチコウジ　ニモト（ニシュボ）　サン

ツクリ（サンモロミ）　ヨンジョウリュウ（一麴、二酛〔二酒母〕、三造り〔三醪〕、四蒸留）という言い方がある。米を蒸して麴にし、そこへ水と酵母を加えて発酵させると、酛になる。そして、蒸した芋と水を加えて、醪としてじっくり発酵させることを、造りという。機械に頼らず人の五感（視・聴・臭・味・触）により、繊細で微妙な管理を行う。

　ナンコダレ↗(4)（何個できたか）と、朝会った時に挨拶代わりになっていた。

　焼酎造りの工程は同じであっても、杜氏の流儀によって焼酎の味が変わってくることを、クラグセ（蔵癖）という。

　一升瓶に焼酎を入れて、店や家に長く置くと瓶の匂いが焼酎に染み付くことを、ヨウキシュ（容器臭）という。

6 天気や風向きなどと焼酎製造との関係

　天気や風向きなどと焼酎製造との関係としては、「嵐が来たら困る」、「停電が困る」がある。また、焼酎造りは10月位の気温12～13度がよい。仕込みは温度が低い方がよく、20度以下であることが望ましい。また、サツマイモが関係ある。

7 男性と女性での役割分担

　焼酎製造には男性と女性で役割分担があり、サツマイモの選別や芋切りは女性だけがするが、ほかの一次仕込みや麴造りは男性がする。焼酎製造は女人禁制だった。

8 昔の思い出や苦労話

　職人として焼酎製造に従事してきた中で、昔の思い出や苦労話には、停電が困るがある。また、雑菌を寄せ付けないようにしないといけないので、温度管理と微生物に苦労した。サツマイモは貯蔵がきかないため、一年中

（4）↗は文末が上昇調を表している。

工場が稼動せず、芋焼酎が作れるのは普通70日であるが、200日操業している所もある。現在、サツマイモを中国で蒸かして、日本で解凍して仕込む冷凍甘藷を使っている所もある。国税局の方針に従っている。1948年頃は、ダットサンに焼酎を積んで売って回ったという所もある。

9 酒器

　酒器には、カラカラ、ガラ、ダチビン（抱瓶）、チョウカア（酎家）、チョカ、ソラギュウ、鳩徳利がある。シュキ（酒器）とは、酒を供するために用いる器具である。『焼酎の事典』などを参考にしながらみていく。

　カラカラとは、本格焼酎の代表的な酒器の1つで、丸餅形の胴に焼酎を入れる上口と猪口（ちょく）に注すための注ぎ口をつけたものである。沖縄でカラカラー、鹿児島でカラカラ、熊本県球磨地方でガラという。『大隅肝属郡方言集』には「酒を入れてお客の前に出すもので白い陶製のもの、長い出し口の付いたものである」とある。『日本国語大辞典』には方言として「酒の容器。ちょうし。徳利（とくり）」とあり、宮崎県東諸県郡、鹿児島県が挙げられている。『南島説話』に採録された沖縄県中頭郡（なかがみ）宜野湾村（ぎのわん）（現・宜野湾市）付近の民話の中に、「昔、あるところに酔どれ坊主が居った。お弔（ちょう）に行って酔っぱらって帰り、〈中略〉彼は時々大事な酒びんをヒックリかえした。彼はその度に少なからず口惜しがった。そこで何とかしてヒックリかえらぬびんを作ろうと考え、ついに餅から思いついて、餅形の酒入れを作った。〈中略〉隣り近所の人が見て感心しこれを借りて真似て作った。そこで人がしばしばこの酒入れをカラカラ（貸せ貸せ）と云った。坊主はこれにちなんで名づけた」とある。つまり、沖縄で生まれ、本土に伝えられて、鹿児島県のカラカラ、熊本県球磨地方のガラとなった。

　また、カラカラの注ぎ口は、餅型の胴体をろくろを回して作ってから、胴に張り付け、接合部を切除し、穴を開けるが、切除部分が胴の中に残り、酒がなくなると、カラカラと音を立てるので、カラカラの名が生まれたという。沖縄以外に名の由来を示す語がないので、カラカラは沖縄から本土

の焼酎圏に伝えられたものであろう。1938年頃の沖縄の宴席では、泡盛を入れたカラカラが各人の席の横に置かれ、席の中央に補充用の大きなカラカラが据えられていた。各人は手元のカラカラの泡盛を適宜水で割って飲んだ。沖縄のカラカラは陶器で直火で燗(かん)することはできないが、本土のカラカラ、ガラは磁器で火にかけられる。

　チョカは、鹿児島に伝わる焼酎用の酒器である。左手に猪口(ちょく)を持ち、右手にはチョカを持ち、絶えず囲炉裏などの火で暖めながら焼酎を飲むのが通人といわれる。その名称と形状は、沖縄のチョウカア（酎家）と似ており、鹿児島ではチョカに当てるべき漢字がないので、琉球王朝時代の沖縄から伝えられたものと思われる。しかし、チョウカアは現在の沖縄で酒器として使われなくなっているのに対し、鹿児島ではチョカが今なお重宝されている。チョカは、平安時代のさしなべに鉉(つる)をつけた銚子(ちょうし)が変化したものである。茶家、猪牙、千代香などの字がチョカに当てられるが、朝鮮の一般的酒器のチャチ（酒煎子）が語源といわれている。猪牙と書くのは、チョカの反り返った口の部分が猪(いのしし)の牙(きば)に見えるからという。沖縄のチョウカアの鉉は、陶製で胴に固定されているが、薩摩ヂョカは蔓(つる)を用いる。宮崎県には、炉端に差して燗をつける日向チロリ、鳩徳利がある。また、携帯用の酒入れとして、沖縄のダチビンがある。

　クロヂョカは、芋焼酎を飲むのに欠かせない酒器で、葛の蔓がついている。そろばん玉に似た独特の形で、やや褐色を帯びた柔らかい黒である。薩摩に来て焼酎用となったが、急須などから変化したのではないかと思われる。クロヂョカは、直燗(じきかん)の時囲炉裏で自在鉤にかけたり、五徳の上に乗せたりして使った。

　自在鉤には男鉤と女鉤がある。火の真上の男鉤には鍋や鉄瓶をかけ、その脇の女鉤にチョカを吊るして、余熱で燗をした。昔は丸味を帯びていたクロヂョカが今のようなソロバン玉のような形に変わったのは、明治に入ってからである。1899年、鹿児島市谷山で長太郎焼を始めた初代有山長太郎の考案といわれ、元祖である。

ソラギュウとは、南九州の焼酎どころに伝わる変わった杯(さかずき)である。底部がとがっていて下に置けないので、ソラを注ぐとギューと飲まなければならないところから、ソラギュウと呼ばれる。別名ノンベエハイ（飲んべえ杯）ともいわれ、漏斗型(ろうと)の穴の開いた穴あき猪口もある。『雅筵酔狂集』に「丁形・可盃」、「可の字は文章の上に有て下に置ざる字故俗にべく杯と名づけ用ゆ」とあるので、同じ系統の杯と思われる。天狗杯、徳須、宝珠杯もこの一種であり、馬上杯にもこの系統のものがあるといわれる。

　ハトトックリ（鳩徳利）は、一般にはハトカン（鳩燗）と呼ばれる。金属製の銚釐(ちろり)が焼物に代わり、膳に乗るようになり、安定のため足がつくと、注ぐ口や足全体にも思い思いの図柄によって、装飾が施された。その中の代表的な1つが、鳩燗である。注ぎ口を思い切って片側に寄せ、丸味を持たせて鳩の頭とした。中央部はふっくらさせて弧を描き、鳥の形に似せた。それが親しみやすい鳩に近づいていったものと思われる。写実的なもの、図案化したものなどさまざまな種類がある。

　チョク、チョとは杯のことで、コヒンは白い酒器である。

10 焼酎の銘柄とその由来

　焼酎の銘柄には、漢詩、和歌、謡曲による銘柄、吉兆、縁起を意味する銘柄、願いや思いが込められている銘柄、祝事にあやかった銘柄、地名による銘柄、地域の特色による銘柄、方言による銘柄、伝統による銘柄、人名による銘柄などがある。『日本の名酒事典　増補版』225〜28ページなどを参考にして、いくつか例を挙げる。

　漢詩、和歌、謡曲による銘柄には、「わか松」、「高砂」、「白玉の露」がある。「わか松」の酒名は、「めでた、めでたの若松さまよ」の祝い歌と、家の苗字などを引っかけて名付けたようである。「高砂」の酒名は、謡曲『高砂』にちなみ、夫婦円満、長寿の願いも込められたものである。「白玉の露」の酒名は、若山牧水の「しら玉の歯にしみとほる秋の夜の酒は静かに飲むべかりけり」の歌にちなんだものである。

吉兆、縁起を意味する銘柄として、「さつま無双」、「角玉」、「さつま小鶴」、「千鶴」がある。「さつま無双」の酒名は、鹿児島県下の公募によるもので、2つとないうまさの薩摩焼酎といった意味である。「角玉」の酒名は、角が立つものを丸く収めようとの意でついた。鹿児島方言のカッタマ（勝ったま）にかけて、選挙などの際に縁起物として重宝される。「さつま小鶴」の酒名は、瑞鳥の鶴が大空に羽ばたく勇壮華麗な姿に惚れ、しかも親鳥でなく未来を育む雛鳥が成長していく過程に将来の夢を託して、創業者小正市助が名付けたものである。「千鶴」の酒名は、鶴の渡来地で千羽の鶴というめでたさにあやかってつけられたものである。

願いや思いが込められている銘柄として、「さつま島美人」、「さつま」、「玉露」、「さつま大海」がある。「さつま島美人」の酒名は、長島内での公募によるもので、島の男性、世の男性にいつまでも愛されるようにという願いが込められている。「さつま」の酒名は、1904年創業当初、加治木町に工場があり、加治木が薩摩と大隅との境に位置していることから、薩摩を代表し、薩摩におけるトップ・ブランドになるようにとの願いを込めたものである。第2次世界大戦後、よい水を求めて、現在の牧園町に引っ越してきた。「玉露」の酒名は、高級煎茶の名前を冠することで、焼酎界の最高峰になることを期したものである。「さつま大海」の酒名は、人気が大海のように広がっていくようにとの思いが込められている。なお、大隅半島で造られている焼酎の名前には、「さつま大海」、「さつま若潮」、「錦江」など、海への愛着を示すものが目立つ。

祝事にあやかった銘柄には、「さつま寿」がある。「さつま寿」の酒名の寿は、喜びや悲しみに使ってもらうためにつけられた。

地名による銘柄では、「七窪」、「さつま五代」、「よもぎのつゆ」、「紫尾の露」がある。「七窪」の酒名は、霧島山系の自然湧水・大重谷源水が湧き出る場所の地名からとられた。「さつま五代」の酒名は、地名からとられたもので、"五代"という地名は、地元の新田神社の守護神である五大尊明王の"五大"からきたものだといわれている。「よもぎのつゆ」の酒名は、地名

（曾於郡有明町蓬原）の中にある「蓬」にちなむ。「紫尾の露」の酒名は、北薩の霊峰・紫尾山の麓で造られた焼酎との意味からつけられた。

　地域の特色による銘柄には、「さつま松乃露」、「吹上」、「知覧武家屋敷」、「田苑」、「さつま富士」、「さつま白波」、「伊佐大泉」、「伊佐美」、「照葉樹林」、「薩摩茶屋」がある。「さつま松乃露」の酒名は、蔵の近くにある日本3大砂丘の1つ、吹上砂丘の松に降りた露をあらわしたものである。「吹上」の酒名は、吹上浜にちなんだものである。「知覧武家屋敷」の酒名は、知覧の18代領主島津久峯によって造られた知覧武家屋敷にちなんだものである。「田苑」の酒名は、工場の裏山に登ると、素朴で美しい田園風景を眺望することができる風景を表したもので、「苑」の字を使うことで高級感を加えている。「薩摩富士」の酒名は、かつて海門岳ともいわれた南海の守り神で、薩摩半島の最南端にそびえる開聞岳の別称からとられたものである。「さつま白波」の酒名は、地元に湧く"神の河"と呼ばれる泉の清水が、岩に砕ける白波とともに絶え間なく大海に注ぎ込んでいる光景を表したものである。「伊佐大泉」の酒名は、伊佐地方の酌めどもつきない泉のような焼酎といった意味である。「伊佐美」の酒名は、蔵がある出水地方の奥、川内川上流の大口盆地が、薩摩の北海道ともいわれる美しい地であり、かつて伊佐地方と呼ばれたところからつけられた。「照葉樹林」の酒名は、蔵が照葉樹林の中にあるところからつけられた。「薩摩茶屋」の酒名は、近くに川内温泉があり、川内地方の役人をしていた西郷隆盛が、同温泉によく湯治に来ては、帰路の茶屋に寄ったと伝わることにちなんで命名した。茶屋は、陽成小内に藩公御茶屋跡として残っている。

　方言による銘柄では、「てんからもん」がある。「てんからもん」の酒名は、鹿児島方言で「おりこうさん」という意味である。

　伝統による銘柄には、「七夕」があげられる。「七夕」の酒名は、日置郡市来町大里の伝統芸能・七夕踊り（国指定文化財）に由来する。

　人名による銘柄には、「富乃宝山」、「森伊蔵」、「さつま若潮」、「さつま宝山」が挙げられる。「富乃宝山」の酒名は、琵琶法師・宝山検校にちなんで

いる。「森伊蔵」の酒名は、4代目当主の名前からとられたものである。「さつま若潮」の酒名は、45代横綱・若乃花の"若"と46代横綱・朝潮の"潮"に"さつま"を合わせたものである。「さつま宝山」の酒名は、日置郡吹上町田尻にある中島常楽院という正法山常楽院の天台宗の寺に関係がある。常楽院19代住職、宝山検校が薩摩に下り、中島常楽院を建て、この地の安泰を祈った。宝山は、この住職の名からとった。

　その他として、「家の光」、「さつま諸白」、「小鹿」、「華の友」、「アサヒ」、「天狗桜」がある。「家の光」の酒名は、1915年創業当時の最大の取引先であった農協の機関紙からとられたものである。「さつま諸白」の酒名の諸白とは、上等の酒を表す江戸時代の呼称である。「小鹿」の酒名は、鹿屋管内の小さな蔵元が集まって造られたことにちなんだものである。「華の友」の酒名は、「花見には酒がつきもの。そこで焼酎を友にする」というイメージで命名された。「アサヒ」の酒名は、朝日のごとくと名付けられたものである。「天狗桜」の酒名は、飲酒すると赤顔になって、天狗の面に似ていることや、品質を自慢して鼻が高いというような由来で命名した。

　今まであげてきた以外の銘柄の酒名には、さつまなどがつく地名にちなむ銘柄が多い。「桜島」、「萬世」、「天文館」、「さつまおはら」、「黒瀬杜氏」、「薩摩の誉」、「さつま白雪」、「薩摩乃薫」、「さつま白露」、「薩摩せんだい」、「いずみ」、「さつま美人」、「さつま司」、「さつま黄金」、「さつま国分」、「伊佐錦」、「さつま志布志湾」、「有明」、「さつま老松」、「さつま太陽」が挙げられる。また、いくつかにまたがっていると思われる銘柄もある。「仲右衛門」、「大黒」、「大和桜」、「西海の薫」、「八幡」、「養老」、「利右衛門」、「鉄幹」、「百合」、「五郎」、「青瀬」、「園乃露」、「伊勢吉どん」、「泉の誉」、「都の露」、「鶴見」、「白金乃露」、「白玉」、「冨乃露」、「真鶴」、「明るい農村」、「ハイカラさんの焼酎岩の泉」、「岩泉」、「大金乃露」、「華奴」、「白馬」、「西乃園」がある。

11 サツマイモの方言

　芋焼酎製造とサツマイモとは、切っても切り離せない関係にある。かつては日常、サツマイモの入った芋粥を食べていた地域もある。サツマイモはカンモといっており、種類としては、にんじん芋、さくらいも、紫芋、ビチャイモ、大根芋があった。にんじん芋は、今日のにんじん芋にあたると思われる。さくらいもは、桜の花が中に入っていたように見えた。ビチャイモは、びちゃびちゃのとても甘い芋で、中が真っ黄色だった。クデラとは、小指位の小さいサツマイモであった。コッパとは、輪切りにしたサツマイモや茹で上がった状態のサツマイモで、澱粉にするサツマイモであった。ドンコガライモは、白っぽい灰色で甘みが少なかった。サツマイモは生でも食べられていた。じゃがいもはジャガッタといった。

　カライモ（唐芋）とは、『大隅肝属郡方言集』に「さつま芋。飴粉、羹、団子等用途多し」とある。『日本国語大辞典』には「植物『さつまいも（薩摩芋）』の異名」とある。『物類称呼』には「甘藷　りうきういも　畿内にてりうきういもと云、東国にてさつまいもといふ、肥前にてからいもといふ」、『俚言集覧』には「薩摩薯亦琉球薯又対馬なとにては唐芋と云」とある。方言として『日本国語大辞典』に「さつまいも（薩摩芋）」と説明してあり、山梨・岐阜・滋賀・兵庫・鳥取・島根各県一部、広島県江田島、山口県祝島、徳島県一部、愛媛県、高知県、福岡県八女郡、佐賀県、長崎県、熊本県、大分県、宮崎県、鹿児島県が挙げられている。「からんむ」と琉球でいう。

　サンジュニチとは、『大隅肝属郡方言集』に「植付けて三十日を経れば出来るといわれる薩摩芋。ジュゴンチ（十五日）というのもある」とある。

　シトイモとは、『大隅肝属郡方言集』に「薩摩芋の中、皮も身も白いもので最も美味」とある。

　ヤクシマとは、『大隅肝属郡方言集』に「薩摩芋の中が肉の黄色なもの」とある。

　ボケとは、『大隅肝属郡方言集』に「薩摩芋の淡紅色を帯びたもの」とあ

る。また、『日本国語大辞典』には方言として「さつま芋の一種。赤みをおびた皮の上等品」とあり、長崎県平戸、薩摩、鹿児島県肝属郡高山(こうざん)が挙げられている。

　ジュンサガライモとは、『大隅肝属郡方言集』に「薩摩芋の種類の名」とある。

　ドンクォガライモとは、『大隅肝属郡方言集』に「味のよくない薩摩芋の別名、歯にぬりつく気味がある」とある。

4　焼酎の歴史について

1 焼酎の歴史

　鹿児島で焼酎の製法がどこから伝わり、いつ頃から飲まれていたのかについては明らかになっていない。鹿児島の焼酎造りの歴史は古く、15世紀に端を発するといわれ、15世紀か遅くても16世紀初めには、すでに鹿児島で焼酎が飲まれていたようである。焼酎伝来のルーツが沖縄の泡盛である沖縄経由説が一番有力だが、ほかに中国からの伝来説、朝鮮経由説、南海諸国からの経路、西洋直輸入説などもある。鹿児島が武装貿易船団の倭寇(わこう)の一大根拠地だったことから、倭寇説もある。

　中国では、焼酎を焼酒または火酒と呼び、元の時代に初めて作られたとされている。つまり、元の時代にすでに蒸留酒である焼酎の元祖が誕生し、それから200年後には普及し始めた。

　1477年、朝鮮の済州島から出航したみかん献上船が、嵐のため琉球列島に漂流した。1年余りにわたり島々を回った漂着民は、各島での生活や風俗の見聞記を、『李朝実録(りちょうじつろく)』に残した。沖縄本島のくだりでは、酒について「南蛮国の酒あり。味、焼酎のごとくはなはだ猛烈」と触れている。その57年後、沖縄に滞在した明の使者が、『使琉球録(しりゅうきゅうろく)』で酒について「清くてはげしく、シャムより来たものだ。製法は中国と同じ」と語っている。2つの記録が示す沖縄の酒とは泡盛で、現在のタイからもたらされたよう

である。タイには今も、製法と風味が泡盛によく似たラオ・ロンという酒がある。南海貿易が行われていた15世紀後半に、タイ－台湾－沖縄ルートで、蒸留技術が伝わったと考えられる。

　焼酎の元祖と思われる沖縄の泡盛の製法が、島津氏と琉球王との交流によって伝えられ、16世紀半ばには焼酎が飲まれていたという見方が有力である。『三国名勝図会』によると、「薩摩藩の焼酎は琉球（沖縄）から伝わり、琉球は漢土から伝わった」とあり、焼酎は舶来であると思われる。(5)また、薩摩藩は、鎖国封建時代にも海外に門戸を開き、外国からの蒸留技術を取り入れてきた。

　焼酎の文字は、鹿児島県大口市大田にある郡山八幡神社の神殿南東柱貫部分の棟木札に、「永禄二歳八月十一日」と墨書きされた大工の落書きにある。鎌倉時代からこの地を領していた菱刈氏が建てた神社は、国の重要文化財に指定されている。1954年に郡山八幡神社の社殿が文部省によって大幅な復元補修工事が行われた際、棟木札に日本における「焼酎」という文字の初見とされ、定説を覆す貴重な史料が出てきた。つまり、文献の中で焼酎ということばが初めて出てくる。1559年にあたる永禄2年と書かれた「焼酎」という文字は、現在残る記録の中で、焼酎の起源に関する画期的な日本最古の資料である。この年号は、桃山時代に、焼酎を飲み始めたという文献より早い室町時代にあたることから、民俗資料としても、従来の説を覆す貴重な記録と注目され、大口市は、焼酎のふるさとを名乗るようになった。落書きは、次のように日付と郡山八幡神社の建立にあたった作次郎、鶴田助太郎2人の連名の署名入りで、棟木札に記されている。

　　　永禄二歳八月十一日　作次郎
　　　　　　　　　　　　　鶴田助太郎
　　其時座主ハ大キナこすてをちやりて一度も焼酎ヲ不被下候

（5）菅間誠之助の説。

何共めいわくな事

　コスとは方言で、「けち」という意味である。座主とは、大寺の寺務を統轄する主席の僧職である。落書きでは作次郎と鶴田助太郎が、施工者の座主がけちで、建前に焼酎を一度も振る舞わず、大いに迷惑したとの不平を隠し書き、後世の人々に恨みを訴えている。この落書きは、焼酎の文字が1559年の室町時代には使われ、16世紀の中頃には既に庶民が焼酎の味を知っており、ある程度容易に手に入ることができたことを伝えている。しかし、当時の焼酎の原料が何かはわからないが、薩摩芋でなかったことだけは事実である。薩摩に薩摩芋が渡ってきたのは、これから約140年後で、芋焼酎の普及は江戸時代の後期と推測される。

　「焼酎」という文字が文献に現れるのは、江戸時代初めである。『和漢三才図会』には「焼酒」に「しゃうちう」、「シャウツュウ」の振り仮名をつけている。また『三国名勝図会』にも「阿久根焼酒」と「国分煙草」が全国各地に出回っていたという記述がある。

　芋焼酎造りの起源は不明であるが、薩摩芋の普及した1700年代に始まったと考えられる。1705年、前田利右衛門が広めたという薩摩芋で、芋焼酎が造られるようになったといわれる。薩摩芋が日本に伝えられたのは、1615年である。鹿児島県ではこの10年後にカライモオンジョ（唐芋翁）と呼ばれる揖宿郡山川町の漁師、前田利右衛門が国禁を犯し、琉球に密航し、薩摩芋を持ち帰り、自分の畑で試作栽培したのが始まりと伝えられている。以来、鹿児島は唐芋の国となり、他国ではこの芋をサツマイモと呼ぶようになった。

　18世紀の末、1782年から翌年にかけて九州を旅した江戸時代中期の名医として知られる京都の橘南谿の『西遊記』には、「（薩摩でつくる）酒は甚下品にして飲難し。夫ゆえに此焼酎を多く用ゆる事なり。琉球芋も酒に造る。味甚美なり」とみえる。また、「薩州には焼酎として琉球（の）泡盛のような酒あり、京都の焼酎のようにつよからず、国中皆この焼酎にて

酒宴する也」と芋焼酎が造られて、よく飲まれていたことが書き記されている。だから、薩摩芋が琉球から移植されたと思われる頃からすでに焼酎は造られていたと推測される。薩摩の温暖な気候ではうまい醸造酒が造れず、蒸留酒が発達したこと、当時すでに他国の人に「味甚美なり」といわせるほどの芋焼酎を造る技術があったことを示している。

　池田俊彦の『島津斉彬公伝(しまづなりあきらこうでん)』によれば、薩摩藩主28代島津斉彬は、その治政期間（1852～58）に、芋焼酎製造を奨励し、さらに飲用に適するように工夫すべきことと、焼酎よりアルコールを製し、雷粉（火薬か）と医薬に供する開発を進めている。焼酎に限らず、珍しい物産品は、献上品として権力階級の上位に位置する人々にいち早く伝わる通例を考慮すると、島津氏などの支配階級の人々しか口にできなかったと思われる。焼酎の大衆化が行われたのは、1600年代からとされている。薩摩ではシラス土壌に適する薩摩芋が伝えられ、余剰食糧として少しずつ備蓄されるようになった1700年代に、芋焼酎が庶民の間に広まっていったとされている。霧島山系のシラス大地が磨いた清烈な水と薩摩芋を用いた焼酎は、深く庶民の暮らしに溶け込み、南国鹿児島ならではの独自の焼酎文化を築いた。

2 鹿児島県内の産業としての焼酎の歴史

　江戸中期、1783年には鹿児島県内に約3000軒の酒造所があった。

　明治時代初期、焼酎は自由に家庭で作られていた。田舎などでは土間の片隅に鍋を据え、蒸した薩摩芋に麹を加えて醪を作り、簡単な蒸留器を取り付けたツブロ釜から、焼酎原酒の滴り落ちるのを貯めて作っていた。

　1875年に現行酒税法の前身になる法律ができ、免許制度となった。焼酎屋に免許が必要になったのもこの頃である。その時の免許所持者は154人で、生産量は5924石（1066.32キロリットル）だった。酒税法ができてすぐに自家用酒類焼酎の製造を禁止したわけではない。しばらくは庶民の中に広まっていた酒造りを急に禁止するのは無理だったので、1石（150キログラム）以下に限り製造を認めていた。それから24年後の1899年になると、

自家用酒類焼酎の製造は禁止され、焼酎酒税法ができた。日清戦争後で酒の消費量が伸びていたが、自家製造できなくなったので、市販の焼酎は需要に応じきれず、闇醸造が流行した。

　1907年に工場が2937あり、ぐんぐん増えて一時は4000工場に達したという。しかし、3年後の1910年には1250工場に減ったという。明治末期には、工場数の増減による混乱で倒産し、大正初めまでに500以下に整理された。1915年頃の値段は米焼酎1升72銭、芋焼酎は44銭であった。明治時代まで、九州の焼酎造りで使われた蒸留器は蘭引(らんびき)だった。

　第1次世界大戦の好景気は、焼酎業界に黄金時代をもたらした。新式(甲類)焼酎が生まれ、全体の3分の1を生産するようになった。1910年新式焼酎の販売が始まるが、長くは続かなかった。大戦後のパニックで焼酎市場は大暴落し、その後一進一退を続けた。1935年8月、焼酎の販売統制の機関として、酒造組合員や仲介商を株主とする県焼酎販売会社が発足した。以来、生産と販売は統制下に置かれ、すべてコントロールされるようになった。

　日中戦争から太平洋戦争、そして敗戦後は、米はますます不足し、麹を作る米にも事欠くようになった。麦や麸(ふすま)で麹を作り、これに芋を加えて焼酎を造る時代もあった。1949年頃から、ようやく麹に使う米だけは、タイやビルマなどの外米が使えるようになった。これに芋を仕込んで今日の芋焼酎の下地が出来上がり、戦後はほとんど芋焼酎が主流になった。つまり、鹿児島県内においては昭和の初め頃までは米焼酎が主流で、原料米の入手が困難になると芋焼酎の生産量が増加した。

　機械設備は近代化して、1961年には自動製麹機が発明されるなど自動化され始めた。1969年には生産統制が撤廃され、自由化時代に突入し、生産業者は生産見込み石数を税務署に申告さえすればよいことになった。1981年と1987年に焼酎ブームがあった。

　薩摩焼酎といえば芋焼酎となったのは、まだ新しく、第2次世界大戦後である。戦前は米製のコメンショウチュウ（米の焼酎）と、薩摩芋のカラ

イモンショウチュウ（唐芋の焼酎）の2種類があった。量的には戦前から芋焼酎の方が多かった。一般に米焼酎が上等とされ、唐芋焼酎は一級下であった。中流以上の人たちは米から造った焼酎や清酒を飲んでおり、値段も芋製より高かった。米焼酎は主に米どころの北薩地方で、地元で取れた新米で造られていた。薩摩は薩摩芋を主食とした時代があり、その薩摩芋で焼酎を造るのを誰が考えたのかわからないが、農民や下級武士たちの間に広まり、やがて自家製造をするようになったというのが一説にある。市来では米を原料としていた焼酎が薩摩芋になったのは1909年からだといわれ、最初に手がけたのは松崎吉次郎である。芋焼酎の評判はよく、ほかの焼酎屋も芋に切り替えていった。芋焼酎が全盛となり、鹿児島で米焼酎が造れなくなったのは、戦時統制下に入り、米が全部配給になって、焼酎の方にまで回らなくなってからである。戦後は大口市など北薩地方でも芋焼酎を造り始め、戦前からの南薩地方と同じように、すっかり定着し、芋の風味に慣れてしまった。

　以上の考察より、焼酎製造に特有の職人ことばとして、コメアライキ（米洗い器）、モロブタ、コウジムロ（麹室）、ワカイ（若い）などが使われている。焼酎の製造ではワカイは発酵が未熟な状態を表すが、鹿児島では正月の挨拶にもワカイという語が使われている。また、若水汲みの古習俗もある。

第3章

さつまあげ製造

1 さつまあげについて

　鹿児島のダレヤメ（晩酌）で活躍する焼酎には、ショウケがつきものである。ショウケとは、焼酎を飲む時に出されるごちそうで、ショウケの1つとしてさつまあげがある。さつまあげは伝統的な魚肉練り製品で、島津藩政の頃よりある。今日でも鹿児島の名産品で、食文化においてなくてはならない食品である。

　さつまあげは全国的な呼び名で、鹿児島ではチキアゲまたはツケアゲともいう。『鹿児島県方言辞典』によると、揖宿郡頴娃町郡ではチケアゲという。チケアゲはツケアゲのツがチになった転訛である。『大隅肝属郡方言集』には「鰯をすりつぶし、之に牛蒡、人参、さつま芋等を包んで油で揚げたもの。素朴な平民的なもの」とある。『日本国語大辞典』には方言として「さつまあげ」とあり、鹿児島県肝属郡が挙げられている。なお、さつまあげは薩摩揚げ、サツマアゲ、さつま揚げと書かれ、また、ツケアゲは、付け揚げ、附揚、付揚と書かれる。

　さつまあげは、新鮮な近海魚を原料にしてすりおろしたり、ハモ、エソ、グチなどの魚肉をすり身にして、澱粉、地酒や豆腐などを加えて練り、塩や砂糖で味付けして、ほどよく色がつくように油で揚げたものである。形は丸、楕円、長方形などである。すり身の中に、人参やゴボウなどを入れたものもある。さつまあげは、古くから漁村に多くとれた雑魚を長持ちさ

せるために生まれた保存食である。なお、さつまあげと同じ材料と形で、煮たものはチギリカマボコという。

さつまあげの名称は、第2次世界大戦後の物価統制中に、公定価格表に示されてからであろう。ツケアゲの語源説では、東南アジアにある料理で魚肉のすり身を油で揚げたチケアーゲという語から来ているという説、あるいは、琉球料理のチキアギー、チキアーギから来て、薩摩で転訛したものという説がある。また、すり身をのばして板につけて、切って揚げるから、ツケアゲというようになったという説もある。さつまあげで魚肉のすり身を板につける作業は、蒲鉾の板つけと同じ由来である。

さつまあげの産地は、鹿児島市、鹿児島郡吉田町、串木野市、揖宿郡山川町、枕崎市、鹿屋市、曾於郡有明町・志布志町、姶良郡姶良町・隼人町などである。さつまあげの生産量は、1998年1月から12月までの1年間で106億3507万円である。

臨地調査の対象とした田中蒲鉾店は、もともと串木野から来ており、1945年頃から姶良郡加治木町でさつまあげを製造している。大正末期か昭和の初めに父親が小学校の頃の丁稚奉公から始め、現在2代目である。機械化してしまった製造元が多い中、成形などのように手作業で行われている工程が残っている。

2 さつまあげの歴史について

さつまあげの起源については、さつまあげが鹿児島で考案されたのか、それとも、薩摩藩の外から伝わったのかなど、いつ頃、どこから伝わったのか、今のところ明確になっていない。さつまあげの由来については、琉球からの渡来説と、紀州のはんぺんからの転化説の次の2つが考えられる。

第1の琉球からの渡来説は、さつまあげはチクアーギという魚のすり身を油で揚げた琉球料理に由来している、という説である。1846年、薩摩藩主28代島津斉彬は、幕府の命令を受けて、薩摩が琉球国の処理を任された

ため、琉球を統治するようになり、琉球と薩摩との交易、文化の交流が行われた。料理においても数多く入ってきた。当時の琉球文化は、唐文化と大和文化との交流であって、特に中国福建省文化の流れが強く浸透していたと伝えられている。したがって、琉球の食生活も福建省に類したものがいくつかあって、油を主にした中国料理が数種あるようである。なかでも、福建省辺りから伝わった魚肉のすり身を油で揚げる料理は、琉球語でチキアーゲ、チキアーギといわれ、昔から琉球の家庭で作られている。形は、以前鹿児島の家庭で作られていた楕円型と同じである。昔は、祭りや正月に家々で作っていたようである。琉球国と交易が始まった弘化年間（1844～48）に、チキアーギが琉球から来た人によって薩摩に伝来し、チキアゲ、ツケアゲに転訛したと思われる。

　第2のはんぺんからの転化説は、島津斉彬が文化・産業に積極的に力をそそぎ、紀州のはんぺんや蒲鉾（かまぼこ）にヒントを得て、さつまあげを作らせたという説である。藩政時代、島津斉彬は江戸在勤が多かった。その間に、ほかの藩主との交誼や参勤交代の途中に各地の名産品をよく物色した。大隅地方は、京都など上方と交易があった。島津斉彬は、各地の漁法などを学ばせていた。北海道から昆布の種石を運び、肥前大村湾の真珠貝を移植し、白魚の卵などさまざまなものを甲突川（こうつきがわ）に放流するなど漁業の振興を図った。これらの事例からみて、紀州名産のはんぺんなどの製法が普及されたかもしれない。そして、その製法をさつまあげに取り入れ、品質向上を図ったのだろう（鹿児島県下の大隅東岸では、蒲鉾をはんぺんという所があるので、何かつながりがあるかもしれない）。

　鹿児島は暖地で高温多湿のため、蒲鉾類は腐敗しやすい。はんぺんを何回か繰り返し製造している間に、戦時中の耐乏生活の時と同じように、蒸すよりも油で揚げた方が保存が利くことを自然に知って、さつまあげが発達したのではないかと推察される。

　ほかの説として、さつまあげが鹿児島で独自に生まれ、反対に沖縄にのぼって、チキアーギになったのではないかとも考えられる。

さつまあげは、現在、蒲鉾店など水産練り製品を扱っている所などで作られているが、昔は家庭でも作られていた。かつては、さつまあげを年の暮れに作り、竹籠の中に入れて保存し、七草粥の頃まで使った。正月、秋のホゼ、ゴゼムケ、初孫の誕生などお祝いごとにはつきものの料理であった。産業としてのさつまあげ製造は、大正時代から始まったように思われる。

　食料の保存のために人々は必死に努力したと考えられる。さつまあげは人々の生活の知恵が生んだ保存食品の１つだった。

3　さつまあげの製造工程

Ⅰ　製造工程

　さつまあげは蒲鉾店でも作られているので、蒲鉾の製造工程を参考にしながら、さつまあげの製造工程を考察していく。さつまあげと蒲鉾の製造工程は、加熱方法が異なる点を除いて、共通である。

　さつまあげの製造工程は、機械化してしまった所では、冷凍すり身、解凍、調味料など添加、攪拌（かくはん）、成形、第１フライヤー、第２フライヤー、脱油、冷却、袋詰め、金属探知機、箱詰め、冷却、出荷の順で進む。現代はオートメーション化され、大量生産されている。

　原材料は、エソ、スケソウダラ（スケトウダラ）、フカ、グチ（イシモチ）などであり、キビナゴを原料に使ったのが一番上等であるといわれている。スリミ（すり身）のおおよその割合は、トビウオのさつまあげでは、トビウオ50％、スケソウ50％で、キビナゴのさつまあげでは、キビナゴ70％、スケソウ30％で、イワシのさつまあげでは、イワシ70％、スケソウ30％で、エソの棒天では、エソ50％、スケソウ25％、ヨシキリ（吉切）25％である。スケソウはスケソウダラの省略である。

　原料の厳選では、近海でとれたブエン（エソ、アジ）を選ぶ。

■さつまあげの製造工程

1. **原料を厳選します。**
   近海でとれた新鮮な魚（エソ、アジ）を選びます。

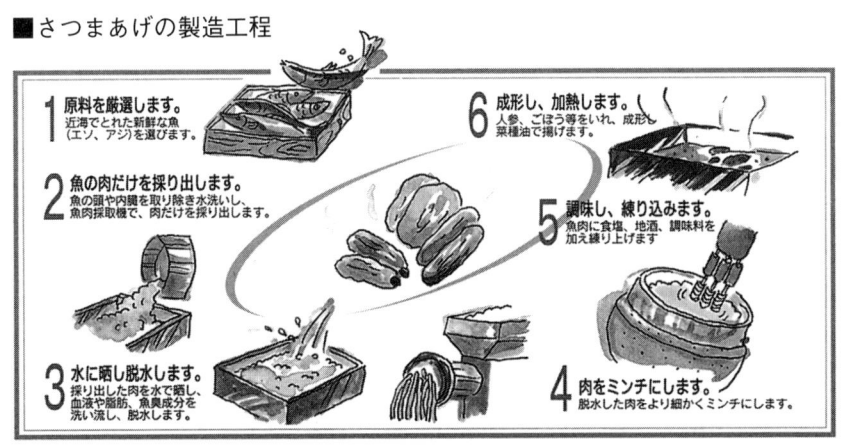

2. **魚の肉だけを採り出します。**
   魚の頭や内臓を取り除き水洗いし、魚肉採取機で、肉だけを採り出します。

3. **水に晒し脱水します。**
   採り出した肉を水で晒し、血液や脂肪、魚臭成分を洗い流し、脱水します。

4. **肉をミンチにします。**
   脱水した肉をより細かくミンチにします。

5. **調味し、練り込みます。**
   魚肉に食塩、地酒、調味料を加え練り上げます。

6. **成形し、加熱します。**
   人参、ごぼう等をいれ、成形し菜種油で揚げます。

（鹿児島県蒲鉾協同組合「さつま揚げ」パンフレットより）

　魚肉だけを採り出す工程では、イヲ（魚）のビンタ（頭）やワタ（内臓）を取り除いて水洗いし、魚肉採取機で肉だけを採り出す。ツブスという所もある。昔は、魚肉をコサゲ包丁でコサギ、筋を取っていた。

　水に晒し脱水する工程では、採り出した肉を水に晒し、血液や脂肪、魚臭成分を洗い流し、脱水する。脂肪を洗い流すことをアブラヲトル（油をとる）という。脱水をテデシボル（手でしぼる）ともいう。昔は水晒しをしていなかった。

　魚肉をミンチにする工程では、脱水した魚肉をより細かくミンチにする。

　魚肉だけを採り出す工程、水に晒し脱水する工程、魚肉をミンチにする工程は、水質汚染の関係上、ほとんどのさつまあげ製造元では行われていない。船上で魚を冷凍すり身にしており、さつまあげの製造工程は、調味し、練り込む工程から行われている。以下、調査した製造元の場合を主にみていく。

　材料には、スケトウダラやグチなどのすり身を使う。

　調味料など添加では、砂糖、塩、澱粉、味の素が使われている。水はソウセイスイ（創生水）を使っている。地酒を入れて、臭み消しのために焼酎を少し入れる所もある。塩は沖縄産自然100％のテンネンエン（天然塩）

を、砂糖は命の糖質である天然糖のトレハロースを使う。

　攪拌では、ウス（臼）に材料を入れ、マゼル。カッターで冷凍すり身を切って、スリミヲスル。スリアガッタら、トリアゲル。35〜45年位前から機械を使っている。スイコッ・スイコも使う。

　成形では、イタニツケル（板につける）。手で揉んだり、枠に入れて、ツケボウチョウで適当な大きさに切って、油に入れる。機械化した所では、第1フライヤーの温度が150度、第2フライヤーは180度である。蒲鉾の場合はウズヲマク。コガヤキ（卵焼き）や蒸し蒲鉾を作る時に、ベタを使う。箱の底に身を詰めたり、型枠の中に流し込む。

　加熱は、蒲鉾の場合は蒸気を使って蒸す。蒸した蒲鉾をデに載せる。鳴門巻には、ミスを使う。一方、さつまあげは油で揚げる。

Ⅱ　製造工程語

　今まで考察してきたことをもとに、製造工程語についていくつか解説する。

　スリミ（擂身・摺身）とは、世界共通で、最初は日本から作られた。『日本国語大辞典』には「魚肉をたたき、すりばちですりつぶしたもの。糝薯、つくね、蒲鉾、竹輪などの材料にする」とある。俳諧『難波風』には「こそげてはかみさひわたるあたまつき〈貞因〉摺身をつけるかたそきの板〈旨恕〉」、随筆『皇都午睡』には「摺身をはんべん、魚の田楽を魚田」とある。

　ブエン（無塩）とは、新しい魚、新鮮な魚という意味である。『鹿児島県方言辞典』には「生魚。鮮魚。ブエン（無塩）の意。まだ塩のかからない魚のこと」とある。『大隅肝属郡方言集』には「生魚で塩気のないの。野菜には言わない。無塩」とある。『日本国語大辞典』には「塩けのないこと。塩を用いてないこと」とある。洒落本『道中粋語録』には「とんだ事、ぶゑんの干ものだの」、『管子』には「悪食無塩則腫、守圄之本、其用レ塩独

重」とある。また、「（保存するための塩を用いてないところから）生であること。新鮮であること。特に、魚介類の新しいこと。また、そのもの」とある。『平家物語』には「何もあたらしき物を無塩といふ心えて」、『御湯殿上日記』には「大納言殿よりぶゑんのかゐ一折まいる」、『文明本節用集』には「無塩　ブエン　生肉魚也」とある。

　方言として『日本国語大辞典』に「生魚。鮮魚」と説明してあり、佐渡、甲信境山地、岐阜県吉城郡、静岡県榛原郡、淡路島、奈良県吉野郡北山、和歌山県、鳥取県、島根県那賀郡、岡山県、広島県、山口県、徳島県、愛媛県松山、高知県、佐賀県、長崎県、熊本県、大分県、宮崎県延岡、鹿児島県が挙げられている。ブインの形で鹿児島県喜界島が挙げられている。また、「魚の刺身」とあり、出雲、鹿児島県屋久島宮之浦が挙げられている。さらに、「なま物。新鮮な物」とあり、茨城県久慈郡、新潟県、奈良県吉野郡十津川、大分県北海部郡一尺屋が挙げられている。

　イヲとは、魚（さかな、うお）である。『日本国語大辞典』には「さかな。うお」とある。『十巻本和名抄』には「魚　文字集略云　魚〈語居反宇乎俗云伊云〉水中連行虫之総名也」、『土佐日記』には「けふ、節忌すればいを不用」、『源氏物語』には「池に泳ぐいを、山に鳴く鹿をだに」、『兼盛集』には「わがこひはいをなきふちのつりなれやうけもひかれでやみぬべらなり」、『御巫本日本紀私記』には「遊魚　安曾不伊遠」、『古本説話集』には「こころえず思へど、いかがはせんとて、よきいをどもなどあれば」、雑俳『柳多留拾遺』には「いほが違ひやすと鰹ふりむかず」、『日葡辞書』には「Iuo（イヲ）、または、ウヲ〈訳〉魚」とある。

　ビンタとは、頭のことである。『日本国語大辞典』には方言として「頭。あたま」とあり、茨城県稲敷郡、長野県諏訪、愛知県、熊本県、宮崎県、鹿児島県が挙げられている。ビンタンの形で、宮崎県西臼杵郡三ケ所が挙げられている。

　ワタ（腸）とは、内臓である。『日本国語大辞典』には方言として「魚などの内臓。はらわた」とあり、山梨県北巨摩郡、静岡県志太郡、和歌山県、

山口県、愛媛県、壱岐が挙げられている。

　コサグとは、『日本国語大辞典』に方言として「掻く。ひっかく。かき落とす。けずり落とす。けずる」とあり、島根県鹿足郡「釜の飯をこさぐ」、山口県豊浦郡「落葉をこさぐ」、「飯びつの飯をこさぐ」、高知県幡多郡、長崎県「こさぐと血が出る」、熊本県、大分県玖珠郡「かつおぶしをこさぐ」、東国東郡が挙げられている。また、コサクとして、鹿児島県肝属郡高山が挙げられている。

　アブラヲトル（油をとる）とは、脂肪を洗い流すことである。シボウ（脂肪）とは、『日本国語大辞典』に「（『しほう』とも）油脂のうち常温で固体のもの。ステアリン酸、パルミチン酸などの飽和脂肪酸を比較的多く含む。動物では皮下、筋肉、骨髄などに蓄積され、植物では主として種子に含まれる。〈中略〉常温で液体の油脂は『油』といって区別するが、栄養学、生理学などでは広く油脂をさしていう」とある。『改正増補和英語林集成』には「Shihō　シハフ　脂肪」、『異物志』には「甘藷〈略〉剝⌁去皮肌⌁、肉正白如⌁脂肪⌁」とある。

　テデシボル（手でしぼる）とは、材料の水分を脱水することである。

　ミンチとは、脱水した肉をより細かくすることである。

　ソウセイスイ（創生水）とは、調味料など添加に使っている水の種類である。創生水を作る機械が工場にある。

　テンネンエン（天然塩）とは、沖縄産自然100％の塩を指す。なお、シオ（塩）とは、『語源大辞典』に「主成分は塩化ナトリウムの白い結晶で調味料。海水からつくるので、ウシオ（潮）の上略によるか。潮の字は朝のシオに用い、汐の字は夕方のシオに用いる」とある。

　トレハロースとは、命の糖質「天然糖のトレハロース」のことで、調味料など添加に使っている砂糖である。「田中蒲鉾店　揚げづくしだより　創刊号」と「田中蒲鉾店　揚げづくしだより　2000春号」を参考にして、トレハロースについて述べる。トレハロースとは、天然の糖類である。『旧約聖書』の「出エジプト記」に、エジプトを脱出したモーゼと民らはカ

ナンの地に辿り着くまでの40年間食べ続けたそうだ、と書かれている。マナの一種にトレハラ・マンナがあり、ペルシャ地方に生息する象鼻虫が作り、それにトレハロースがたっぷり含まれていることから、トレハロースの名が由来する。トレハロースは、厳しい環境の中で太古より生き続ける生物の命を守る糖質である。食べ物では、マッシュルームに含まれており、マッシュルーム糖ともいわれている。ほかに、椎茸、本しめじ、パン、えび、大豆、海草（もずく・ひじきなど）、納豆、ビール、日本酒、ワインなどにも含まれている。さつまあげに使うと、自然なうま味や塩味が出て、加熱調理しても食材が変性せず、蛋白質の変性防止や吸放湿の防止・嫌味の抑制ができて、非着色性である。特長は体に優しく、生命体を保護する。過剰の活性酸素をＳＯＤ（スーパー・オキシド・ディスムターゼ）が攻撃し、味質に改善効果がある。また、歯に優しく、低甘味である。澱粉の老化を防止する効果があり、保湿性が高く、非還元性の二糖類である。なお、サトウ（砂糖）とは、『語源大辞典』に「蔗糖を主成分とする甘味料。サンスクリット sarkara の語頭音を中国で『蔗』と音訳し、甘い味の意の漢語『糖』を付けて蔗糖としたもの」とある。

　ウス（臼）とは、攪拌に使うシオズリキ（搗潰機）である。臼とは、『日本国語大辞典』に「穀物の調製具。穀物を粉にしたり、精白したり、また、餅をついたりするときに用いる。搗臼と摺臼の別がある」とある。『古事記』には「この御酒を　醸みけむ人は　その鼓　宇須に立てて　歌ひつつ　醸みけれかも」、『尊勝院文書』には「宇須　一要」、狂歌『後撰夷曲集』には「つきそふてゐれと餅屋は臼にあて杵にあてこといふめおと哉」とある。

　マゼル（交ぜる・混ぜる・雑ぜる）とは、攪拌することである。『日本国語大辞典』には「異種・異質のものを加え入れる。入れていっしょにする。まぜ合わせる。また、かきまぜる」とある。『日本書紀』には「我が猛き卒を選びて、虜と雑居う」、『落窪物語』には「色々の色紙に、黄金白銀まぜてかかせ給ひて」、『法華義疏 長保四年点』には「正法を説て非法を雑ぬが故に、不雑と名づく」とある。カクハン（攪拌）とは、前記辞典に「（『こ

うはん〔攪拌〕』の慣用読み）かきまぜること。かきまわすこと」とある。
　スリミヲスル（すり身を擂る）とは、材料を混ぜることである。スル（擂る）とは、『日本国語大辞典』に「鉢や臼などの中で、おしつぶして細かくくだく。すりつぶす」とある。『文節本節用集』には「研┘薬　クスリヲスル」、『日葡辞書』には「Suri, u, utta（スル）〈訳〉染料、芥子の種などを挽いて粉にする」、俳諧『曠野(あらの)』には「けしの花とりなをす間に散にけり〈松芳〉味噌する音の隣さはがし〈舟泉〉」とある。
　スリアガルとは、材料が擂り上がることである。
　トリアゲルとは、ケースに移すことである。
　スイコッ・スイコとは、すりこぎである。スリコギ（擂粉木）とは、『日本国語大辞典』に「すりばちに入れた穀物などを、おしつぶしこすって粉状にするのに使用する先の丸い棒。大小あるが、一般には、直径5センチメートル、長さ30センチメートル程度のものが用いられ、山椒の木でつくったものがよいとされている。あたりぎ。すりぎ。すりこ。ますぎ。まわしぎ。めぐり。めぐりこぎ。連木(れんぎ)」とある。『東寺百合文書』（『大日本古文書』）には「一　磨粉木」、『文節本節用集』には「摺杵　スリコギ」、『日葡辞書』には「Suricogui（スリコギ）〈訳〉ハチノミという方がまさる。乳鉢の乳棒」、俳諧『其雪影』には「父上のお江戸詞(ことば)を笑ふ也　勝手の違ふ余所のすりこぎ」とある。
　イタニツケルとは、擂り上がったすり身を成形することである。
　ツケボウチョウとは、さつまあげなどを成形するために蒲鉾屋で使われている包丁で、切れない。
　ウズヲマク（渦を巻く）とは、蒲鉾の場合は材料を丸く巻くことである。
　ベタは、コガヤキ（卵焼き）や蒸し蒲鉾を作る時に使われる。箱の底に身を詰めたり、型枠の中に材料を流し込む。
　デとは、蒸した蒲鉾を載せるものである。すのこのようになっていて、上が竹、下が木でできている。
　ミスは、鳴門巻に使われる。

4 さつまあげ製造者の生活との関係について

　職人気質、天気との関係、忌み詞や禁忌、ことわざ、さつまあげ製造における男女の役割、さつまあげに関係する行事、思い出・苦労話、製品の名称を順に考察していく。

　田中蒲鉾店では、さつまあげを3人で作っており、仕事の出来具合で序列がある。

　職人気質として、「おいしいのを作って、食べてもらう」、「お客様に100パーセント安心してなお、美味しく召し上がって頂く」、「1本1本を大事に作っている」、「食べるのは1本2本だから健康に必要な情報に気をつけている」、「材料とか添加物は合成を使わない」、「こだわりを持って作っていかないといけない」、「水（創性水）・塩（天然塩）・トレハロース（天然の糖）合成保存料は一切無使用（天然のしらこ）にこだわっています」、「昔ながらの製法を守りながら、新しいものを入れていく」が挙げられる。また、「最もこだわっているのは味」、「伝統の味にとらわれず、若い人にも受け入れられる薩摩揚げを開拓したい」という製造元もある。

　さつまあげ製造に風向きは関係ないが、湿度と温度は関係する。同じ材料でも、温度と湿度によって、製造工程を変えないといけない。夏と冬と梅雨の時期では、製品が同じようにはいかないが、できるだけ変わらないようにする。すり身は温度を上げないように、夏場は氷を多く使う。すり身の温度が上がると、質が落ちる。また、製品は気持ちの揺れ具合でも出来上がりが変わっていく。

　忌み詞や禁忌などとして、「手を切ってはいけない」がある。また、「清潔を保つ」があり、作り終わってからの仕事の方が多い。3時間作ったら5時間洗うようにしている。

　さつまあげ製造に関係のあることわざなどとして、カマトトがある。カマトトとは蒲鉾とトト（魚）のことで、「知っているのに知らない振りをす

る」ということである。トトは、幼児語、女房ことばである。

　さつまあげ製造において、男性と女性の役割分担などはあまりない。田中蒲鉾店では男性だけで作っている。洗いものは女性がする。男性が重たいものを持つ。

　さつまあげ製造に関係がある行事はないが、関連がある行事として、市場では魚の供養祭がある。また、さつまあげは、焼酎同様、正月、葬式習俗、盆、三月節句などの年中行事では欠かせないものである。

　職人としてさつまあげ製造に従事してきた中で、昔の思い出や苦労話として、「食べ物の嗜好が変わってきた」、「昔は運動会や正月の行事がある時は行列ができていた」、「棟上の時は集落みんなにさつまあげを配っていたが、今は大工と身内だけにしか配らない」が挙げられる。また、「お店の特徴を出していく。どのように特徴をみんなに知ってもらっていくか」、「新製品の開発」がある。

　製品の名称には、海鮮揚げ、四季揚げ、いわし揚げ、えび玉揚げ、人参揚げ、人参・ごぼう揚げ、さつまいも揚げ、にら揚げ、パイシャ揚げのようなものがある。チーズはニュージーランドのを使っている。パイシャアゲは、自分の家で揚げて、アツアツを食べられるように作られた。パイシャとは、ポルトガル語でペイシャ peixe（魚）からで、呼びにくいのでパイシャにした。パイシャのパイは、お菓子のパイみたいだからという意味もある。なお、ポルトガル語 peixe は、英語 fish と語源が同じで、ラテン語のピスキス piscis に溯る。

　さつまあげは、魚が主原料であるので、参考として、魚介類の方言などについていくつか触れておくことは、興味深い。1950年代阿久根地方では、ドジョ（どじょう）、ウナッ（鰻）、キンメンジャコ（きびなご）、カイワ（鰈）、ヒトオイ（がんがぜ）のような方言を使っていた。ヒトオイとは、ウニの一種がんがぜのことである。足が長く、目玉があり、動きが速くて、毒を持っていた。ヒトオイの刺は非常に細長く人がこれにさわると、刺が体内で折れて抜けにくく激痛を伴うものである。また、ブイという語は鰤

ではなく、船の周りを泳ぐ派手な魚を指していた。

　以上の考察より、ウスの意味がかつてと今では変わった。ウスは現在、攪拌に使う擂潰機を指している。また、蒸し蒲鉾を作る時に使われるベタ、デなどが特有の語である。

第4章

福山酢製造

1 福山酢について

　さつまあげは気候が温暖である鹿児島だからこそ発展してきた。気候の温暖さの恩恵を受けているものには、ほかに福山酢が挙げられる。

　福山酢は、約200年の歴史を持つ。恵まれた自然条件を生かし、アマンツボバタケ（アマン壺畑）と呼ばれる広場に独特の壺を並べて仕込み、1年以上の期間をかけてじっくり発酵・熟成させて造る天然米酢（純米酢）の壺酢である。その製造方法は全国でも珍しく独特である。普通の米酢造りと異なる特徴としては、仕込み時に振り麴をすること、原則として、酵母や種酢を加えないこと、同一のアマンツボ（醸造用甕）を使って、野天で、糖化、アルコール発酵、酢酸発酵のすべての醸造工程が進行していくことである。伝統の手法を守るのは、現在、姶良郡福山町に6業者、同郡隼人町に1業者の7業者である。ほかの地域では生産されておらず、鹿児島の伝統産業としての調査研究の価値があると思われる。その土地の風土が、その土地の特産物を育てるという格好の一例で、食酢生産は鹿児島の地場産業である。

　福山町は、鹿児島市より約40キロメートル東で、鹿児島湾（錦江湾）の一番奥深くに位置し、三方を丘に囲まれ、一方は南向きで海に面している。気候が温暖で、冬は暖かくて霜が降りることは稀で、夏も海からの風で比較的涼しく、年間の平均気温は18.7度である。年間を通じて温度差は少な

く、日中は寒暖の差がないので、福山酢の発酵に適した土地柄である。つまり、壺の中の温度差も少なく、微生物が棲み着きやすく、酢造りの発酵の微生物の育成に1つの好条件となる。福山酢が

坂元醸造のアマン壺畑。正面は桜島（福山町。木下陽一氏撮影）

作られるようになったほかの理由としては、背後に迫る台地の山並みから岩清水が湧き出していて、よい水に恵まれていることがある。もともと福山の水は、その昔、国分に居城された島津累代藩主が比曾木野（ひそぎの）に狩場を定め、狩猟時の本営とされたおり、藩主の用水は箱水といい、島津公自ら出水を発見して、「めぐり（当時福山を『めぐり』という）の水は島津藩一」と折紙を付けられたほどであった。現在はほとんどの福山酢醸造元は井戸水を使用しているが、その水には添加物などは一切使用していない。また、原料の米が豊富で手近にあり、福山酢を造るための器が、苗代川（なえしろがわ）（現・日置郡東市来町美山（みやま））にあった。

　福山酢は、今日、黒酢が一般的な呼び方で、壺酢、アマン、アマミなどと以前から呼ばれて、略して山酢ともいわれる。黒酢と呼ばれるようになったのはここ25年位で、福山町で命名された。福山町以外でも黒酢と呼ばれている米酢が造られており、それらとの混同を避けるため、福山酢という呼び方で考察を進めていく。鹿児島では、古くから米酢を、親しみを込めてアマンと呼ぶ。福山酢を意味するアマンの語源には3つある。1つ目は、中国福建省でいわれていたアンマンからきているという説である。現在福建省にアモイという貿易港があり、米の集積地として米から酢を作っ

ていた。最初、酢造りを伝えてくれた商人がアモイの人で、アモイが後日訛ってアマンというようになったと思われる。2つ目は、忌み詞である。スという語は九州全域、愛媛で称している「穴」を意味し、「穴」は「欠損」を意味して縁起が悪いから、反対に「余る」といっただろうという説である。3つ目は、酢が酸っぱくなる前に、一度甘くなるから、あるいは、酢をなめると甘いため、アマンと呼ぶという説である。

調査をした坂元醸造は、1805年創業の老舗で、姶良郡福山町で壺酢の製造を開始した。現在5代目である。本社は鹿児島市にあり、福山町に5つの工場がある。創業以来、代々、福山町で伝統の福山酢を造り続けてきた。現在、3万個の薩摩焼などの壺を使って、福山酢を醸造している。

2　福山酢の歴史について

米酢造りが初めて姶良郡福山町に伝えられ、酢造りが始まり、現在のような酢の名産地になったのは、島津藩政時代の文政年間（1818〜30）であるといわれる。福山は神武天皇東征出発の地（現・宮浦神社）であり、島津藩政時代の中心だった。福山酢の製法は、幕末の1820年頃、あるいは、今から200年前に中国福建省辺りから、琉球、奄美を経て、薩摩半島に伝わったとされ、初めて製造された。鹿児島から湾沿いに東へ抜ける道のなかった藩政時代、福山は旧薩摩藩の城下町で、福山港は鹿児島城下町の薩摩島津と大隅半島の都城島津を結ぶ唯一の交通中継の要港で、米の集散地として栄え、貨客船の往来が激しかった。都城、財部岩川、市成方面の年貢米は、荷駄馬で小廻の下倉に運び込まれ、同湊川港を経て、鹿児島に収納したといわれている。港町は中国や琉球の産物が鹿児島へ入ってきて宮崎に流れていく中継の商業地としての貿易港で、中国や朝鮮半島と古くから貿易が行われた。また、陸路を海岸沿いに各方面への輸送路として、ことのほか重要な地勢を示していた。このような地勢から、福山の下場は海、後は山岳地帯で田畑に恵まれない半商半農の村であったが、比較的米が入

手しやすいなどの気候や地理的条件が酢造りに適していた。

『福山町郷土誌』によると、創始者は竹之下松兵衛（たけのしたまつべえ）で、福山では目端のきく商人だった。福山酢の始まりについては、次の4説が挙げられる。第1の説は、竹之下松兵衛がある日商用で加治木方面を歩いた際、アマンという色酢を作っているのを見た。風味が食膳に使っていたダイダイ酢に比べて、非常にすぐれているのを発見、早速福山に持ち帰り、製造を試みた。この酢は、一説には、加治木で製造される前、遠く南支那方面から日置の海岸地帯に伝わったともいわれている。第2の説は、大隅半島で行われていた酢造りを、福山町で産業として始め、それ以来、壺で米酢を醸造してきた。第3の説は、竹之下松兵衛が、商用で薩摩半島の日置地方を旅している時、アマンと呼ばれる色付け酢の製法を知った。第4の説は、1819年か1820年、あるいは、今から約200年前、1人の中国の商人が、竹之下松兵衛に米で酢ができることを教えたのが始まりであると伝えられている。

しかし、竹之下松兵衛は酢に関しては全くの素人であったので、とても困難な仕事であった。出来上がった酢は、加治木で作る酢と大差のない味であった。そこで竹之下松兵衛は日夜苦心した結果、その原因が水にあるということがわかった。今まで使用していた井戸水から自然に湧出する出水を使ってみたところ、これまでにないなんともいえない風味のある酢ができたという。その頃の酢といえば、ダイダイを搾った蜜柑（みつかん）に限られていた。竹之下松兵衛が福山で作ったアマンは、濃度がきつくて保存がきくため、松兵衛酢と近隣の村々で重宝がられ、地元の評判もよく、大いに繁盛した。後年、竹之下松兵衛は日置から職人川原太郎（通称アマン太郎）を雇い、本格的な酢の製造を始めた。

福山酢の創始者竹之下松兵衛の酢造りは、2代目理兵衛（りべえ）に受け継がれた。幕末の頃、福山では理兵衛に倣（なら）って酢造りを始める者が増え、明治の初年頃には34～35軒になった。販路を鹿児島、都城辺りまで広げ、ますます福山酢の名を高めた。明治中期頃から福山の業者間で競争が激しくなり、利益が次第に減っていったので、1911年には製造組合が組織された。福山酢

の全盛時代1923年頃は、福山町だけで35の製造業者がいて、3万本の壺を所有して、その販路は沖縄や九州一円にまで及んだ。大正末期、業者は23軒となり、壺の数は1万個であった。1923年頃から1930年頃までが戦前の福山酢造りの最盛期で、30軒の業者が約2万本の壺を持っていて、「酢の福山」、「福山の酢」といわれるほど栄えた。原料米が地元では足りず、周辺の農家が火事であれば、かけつけて焼け米を、船が浸水したと聞けば、船倉の濡れ米を安く買った。業者が共同で、中国大陸まで原料米を買い付けにいったこともある。

第2次世界大戦中は米が統制物資になったことから、原料が途絶え休業に陥った。戦後は食糧難による混乱の中、原料米がなかなか手に入りにくい状況になり、原料米の不足、酢酸を使った合成酢の登場などで、衰退を見せ始めた。一時は業者がわずか2～5軒にまで減り、壺の数も数百になった。原料を米から薩摩芋に代えて、福山酢を製造していた時期もあった。また、個人の伝を頼って、わずかの米を仕入れ、細々と生産を続けた。1965年頃から福山酢が見直され、再び注目されたのは1970～71年頃からで、その需要は飛躍的に伸びた。1983年には、6社で生産され、5万個の壺の並んだ畑が出現した。現在、瓶詰めなど合理化できる部分は合理化されている。

3 福山酢の製造工程

Ⅰ 製造工程

福山酢造りは、米麹、蒸米と地下水だけを原料に使っている。福山酢の醸造工程は、準備、仕込み、発酵熟成、濾過に分けられる。醸造工程は次の図の通りである。

図で示した醸造工程図を参考にしながら、それぞれの作業と内容について、臨地調査の結果をもとにして考察していく。

■酢の醸造工程（静置発酵法）

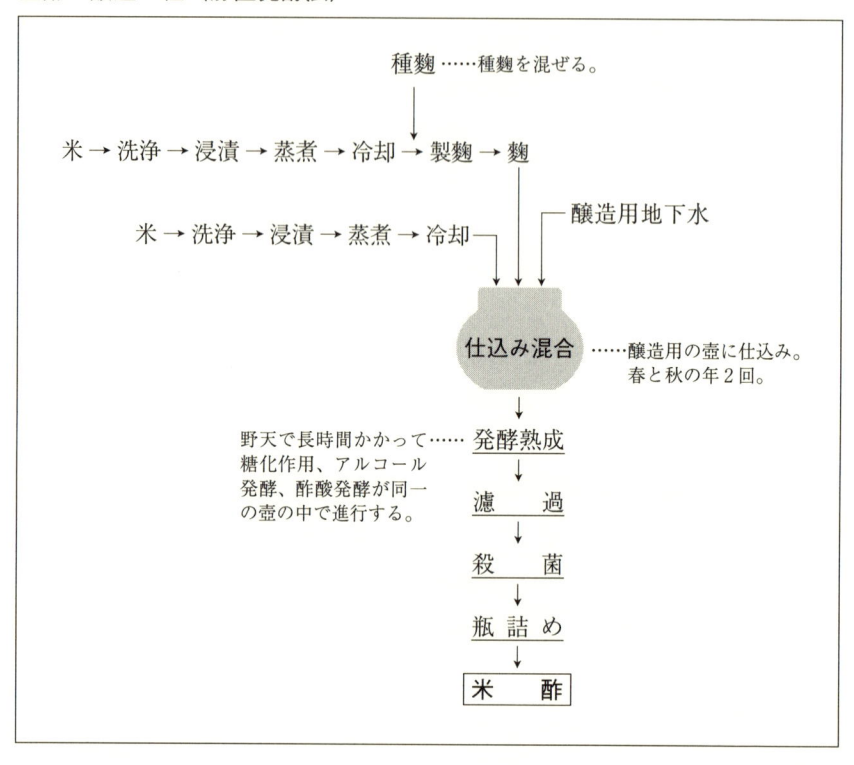

```
                          種麴……種麴を混ぜる。
                            ↓
米 → 洗浄 → 浸漬 → 蒸煮 → 冷却 → 製麴 → 麴
                                         ↓
                                    醸造用地下水
米 → 洗浄 → 浸漬 → 蒸煮 → 冷却 ─┐   │
                                ↓   ↓
                              仕込み混合……醸造用の壺に仕込み。
                                            春と秋の年2回。
         野天で長時間かかって……  ↓
         糖化作用、アルコール   発酵熟成
         発酵、酢酸発酵が同一     ↓
         の壺の中で進行する。    濾　過
                                ↓
                              殺　菌
                                ↓
                              瓶詰め
                                ↓
                              ［米　酢］
```

1 材　料

　福山酢の醸造に使われる材料は、米と水である。米は（玄米に近い方の）3分搗きで、歩留まりが97％である。基本的には地元の伊佐や鹿屋の鹿児島県内産を使う。仕込み水（汲み水）としては、現在は井戸を掘り、浅井戸から汲み上げた地下水が使われる。天然の湧き水を使っている所もある。よい酢の仕込み水としての条件は、酢質を著しく劣化させる鉄やマンガンといった金属や有機物などは特に少ないもので、色沢は無色透明である。

2 原料米の処理

　原料米処理の最初の工程は、洗米である。洗米は、混入している異物を

取り除くために行う。洗米方法としては、自動式洗米機による方法が一般的であり、原料米を水と混和してポンプに送る水輸送の方法もある。洗米中に米は10～15％の水分を吸収する。

洗米を終えた米は、直ちに浸漬タンクで浸漬する。浸漬時間は2～20時間である。浸漬が終わったら、浸漬タンクから水を排出する。これを水切りといい、水切り時間は30分～2時間である。水切り時間によって、米の蒸し時間が変わる。水切り時間が長いと米がふやけすぎて、傷む。

水切り後、蒸しの工程に入る。蒸米機としては、コシキ（甑〔セイロ〕）、回転ドラム型蒸し機、連続式蒸米機が用いられている。蒸し時間は40～60分である。蒸し上がった米は、適温（32～36度）まで冷却される。

冷却方法は、庫内の清潔な場所にスノコを敷き、その上に布を置き、蒸米を広げ、外冷気を入れて冷却する自然放冷と、連続式蒸米冷却機により、蒸米の表面から空気を除去し、蒸米から蒸発熱を奪う方法がある。

蒸米は、冷却後、製麹または仕込みの工程へ運ばれる。輸送方法としては、人力、ベルトコンベア、空気輸送（送風機と原料投入機およびホースによる）などがある。

昔は、原料米の処理では、米の水洗いは桶で行い、水切りはショケ（ザル）で行った。米を樽式のセイロで蒸した。セイロの底には竹で作ったサン（ス）を置き、その上にシキを載せ、米を入れ、上にはバラを被せた。セイロと釜の間には、ヘワを敷いた。蒸米はセイロからショケにスコップで取り出すが、ショケは台に載せられていた。この台は木製で、セイロに引っ掛けるようになっており、高さ49.5センチメートルの位置にあった。ショケに盛った蒸米は、ウバラ（大きなザル）に取り出し、メシゲでこねるようにして混ぜながら冷やした。

3 麹造り

麹造りでは、1984年頃まで、ガイノモロブタを使って麹を作っていたが、壺が増えたので機械化した。

昔からの麹蓋法（こうじぶた）では、米を軽く洗い、水に一晩浸漬する。水切り後、浸漬米を甑に入れ、ヒネリモチ（捻り餅）のできる程度に蒸す。この蒸米を36度位まで放冷し、コウジムロ（麹室）の中に入れるヒキコミ（引き込み）をする。麹室は温度が35度、湿度が94〜100％あった。この原料米210キログラム当たり210グラムのタネコウジ（種麹）を撒布する。米麹の種類には、味噌用黄麹菌（アスペルギルス・オリゼー、または、アスペルギルス・ソーヤ）が使われる。黄麹の黄色い粉は花粉である。胞子が飛べば飛ぶほどよい麹である。種麹撒布後、品温34〜36度で、手で蒸米を揉むようにし、丘状に堆積して、麹菌の繁殖を待つ。12〜14時間後、蒸米を広げて、その塊を揉みほぐし、全体を均一にする。再び丘状に堆積し、その後約10時間経つと米粒の表面に白い斑点が見えてくる。これをハゼ（破精）という。この時堆積してある麹米をコウジブタ（麹蓋）に、3キログラム位ずつ盛る。蒸米を繁殖させるには、ガエノモロブタ、ガイノモロブタを使用した。麹蓋は6枚ずつ重ねて積み、最上段の棚に並べる。3〜4時間後、棚上の麹蓋の上下、前後を入れ替え、各麹蓋の品温を平均化する。その後4〜6時間すると品温も38度前後となるので、麹の山を崩してよく混ぜるテイレ（手入れ）をする。この時に麹蓋を2段目の棚に移し、隙間をあけて積むツミカエ（積み替え）をする。その後3〜5時間おきに積み替えの作業を3回行い、最後の積み替えの際に麹蓋を3段目の棚に移す。さらに1日ほどそのままにしておくと、麹の表面は黄緑色から深緑色の胞子で被われるので、麹蓋を外に出し外界温で麹を冷やすデコウジ（出麹）をする。引き込みから出麹までは3日間かかった。

　近代の機械製麹法は、昭和50年代に、一部の工場で始まった。麹作りは、現在機械で、管理はコンピュータで行われている。機械製麹法の特徴としては、大きな容器中に相当な厚さで大量の蒸米を堆積し、単位面積当たりの製造量を大きくできること、品温を自動制御するので省力化できること、作業に熟練を要せず、同一条件であれば一定品質の麹が得られることなどが挙げられ、大量仕込みに向いている。装置は麹蓋法に倣って、大量の麹

米の温度を調節し、空気を送り込めるように工夫されており、回転ドラムと通風培養棚とが一体となったものや、円盤式の回転自動製麴装置などがある。

4 仕込み

　仕込みの手順は、まず、アマンツボの点検を行う。アマンツボの内側が清潔に保たれているか、十分乾燥してあり湿度がないかなどを点検する。異常がなかったら、マゼコウジ（混ぜ麴）、蒸米、水（汲み水）、フリコウジ（振り麴）の順にアマンツボに入れていく。仕込みの配合は、麴1・米3・水6の割合である。

　混ぜ麴を投じ、次に蒸米を投じる。蒸米は必要以上に冷却しない。蒸米を投じたら直ちに、汲み水を投じる。汲み水は分量が多いので、2度に分けて注ぎ、注ぎ終わった後で攪拌する。攪拌は、混ぜ麴と蒸米が混ざる程度行う。攪拌後、雑菌進入を防ぐため、水面上に乾燥させた麴を撒く。これが振り麴で、福山酢の伝統的製法の中でも、最も特異的な操作の1つである。仕込みの時にジョウゴを使う。ジョウゴをアマンツボの上に置いて、こぼれるのを防ぐ。仕込みを終えたら、新聞紙などの紙で口を覆い、陶製の甕蓋をする。

5 発　酵

　発酵では、米はまず第1回目の工程で糖化される。この時に働く微生物は麴カビで、続く2回目の工程アルコール発酵では酵母が働く。福山酢は、酢酸菌による3回目の工程で酢酸発酵を経て出来上がる。アルコールになるまでは空気は必要ではない。酢酸はアマンツボの中で対流する。同じアマンツボの中ですべての工程が行われている。日本独特の方法だと思われる。発酵には約6カ月かかる。発酵時、太陽の光を浴びたアマンツボが内部の温度を高め、夜は温度を保ち、培養器の役目を果たす。発酵や醸造の途中でも、蓋を取って中の状態を確認し、よどみや膜が厚くなりすぎてい

る時は、攪拌する。

6 熟　成

　発酵の終わった醪は、上部は澄み、下部は濁るので、上澄み液を汲み出して空のアマンツボに入れる。このアマンツボには、ほかのアマンツボの上澄み液も入れていっぱいにし、熟成させる。下部の濁った液は、モロミガメにほかのアマンツボの混濁部とともに入れて、同様に熟成させる。熟成方法は各工場によって多少異なる。上澄み液や醪をそれぞれアマンツボに満杯にする操作をモロミヨセ（醪寄せ）、または、ツボヨセ（壺寄せ）と呼ぶ。屋外で行われる。空気に触れる面をできるだけ小さくし、酢質の劣化を防ぐのが一般的である。熟成には約6カ月かかり、さらに1～2年以上熟成させて製品にする場合もある。熟成の時アマンツボは絶対に動かさない。

　熟成容器としては、発酵容器として使用したアマンツボ（500リットル容の大甕で、第2次世界大戦前に焼酎仕込み壺として作られていたもの）が使われる。

　熟成を終えた醪は、製成（調合〜出荷）の工程へと移され、空になったアマンツボは簡単に水洗いされる。これをツボフキ（壺ふき）という。

7 濾　過

　出来上がった福山酢をポンプで汲み上げる。現在は、アマンツボの中にある液体と固形物をセラミック濾過している。濾過することをあえて別のことばでいうと、コスという語がある。昔の濾過の方法では、ヒクといった。

　昔は、モロミガメの醪を、シボリブクロ（搾り袋）に入れて搾る時、まずカタテギという手桶で醪を汲み、ジョウゴを通して搾り袋に入れた。搾り袋は厚地の木綿の手織りの布で作る。醪の入った袋を揉むようにしてタンゴという桶に搾った。搾り粕は日に乾かし、薪と混ぜてかまどの燃料に

した。

　75〜80度で熱殺菌する。熱殺菌により、酢酸菌がとめられる。瓶詰めは機械でする。この時の福山酢の色は深みのあるこはく色である。

　昔は、汲み出した酢はタンゴに入れて運んだ。水も同様であった。搾り袋で搾った酢もタンゴに受けた。タンゴは杉板で作られており、これを運ぶにはイネサジを用いた。イネサジは、両端にタンゴが掛けられるように鉤がついていた。鉤を作るにはグミや椿の枝が利用されたり、8番の針金が用いられた。肩に当てるサシの材は杉が多く使われ、片面は平らに削られて肩に当たる面積を広くした。ツナはシュロ縄がよく用いられた。熟成した透明な酢は鉄釜に入れ、80度まで加熱し殺菌した。鉄釜の中の酢の上下に温度差が生じないように混ぜ棒で攪拌した。

8 醸造場

　アマンツボを並べている醸造場は工場と名付けられているが、フェンスで囲った地面に壺が並んでいるだけで、壺畑、畑、酢畑、アマンツボバタケ（アマン壺畑）と呼んでいる。畑は鹿児島湾を一望する南向きの段々になった土地で、アマンツボは南北に列ができるように、2列に並べてあり、壺と壺の間は60〜70センチメートル位あいている。この壺が福山町のあちこちに据えられていて、地元の人々はその様子を壺畑とも呼んでいる。数多くの壺が並んでいる所は畑そのものである。この壺の下からは当然、雑草も生えてくるので、醸造元の人たちは壺の状態を最善にしておくため、常に草取りをする。

9 仕込みの時期

　仕込みは、気候が安定している3月から6月にかけての初夏と、9月から11月初めまでの晩秋の年2回である。外気温が20度になった頃が麹が作りやすく、永年の経験でこれ以外の時にはしない。昔は宮浦神社の大銀杏の葉が小指ほどの大きさになると仕込みを始めた。葉が落ちてからは遅い

といわれた。秋の仕込みの方が、材料も新しく風味もよい。

　福山酢造りの工程には、アマンツボで行う仕込み混合や発酵熟成は機械化できない工程であることが明らかになった。一方、麹造り、濾過、殺菌、瓶詰めなどは機械化された工程である。

II　製造工程語

　今まで考察してきたことをもとに、製造工程語についていくつか解説する。
　ポンプ（喞筒）とは、『日本国語大辞典』にオランダ語で pomp、「圧力の働きにより液体や気体を高所へ上げたり、送り出したりする装置。用途により揚水・排水・送水・圧縮ポンプなどあり、構造から往復・渦巻・ジェットポンプなどに大別される。しょくとう」とある。『暦象新書』には「ポンプは元来水を揚るの器物の名なり」、『漂荒紀事』には「水龍器　原語ポムプ、支那語を借て訳す、水を汲むの器なり」とある。
　セイロ（蒸籠）とは、『日本国語大辞典』に「『せいろう（蒸籠）』の変化した語」とある。雑俳『うき世笠』には「入あはせ・しまひせいろのつもり米」とある。セイロウ（蒸籠）とは、前記辞典に「釜の上にはめて、糯米、団子、饅頭などを蒸す容器。木製の円形、または方形の框があり、底を簀子にし、湯気を通して蒸すもの。井楼。せいろ」とある。『書言字考節用集』には「蒸籠　セイロウ　蒸飯器。出＜本草綱目＞」、浄瑠璃『夕霧阿波鳴渡』には「庭の竈は難波津の歌の心よ井籠のゆ気の大ぎね」、狂歌『徳和歌後万載集』には「せいろうをかさねかさねのめでたさはいくらありてもあかの強飯」、『紅楼夢』には「螃蟹不可多拿来、仍旧放在蒸籠裡」とある。
　スノコ（簀子）とは、『日本国語大辞典』に「竹や木を間を少しずつ透かせて並べ、打ちつけたもの。水はけのよいようにしてある。流しなどに使

う」とある。

　サン（ス）とは、割り竹を強い紐で編んだものである。ス（簀・簾）とは、『日本国語大辞典』に「細板や割竹、または葦などを併列して、糸で粗く編んだ敷物。むしろ」とある。『延喜式』には「輿籠四脚。〈納‗供神物‗〉簀四枚〈置‗供物‗料〉」、『大和物語』には「さてこの男、簀子によびのぼせて、女どもはすのうへに集まりて」とある。

　シキとは、大縄を渦巻きにし、その上から小縄で編んだもので、偏平な円座形をしたものである。シキの縄は、イッサキ（五尖・五裂）の皮とシュロの皮を混ぜて綯ったものである。イッサキは自生しているので、その皮を剥ぎ、田の泥につけて表皮を腐らせ、繊維を残す。この繊維を用いて、縄を綯った。シキ（敷）とは、『日本国語大辞典』に方言として「米などを蒸すこしきの底に敷くわら製のもの」とあり、鹿児島県肝属郡百引が挙げられている。イッサキとは、前記辞典に「植物『あおぎり（青桐）』の異名」とある。『和訓栞』には「いっさき。葉の五尖なるをもて名づく。木も葉も梧桐に似たり」とある。方言として鹿児島県が挙げられている。

　ヘワとは、蒸気が外へ漏れないように置くもので、藁でドーナツ型に作られている。『大隅肝属郡方言集』には「甑の下に敷いて蒸気の放出するのを止めるもの。藁で丸く作ってある」とある。『日本国語大辞典』には方言として「釜と蒸籠との間に敷くわらの輪」とあり、壱岐、鹿児島県、屋久島が挙げられている。

　ガイノモロブタ／ガエノモロブタとは、木製の浅い長方形の箱麹蓋である。空気の流れをよくするために、底板は一枚ものを使わず、3、4枚の板をつなぎ合わせ、つなぎ目を1〜2センチメートル位重ね、葛の蔓で結んだ。葛で木1枚1枚を組み合わせているので、通気性がよかった。今は杉が使われている。周囲の枠は曲げもので、杉の板が曲げて作ってあり、底板とは葛藤で結んだ。土地の人はこれをカエマゲドン（弁当箱の曲げものどの）とも呼んでいる。ガエとは、『大隅肝属郡方言集』に「曲げ物」とある。『日本国語大辞典』には方言として「弁当の食物を入れるまげ物の容

器」とあり、長野県飯田、熊本県、宮崎県東諸県郡、鹿児島県が挙げられている。

　ヒネリモチ（捻り餅）とは、『日本国語大辞典』に「造り酒屋の釜場で、清酒の醸造に使用する原料米の蒸し具合を調べるため、蒸米の一部をつまんで指先でおしつぶして餅状にしたもの」とある。方言として「酒を造る時に米の蒸加減をみるためその少量を手でひねった餅状の物」とあり、青森県南部地方、岩手県、秋田県鹿角郡、宮城県仙台、新潟県中頸城郡、山梨県南巨摩郡が挙げられている。

　コウジムロ（麴室）はムロヤ（室屋）ともいい、麴を作る部屋である。ムロ（室）とは、『日本国語大辞典』に「物を入れて、外気を防いだり暖めたりして、育成または保存するために特別の構造を施した所。麴室(こうじむろ)・氷室(ひむろ)などがある。むろや」とある。『日本書紀』には「時に皇子、山の上より望せて、野の中を瞻たまふに、物有り。其の形廬の如し。乃ち使者を遣して視令む。還り来て曰(まう)さく(まう)、窟(ムロ)なりとまうす」、『永久百首』には「ひたかけぬおくてとや見んよそ人は室の刈田に生ふる稂を〈源忠房〉」とある。

　アマンツボ（アマン壺）は醸造用甕で、福山酢を醸造する時に非常に重要な役割をする。古くから、日置郡東市来町苗代川地方の登り窯で焼かれていた薩摩焼の壺が用いられており、耐久性があり、割れるまで使える。アマンツボは、内容量3斗（54リットル）入りで、胴径約40センチメートル、高さ約62センチメートル（あるいは80センチメートル）、口径約14センチメートル、重さ10キログラム前後で、重たいものでは15キログラムあり、苗代川焼のは8キログラムである。壺の表面および内側まで釉薬(うわぐすり)が塗布されており、色は黒色、茶色、灰色とさまざまに窯変(ようへん)(1)しており、形などがそれぞれ微妙に違っている。現在、薩摩焼のアマンツボは焼かれていないため、韓国や台湾などから形状の似ている壺を輸入したり、滋賀県の信楽(しがらき)焼の壺を使用したりしている。

....

（1）窯で焼く時色が変わること。

壺は、古ければ古いものほど良質の米酢ができると言い伝えられている。壺全体にミクロの穴が開いているので、長年使われてきたアマンツボには、福山酢になくてはならない野生の酵母や酢酸菌が何種類かすみつき、付着している。膜を作り、発酵を妨げるからと、大手メーカーなら退治してしまう菌もいる。こうした微生物が作用して発酵し、南国の太陽を浴びて熟成する。

１年がかりでできた福山酢には、ミネラルやアミノ酸が豊富に含まれる。アマンツボは、太陽の熱エネルギーを吸収しやすく、保温効果もよい。アマンツボの中の温度は、振り麹の部分が30度で、水面だけ温度が高い。中は18度位で、１番下は13度位である。アマンツボは、スガメ（酢甕）、カメツボ（甕壺）ともいう。現在、福山町には55000個のアマンツボがある。カメツボとは『大隅肝属郡方言集』に「人丈位の大きな甕」とある。スツボとは『大隅肝属郡方言集』に「家々にて酢を作る壺」とある。

マゼコウジ（混ぜ麹）とは、仕込み時に蒸米と一緒にアマンツボに入れる麹である。シタコウジ（下麹）ともいう。

フリコウジ（振り麹）とは、米と麹と水をアマンツボに仕込んだ後で、最後に少量の乾燥させた麹を液面上に薄く均一に広げて液面を覆う操作である。また、その撒く麹でもある。ウワコウジ（上麹）、ウキコウジ（浮き麹）、フタコウジ（蓋麹）ともいう。振り麹は十分に乾燥させた、いわゆるヒネコウジ（老麹）で、水分含量は20％前後である。老麹とは、『日本国語大辞典』に、（陳麹）、「長い間、こうじむろで熟成させたこうじ」とある。麹菌が飛ばなくなるので、振り麹は濡れたらいけない。老麹の役目は、水の表面に膜を張り、雑菌防止と高濃度のアルコールの発生を防ぐことなどである。

ジョウゴ（漏斗）とは、木（杉板）で作った箱型ジョウゴである。『日本国語大辞典』には「上が広く、下が細くすぼまって穴のある金属または木・竹製の器。口の狭い器に、水や酒など液体状のものを注ぎ入れるのに用いる。ろうと」とある。『日葡辞書』には「Iŏgode（ジャウゴデ）　サクヲ

ツグ」、『書言字考節用集』には「上戸　ジャウゴ　本名転注又云漏斗」、『和漢三才図会』には「漏斗俗云上戸」、浄瑠璃『艶容女舞衣（三勝半七）』には「埃りを払ふ塗樽に、上具さし込み小きんののみ」、『物類称呼』には「漏斗　じゃうご　酒を器にうつす具なり、上野にてすひかん」とある。

　コス（漉す・濾す）とは、『日本国語大辞典』に「（水、酒、餡、みそなどについて）布、砂、紙などの細かい隙間を通して不純な成分を取り除く。濾過する。また、比喩的に用いて、気持や物の浄化されることについてもいう」とある。『温故知新書』には「漉　コス　酒」、『日葡辞書』には「ミヅヲ　cosu（コス）」とある。

　シボリブクロ（搾り袋）とは、シボリフクロジ（絞袋地）であると思われる。絞袋地とは、『日本国語大辞典』に「平織木綿の袋地。蒲鉾、しょうゆ、酒などをつくるとき、液を絞ったり濾したりするのに用いる」とある。

　タンゴ（担桶）とは、『日本国語大辞典』に「担い桶。肥をいれる桶。たご。こえたご」とある。『文明本節用集』には「担桶　タンゴ　又桶作レ子」、浮世草子『四民乗合船』には「大坂へこやしを取にいでんとて、たんごになすびを取入」、咄本『諺臍の宿替』には「まだ表のたんごに二荷もあるわいな」とある。方言として『日本国語大辞典』に「担い桶」と説明してあり、群馬県山田郡、埼玉県入間郡、千葉県山武郡、長野県下伊那郡、京都府、奈良県、長崎県西彼杵郡、熊本県天草島、鹿児島県が挙げられている。「手おけ」とあり、京都府与謝郡、但馬、長崎県南高来郡、宮崎県西諸県郡、薩摩が挙げられている。「水おけ。水くみ桶」とあり、秋田市、宮崎県、長崎県西彼杵郡、鹿児島県肝属郡、硫黄島が挙げられている。「肥料を運ぶ桶。こえたご」とあり、埼玉県北足立郡、千葉県、岐阜県郡上郡、三重県志摩郡、奈良県、大阪府泉北郡、京都、兵庫県、淡路島、和歌山県那賀郡、香川県が挙げられている。「桶」とあり、長崎県南高来郡千々石が挙げられている。

4 福山酢製造者の生活との関係について

　職名、言い伝え、忌み詞、天気との関係、福山酢製造に関する行事、商品名などを考察する。

　福山酢の製造では、昔は徒弟制度があり、主人、奥さん、メロ（下女）、デカン（下男）がおり、家内工業でしていた。住み込みで、デカンの中に1人か2人杜氏に相当する人がおり、麹を造っていた。福山の造酢職人という呼び方がある。

　10円玉は銅なので仕込み時にアマンツボの口を覆う紙の上に載せていると、出来上がり具合がわかる。色が緑色に変わると、出来上がりとなる。また、福山酢の出来具合を確かめるには、五感を使うとよい。

　麹を造る2週間前から納豆を食べてはいけない。麹菌は、納豆菌より弱く、納豆菌に食べられる。麹造りの時はこんにゃくやトコロテンを食べる。

　福山酢製造には湿気と温度が関係する。湿気は時期によりあった方がよい時と、そうではない時がある。最初は湿気が少しあった方がよく、あとはなくてもよい。

　福山酢の神様はいないので、代わりに、酒の神様へお参りに行く。

　福山酢製造には、酒税法が関係する。

　マンリキが使われていた。現在黎明館にある。

　福山酢の製品は、くろず（1年もの）、薩摩黒酢（2年もの）、特撰薩摩黒酢（3年もの）、鹿児島の黒酢、りんご黒酢、くろずC末、くろず粒Ca、くろずイチョウ葉、粉末、錠剤などである。また、福山酢を使ったものに、霧の里のブルーベリー酢がある。

　以上の考察より、福山酢製造に特有の職人ことばとして、アマンツボ、フリコウジがある。アマンツボは福山酢を醸造する時に使われる。フリコウジは、米と麹と水をアマンツボに仕込んだ後で、最後の少量の乾燥させ

た麴を液面上に薄く均一に広げて液面を覆う操作である。また、その撒く麴でもある。

第5章

薩摩焼製造

1 薩摩焼について

　今まで取り上げてきた伝統産業と薩摩焼は、切っても切り離せない関係にある。福山酢醸造には、薩摩焼のアマンツボが重要な役割を果たしている。

　薩摩焼とは、鹿児島県で生産されている焼き物を総称する。約400年の歴史を持ち、その手法は多種多様で、特殊なものが生まれている。薩摩焼は、シロサツマ（白薩摩）とクロサツマ（黒薩摩）の２つに大別され、一般に白薩摩をシロモン、シロモノ、黒薩摩をクロモン、クロモノと呼ぶ。薩摩焼を白薩摩と黒薩摩に呼び分けるようになったのは、昭和になってからであるという。昔は白薩摩をジョウテモノ（上手物）、献上薩摩などと呼び、黒薩摩はゲテモノ（下手物）と呼んでいた。

　薩摩焼は、狭義には、薩摩錦手を表した白薩摩を指しているが、広義には、古帖佐焼（帖佐焼）、元立院焼（竪野焼）、龍門司焼、苗代川焼などの雑器や平佐焼の磁器が含まれて、大きく５つに分けられる。うち帖佐焼と龍門司焼を合わせて４つにすることもある。

　白薩摩と呼ばれる素地の白い象牙色の肌合いのものは、藩主の御用品として焼かれたものである。花瓶、香炉、茶器などの名品が多く、きめこまやかで、優美な貫入やひびが特徴で色絵つきで、透かし彫りのものもある。一方、黒薩摩は、実用的な雑器が主である。素朴ながら気品が香り、堅牢

で素朴な温かさを持ち、庶民用として焼かれたといわれる。苗代川焼と龍門司焼の２大民窯を軸とする黒薩摩に薩摩焼と呼ぶにふさわしい庶民的味わいがある、とする見方がある。源は１つだが、よく苗代川焼は男性的、龍門司焼は女性的だとたとえられる。龍門司焼がほかの薩摩焼と大きく違うのは、釉薬により色彩が豊富で、焼き物の表面が非常に艶っぽいことである。

　薩摩焼の生産地として、鹿児島市、指宿市（白薩摩焼・黒薩摩焼）、加世田市（笠沙焼）、日置郡東市来町、川内市（窯業・復元平佐焼）、大口市（霧島焼）、国分市、姶良郡加治木町（龍門司焼）・姶良町（窯業）・霧島町（霧生焼・白土焼）、曾於郡大隅町（窯業）が挙げられている。この中でも全国的に有名で、今もなお盛んで伝統の窯場があるのは、日置郡東市来町美山の苗代川と姶良郡加治木町の龍門司だけである。同系の窯として大隅の笠之原や種子島の能野の窯は今はない。しかし、能野焼はその素朴な味わいが珍重されている。薩摩焼製造の窯元数は1999年４月、196である。従事している人の数は486である。生産量は約30億円位で、窯元数が増えて、徐々に伸びている。

　美山は、鹿児島県下最大の生産地で、14余りの窯元がある。中でも、沈寿官窯と鮫島佐太郎窯がよく知られている。沈寿官窯は、陶苑・収蔵庫があり、白薩摩を得意とする。鮫島佐太郎窯は、薩摩焼民芸館を構え、黒薩摩を主とする。

　本稿では、苗代川焼などほかの薩摩焼の生産地と比較しながら、龍門司焼を取り上げる。龍門司焼は、白薩摩の華やかさとも黒薩摩の重厚さとも違う温かみを持つ。300年余りの歴史の中で、現在の姶良町宇都や西餅田辺りで焼かれていた薩摩焼の源流古帖佐の流れを残している。古薩摩の伝統を守りながら、日本の代表的な民窯として、昔ながらの方法で地元の加治木町付近でしか採れない白、黒、赤色などの原土を使って、粘土から釉薬まで作り、登り窯で焼く手法を守っている。また、製造そのものに龍門司焼独特の技術と工夫が加えられているのが特色で、手作りにこだわって

おり、ほかの窯元のように分業化されていない。窯元の龍門司焼企業組合は、姶良郡加治木町小山田にある。鹿児島市から国道10号を北上し、加治木町から大口市へ至る県道を10キロメートル走った所である。加治木町の中心街から山手の北へ約3～4キロメートル登りつめた丘陵地で山の裾に、細長い木造平屋建の龍門司焼の共同作業場がある。一方、右手に家群が林の中に埋もれて点在する。龍門司窯が湯飲みなど小さな日用品を焼いているため、町の人々はその周辺を茶碗屋と呼ぶ。竹林と椿の垣根に埋もれた家々の藪（やぶ）の中に古い龍門司窯がある。第2次世界大戦前までは東西の窯が煙を出していたが、戦後新しい共同の窯を築いて、全陶工が集まって、組合組織で仕事を続けた。全員が組合員となって、生産から販売に至るまで共同で行っていた。1964年11月、川原軍次が三彩物を作る技術で鹿児島県の無形文化財（工芸）に指定された。また、1967年3月に龍門司古窯が鹿児島県の史跡に指定された。

　龍門司焼の特徴は釉薬にあり、その色合いはすべて釉薬の技である。さまざまな時代や窯、そして他国の技術の影響を受けながら成長してきた。その技法も釉薬の秘伝の中に包含（ほうがん）されている。昔ながらの黒釉を強調し、素朴で簡潔さを伝統として栄え、祖先の陶工たちが築いた工法から、その出来栄えは洗練された優美な風格がある。今でも釉薬は薬品を使わず、独特の土などを使っており、天然釉の味で親しまれている。釉薬や焼き方で、三彩釉（さんさい）の焼き物や黒物、赤茶けた飴物、独特の肌合いで手に吸いつくような光沢の鮫肌釉、蛇蝎釉（だかつ）／貫入、玉流しなど数種類ある。三彩釉は白化粧したものに飴釉や緑釉を流すもの、カビのような薄い青が口元に浮びその青から焦げ茶に近い赤が底の方へ水飴のように流れるもの、黒釉や飴色の地に青や緑の流し釉のものがある。白、緑、褐色の釉薬を駆使して、唐三彩（とうさんさい）に似た豊かな龍門司三彩を生み出したことで有名である。また、蛇蝎釉、芳工赤釉、黄龍門司、べっこう、ドンコ釉、三島手（みしまで）と古くから陶工が創始し、伝承した手法の焼き物である。渋い飴色など素朴で優雅な色と肌触りが長い間珍重されてきた。

2 龍門司焼の生産工程[1]

I　生産工程

　龍門司焼の生産工程は、土練り、成形工程、ロクロ仕上げ、自然乾燥、釉がけ、本焼の順で行われ、素焼と絵付けがない。原土調製、ろくろ作業、窯焼き、製品検査と作業部門は多いが、窯上げが大切だという。

1 原　料

　龍門司焼の土は、細かいので傷つきやすいといわれている。ケショウツチ（化粧土）に使う白い土以外、粘土、釉薬から窯の薪まで、窯の周囲４キロメートル四方にある材料を使う。粘土はカマツチ（窯土）ともいい、昔から窯場から150メートル行った山の中にある所のものや、作業場より２キロメートル上がった所のものを採集して使っている。毎年５月と12月にそれぞれ２日間かけて採っていた時もある。採集する所として、鞍掛[2]、見帰、毛上、平田、新道などが挙げられる。鞍掛では岩を採っていて、火に強い。毛上の奥にあるショジュハッパは、粘土を採る山である。ここでは、楠から防虫剤にも使われるシュジュ（樟脳）の原料でもあるショノ（ショイの実）が採れる。また、溝辺町の竹子の赤土が使われる。昭和40年代は、山を２つ越えて粘土を採りに行っていた。

　粘土を採る時、ガマ（穴）を掘る。下で２人で採り、バケツなど（昔はブンギイ）に入れて、上の方に上げる。ブンギイ２つでヒトイネ（１荷、１回に運ぶ量）になった。粘土は採ってきて、外に置いている。写真は、①ケアゲ、②ニミッ、③ボッコ土、④化粧土、⑤ガネミソ（蟹味噌）、⑥岩

（１）以下、薩摩焼は龍門司焼をさすので、「２　龍門司焼の生産工程」と「３　龍門司焼製造者の生活との関係について」では龍門司焼と記述する。
（２）鞍掛砂は、参勤交代の頃、鞍をかけて休んでいた所である。

である（115〜116ページ写真）。ボッコ土はクロヂョカ用の土、化粧土は指宿カオリンである。ガネミソは水酸化鉄を含んでいる。岩はイロガワリ（色変り）／トメグスリ（透明釉）に使っている。山元碗右衛門が岩を見つけて、加治木町の中心部から龍門司の里に上がってきた。

2 原土調製

　粘土を作るために、まずクラカケズナ／クラガケズナ（鞍掛砂。昔はマサッチ〔正土〕といった）を用意する。鞍掛の土は軟岩なので、コシたり、粉砕機でクダイたりして、砂のようにする。昔はマサッチを作る時、臼にヒトクボ（1臼）入れ、スタンプでハタいた。

　スイヒ（水簸）では、毛上の土とクラカケズナ（鞍掛の軟岩）を1対2の割合で混ぜる。例えば、毛上の土をブンギイ5個分入れたら、クラカケズナはブンギイ10個分を入れ、1工程になった。ブンギイは1つ1つ大きさが違っていたので、この時同じブンギイで土を量った。現在ブンギイは使われなくなり、小さなバケツで量っている。土などは乾燥した状態でオロ（沈殿槽）に、毛上、クラカケズナの順に入れる。クラカケズナは2回に分けて入れる。土などを入れるたびに水で溶かし、攪拌して、濁り水の状態にする。濁り水の中には不純物が入っているので、取り除いて水を抜く。この作業を水簸といい、粘土の純度を高めるために、数回繰り返す。

フカオロ

◀アサオロ。フカオロから、攪拌してできたものをポンプで引き上げ、濾して入れる。

アゲオロ▶

　オロには、アサオロとフカオロの2種類あり、フカオロからアサオロへいく。アゲオロは、石膏の皿でできていて、水分を取る。水を吸うようにシラスが使われている。1日か2日置いておくと、1日で耳たぶくらいの軟らかさになり、ロクロの上で使えるぐらいの硬さになる。天気が悪いと時間がかかる。粘土ができあがるまで、1カ月かかる。できた粘土はすぐには使わないで、しばらく寝かせてから使う。5人位の所では2工程する。1窯で4000個位作る。釉薬は、この粘土に合った釉薬を使っている。

　できた粘土をアラモミ（荒揉み）する。荒揉みは、粘土60～80キログラム位を揉む。荒揉みで硬さを均等にし、ロクロでひく前にもう一度揉み、空気を抜く。揉んだ跡が菊の花びらのようになるため、キクモミ（菊揉み）といわれる。

第5章 薩摩焼製造

3 成形工程

　粘土をロクロにかけて成形することをユノミヲヒッ（湯飲みをひく）、カビンヲヒクのようにいう。成形工程には、ヒネリ（手工法）、ロクロ法、石膏型による型押し法、流し込み法（鋳込み）などがあり、龍門司焼では、ロクロ法で成形する。ロクロは現在、電動のものを使っている。電動ロクロは、1971年4月以降使っている。ケロクロ（蹴ろくろ）を1971年4月まで、240年間使ってきた。ケロクロ

ケロクロとロクロノシン

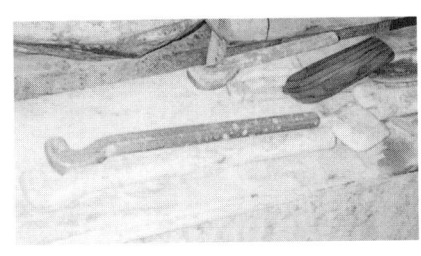

ヘラ

手水鉢

トンメ

カメイタ

113

の中心にある棒は、ロクロノシン（ろくろの芯）という。ハンドロクロ／手ロクロは、鹿児島にはなく、京都からこの頃入ってきた。マワシロクロは、花瓶を作るために使う。石膏の模型、石膏型に軟らかい土を押しつけて成形することをカタオシ（型押し）といい、クロヂョカの注ぎ口などを作る。

　粘土で形を取る時の方法には、ウチベラ（内ベラ）とソトベラ（外ベラ）を使う。内ベラは用途によって、使い分ける。一輪挿しで内ベラが3種類ある。内ベラ、外ベラは、自分たちで作る。木は椿みたいに堅いのがよいが、重たい。鹿のシメガワで口を仕上げる。トンボではかる。トンメは、京都ではシッタ（湿台）をいう。手水鉢は、水を入れていて、手を洗う。

4 乾　燥

　自然乾燥の時器を入れる室をムロという。乾燥による土の加減について、クスリヲカクットガイマヨカカゲンノトキジャデ（釉薬をかけるのが今がよい時です）のように、ユウヤク（釉薬）をかける時にいう。土の固さを加減する時、ヨカカタサニナッのようにいう。湯飲みは軟らかい土の方がよく、花瓶は硬い土の方がよい。乾かし方は、差し板と呼ばれる6尺（1.8メートル）板の上で、自然乾燥させている。花瓶を作った時は、カメイタの上に置く。

5 焼　成

　焼きには、スヤッ（素焼）とホンヤッ（本焼）がある。普通は本焼だけで、二重がけする場合のみスキッをする。普通、カマヤキ（窯焼き）という。カマドウグ（窯道具）として、サヤ（匣鉢）、カヤ、ヘダテがある。ほとんどスキッをしないで、粘土で成形したものに直に釉薬をかけるナマガケ（生がけ）で焼成している。そのため、化粧土がよくないと、焼いた時に剝げ落ちてしまう。焼くと25～30％縮む。スヤッの時は、登り窯の一番上のカマ（窯）で、埃がかからないように、サヤという焼物に包んで焼く。

第5章　薩摩焼製造

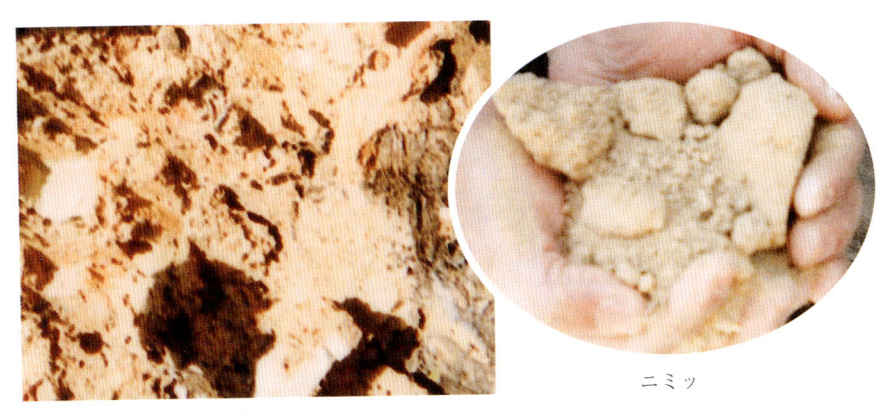

毛 上

ニミッ

ボッコ土

化粧土

蟹味噌

岩

昭和30年代は、火入れは陶工がして、ほかの人にはさせなかった。本格的に焼く前に、水分を抜く程度に、400～500度位で酸化焰焼成のアブリ（炙り）を行う。焼く時は、イチノマ（一の間）から順に焼いていく。焚き上げの最後には、薪をどんどん投入して、セメ（責め）ていく。温度はゼーゲル（Seger）で測定している。昔の窯では、3時間で1窯焼いていた。「3番目の窯に炎が来たら、ドウギの間にセメに行きなさい（追い込み）」といわれる。セメとセメダキ（責焚き）という語は同じ意味で使う。口に出さず、めったに使わない。窯が焼ける寸前である。セメル（責める）という語を使うと思われる。イロミ（色見）は、窯が焼けたかどうか見るために、アメクスリ（飴釉）をかけて、火の一番弱い所に2つ置いて、様子を見る。イロミは引き出さない。製品を詰めることをカマヅメ（窯詰め）、陶器を出すことをカマダシ（窯出し）という。

　窯には、ノボリガマ（登り窯）・5つ袋と呼ばれる耐火レンガ製の大規模窯を使う。一の間、ニノマ（二の間）、サンノマ（三の間）、ヨンノマ（四の間）のような間の名を、一の間はモトガマ、三の間はサンゲンメ、四の間はヨンゲンメのようにいう。一の間をイッケンメとはいわない。サンゲンメガヤケタド（三の間が焼けました）のようにいう。陶器を焼成する登り窯の最上間は、現在煙突をつけているので、今は火が早いとエントツヲオサエという。陶器を焼成する登り窯にある最下段の間をヒグチ／ヒグッ（火口）という。被調査者自身や親はヒグチというが、ほかの人はドウギノマ（胴木の間）という。ヒグチ（火付けする所）はドウギノマ、ドウギ（胴木）で、モトガマは一の間、二の間以降は同じである。5室間があり、素焼窯が一番上である。昔の古窯は間が8室や10室あった。1つ1つ炊き口がある。ひと月半に1度、1年間に8回窯焚きをしていた時もある。窯の一の間から五の間5室に作品を詰めていく。うまく焼けるように形や釉薬によって入れる場所が異なる。一度に3500～4000個を詰める。

　カマヅメ（窯詰め）が終わり、一昼夜火を入れ、3日間窯を冷ました後、カマダシ（窯出し）となる。天候や外気の温度で微妙な変化をみせる。窯

自体にのぼり調子、くだり調子があるので、その調子を判断しながら、窯の焼き具合を決める。窯の中の燃焼度、釉薬の混合などで、焼き上がりの陶器の模様は千変万化する。特にヨウヘン（窯変）といって、何かのはずみで突然変異的に全くほかの製品と異なる玄妙（げんみょう）な逸品が生まれることもある。登り窯の炎を被って初めて本物の色が出る。

　薪窯で、暖める時だけ重油窯である。ガス窯の方が均等に焼けるといわれる。焼成に、26〜28時間かかる。温度は1230度で、高くても1250度である。ゼーゲル温度の7番（1230度）か8番（1250度）である。途中から薪を加える。薪窯なので、薪を自分たちで伐ってくる。薪木は椎の木で、曲がりくねったものは使えない。山の尾根で風を受けてよじれたものではなく、深山で育った樹木が適している。

　ヘダテ／ヘダテアナは今は使わないが、窯と窯をつないでいた。タテ／タテイタがあり、カーボランダムという土で作られている。使えば使うほど膨張する。ハッパマ、トッゴウ、ヤキは古窯の時使ったが、現在使わない。周りに焼き物を置く。ハマは、花瓶など足のついた作品を載せる。火に強いように、粗土で作る。昔は重ね焼きをしていたので、ヒダテがあった。

6　釉　薬

　釉薬は、ユウヤクともいうが、クロユ、ナガシユなどそれぞれの釉薬の種類でいうことの方が多い。シラスを基調にして、龍門司窯がある地域で採れる土を使う。土同様、釉薬も窯から4キロメートル四方で採れたものを使っている。釉薬が多いのが龍門司焼の特徴であり、調合は秘伝で、代々受け継がれる。地元でしか採れない自然土を巧みに配合し、薬品を混ぜない天然釉を使用している。科学の力で合成した釉薬に比べると、全く違った独特の味が出るからと、自然の色を探し続けている。釉薬を作る時には、甕が2ついる。龍門司焼では、泡が出て釉薬がうまく混ざらないことはない。釉薬の調合はグラムでは計らず、手でする。その結果、できた釉

薬の幅が広い。土灰を釉材に使って、焼き物にガラス質を加える。釉薬の種類として、代表的なサンサイユ（三彩釉）をはじめ、クロユ（黒釉）、イロガワリ（色変り）／トウメイユ（透明釉）、アメユ（飴釉）、キアメ（黄飴）、サメハダユ（鮫肌釉）、ドンコユ（ドンコ釉）、ダカツユ（蛇蝎釉）／カンニュウヤク（貫入釉）、ホウコウアカユ（芳工赤釉）、アオナガシ（青流し）、タマナガシ（玉流し）、シロナガシ（白流し）、アカナガシ（赤流し）の4種類のナガシユ（流し釉）、リョクユ（緑釉）、ソバグスリ（蕎麦釉）、ワラユ（藁釉）、ニミッグスリ（新道釉）、ベッコウ（鼈甲）、ナマコ（海鼠）などが用いられる。それらの掛け合わせなどで多彩な釉味を醸し出し、窯の温度によっても微妙に変化する。

　ドバイ（土灰）はハイグスリ（灰釉）ともいう。アクマキ（灰汁巻）[3]を作った時に出た樫や椎の灰を使った釉薬である。ドバイグスリ（土灰釉）とはいわない。

　サンサイユ（三彩釉）／サンサイ（三彩）とは、黒い肌に白土を釉薬に使って白化粧した白地に緑や茶色、黒、飴、ソバ、白、銅緑、茶褐色などで彩色したアメユやリョクユを流した釉薬である。龍門司三彩は、酒器のカラカラや飯鉢、甘酒徳利などにこの技法がみられる。三彩の花瓶は、流しかけをした後、絵筆でテツユ（鉄釉）をかけて修正している。

　クロユ／クログスリ（黒釉）は、ちりめん黒と呼ばれる。通称ガネミソ（蟹味噌）と呼ばれる黄土に土灰を入れたものを用いる。

　サメハダユ（鮫肌釉）は、サメハダ（鮫肌）、サメグスリ（鮫釉）、サメハダデ（鮫肌手）ともいわれる。釉薬が珪藻土と堅木灰を混ぜたもので、施釉後にひび割れを生じ、焼成時に珪藻類の細胞膜にある珪酸質のものが熔けて、焼成後の器の表面は顆粒状の凸凹に覆われ、光を当てるとキラキ

....

（3）松の灰汁に浸した餅米を、モウソウチクの皮に包んで蒸した鹿児島の郷土料理で、初夏に作って食べる。アクマキのことをチマキという所もある。また、アクマキとチマキの区別がある所もある。アクマキをアクイダンゴ（灰汁団子）ともいい、5月に団子を竹の子の皮で包んで作っていた。チマキは笹の葉で包んだ団子である。

ラ輝き、まるで鮫の肌を感じさせることから生まれた呼称と手法である。釉薬の収縮率が素地より大きいため、釉薬がガラス状に熔けず、収縮して粒状に集合する現象である。釉薬の欠点とされる性質を利用したもので、釉薬に珪藻土を用いると生じ、焼成が難しく工夫がいる。焼く際の温度と時間の関係が微妙に作用する。サメハダユの技法は、古薩摩の諸窯の中でも龍門司窯だけにある。創始者は、18世紀末頃薩摩焼中興の名工といわれた川原芳工(ほうこう)といわれ、鹿児島の花倉窯(けくら)で焼いたのが初めだとされる。

ドンコユ（ドンコ釉）／ドンコ焼は、クロユの間に白肌がライン状に走り、表面が黒と白のまばら模様で、凸凹があるのが特徴である。その感じがドンコ（蟇(ひきがえる)）の肌に似ており、鹿児島方言でドンコと呼ぶ蛙の肌を連想させるから名付けられたようである。ドンコ焼は、ほかの焼き物の2倍も手間がかかり、技術的に難しいことから製作が敬遠された。ドンコ焼では一度素焼きをする。そして焼き上がったものに、さらに別の釉薬を手で叩き付け、塗り付けていく。その濃度と紋様の出し方は、釉薬が濃過ぎるとうまくつかないし、薄いと模様が小さくなる。ドンコ焼は龍門司焼に古くからある陶法の1つで、川原軍次の父・川原次郎太が大正末期から昭和初期にかけて盛んに焼いたという。1932年に焼いたのを最後に、鹿児島県内では誰も作る人がいなくなった。川原軍次がドンコ焼を覚えていて、1984年に50年ぶりに再現させた。ドンコ焼は、全国の陶工の間で幻の陶法とまでいわれる貴重な技術である。

ダカツユ（蛇蝎釉）はダカツ（蛇蝎）、ダカツデ（蛇蝎手）ともいわれる。焼成された器の肌は、凸凹が激しく蛇(へび)や蠍(さそり)の肌を連想させ、蛇の皮や松の樹皮に似ているところから生まれた呼称である。ダカツユは、釉薬を二重かけした手法である。シロダカツ（白蛇蝎）とクロダカツ（黒蛇蝎）がある。泥漿(でいしょう)にした化粧土や釉薬に粘力があり、器に施釉すると、収縮によってできるひび割れが焼成しても残り、白地に黒、または黒地に白のひびの線が出て、装飾効果を生む手法である。シロダカツは、表面に塗り付けたシロユが焼成の時にずれ、下地のクロユが線になって現れる。化粧土と釉

薬の収縮率の差や施釉時の欠点を利用したもので、今日ではこの手法を生かし、現代感覚を加味したものもある。ダカツユは、17世紀末頃帖佐の西餅田窯（元立院窯ともいう）で焼かれた。古薩摩の西餅田の蛇蝎唐津の影響を受けて生まれたとする説、その反対とする説があるが、蛇蝎唐津の伝来品は極めて少ない。ダカツユは、もともと蕎麦掻茶碗として作られたが、その後抹茶碗に転用された。

　ホウコウアカユ（芳工赤釉）は龍門司窯独特の鉄砂釉で、ホウコウユ（芳工釉）／ホウコウアカ（芳工赤）ともいわれている。

　ナガシユ（流し釉）はナガシ（流し）ともいわれる。一定の温度で熔ける釉薬を陶器の上部にかけ、焼成温度を調節することにより、器肌を流れ下りる釉薬の流れ加減を調整して、独特な装飾効果を発揮させる技法である。龍門司焼のシロナガシ（白流し）／シロナガシユ（白流し釉）、アオナガシ（青流し）、サンサイなどは、この技法の１つである。タマナガシ（玉流し）はシロナガシ／シロナガシユと同じ成分で配合比を変えて作った釉薬で、流れた釉薬がかすかに青味を帯びた神秘な発色をする。艶のある黒地に青色や白色の釉薬をたっぷり流し、器の表面に棒や竹ベラで線や点を書き込む。陶工たちは自分に合った竹ベラを自分で作る。この技法は、川原芳工の創始といわれる。アオナガシはアオユナガシ（青釉流し）、タマナガシはクロユタマナガシ（黒釉玉流し）のようにもいう。

　ワラユ（藁釉）は籾殻を調合して作る。釉薬は一定の温度になると熔ける。籾殻は火に強いので、安定する。火に弱いものは安定しない。

　ニミッグスリ（新道釉）とは、シラスに鉄分を多量に含んだ土で、クロユの元釉として使用する土である。新道という場所で出土するので、ニミッグスリという。ニミッグスリは硬いので、つるはしで採る。ニミッグスイトリイクッド（新道釉を採りに行こう）のようにいう。

　ドバイをアク、ワラバイ（藁灰）をハイ、サメハダユをサメ、ガネミソをガネという。

　龍門司焼の工具には、カタメボウがある。現在使わないが、ケロクロの

時は使って、作品に自分の印鑑を打った。昔は3割も粘土が縮み、キレや底割れがひどかったので、カタメボウを使って製品の底を固めた。

7 薩摩焼の名前

陶器を龍門司焼の職人ことばで、ヤッモン（やきもの）という。龍門司焼には磁器がない。

薩摩焼の職人ことばで、絵付けをした薩摩焼をシロモンという。シロサツマとクロサツマは第2次世界大戦後いうようになった。もともとはクロサツマを苗代川、龍門司のようにいう。シロサツマには、キジヤ（素地屋）やハンズがいるが、龍門司焼は1人で全部する。苗代川では分業されており、ろくろ、撮み細工などがある。絵付けは殿様用だった。

8 龍門司焼の製品

製品の種類には、花瓶、チョカ（茶家）、カラカラ、ぐい呑み、湯飲み、コーヒーカップ、灰皿などがある。苗代川焼など、ほかの薩摩焼も含めた製品の名称については次の通りである。

ハッボヂャワンとは、湯飲みで、朝初めてお茶を入れるものである。

チョカ（茶家）とは、『大隅肝属郡方言集』のチョカの項には「土瓶」とある。『日本国語大辞典』には「土瓶のこと」とある。『物類称呼』には「土瓶　どびん　薩摩にて、ちょかと云。同国ちょか村にてこれをやく。ちょかはもと琉球国の地名なり。其所の人薩州に来りてはじめて制るゆへにちょかと名づく」とある。方言として『日本国語大辞典』に「湯をわかしたり茶を入れたりする土びん」と説明してあり、長崎県五島、熊本県、天草島、宮崎県、薩摩、鹿児島県、屋久島が挙げられている。また、「ちゅうかあ」とあり、沖縄が挙げられている。チョカはヂョカともいい、土瓶類の総称である。

チャヂョカ（茶茶家）は急須で、茶を沸かす土瓶である。『日本国語大辞典』には方言として「急須。どびん」とあり、熊本県球磨郡、宮崎県西諸

県郡、鹿児島県が挙げられている。

　クロヂョカ（黒茶家）は、黒薩摩の代表的な酒器である。徳利の一種で、焼酎の直燗にも使われる。『大隅肝属郡方言集』のクロヂョカの項には「土瓶の黒く煤けたもので、焼酎を温めるのが日常の用途」とある。

　メクラヂョカとは、2つ注ぎ口がある土瓶である。両口チョカともいう。

　ハグロヂョカ（歯黒茶家）は今はない。昔、女性が歯を染める時に用いた。

　セジヂョカとは、クスリヂョカ（薬茶家）である。薬を煎じた時に用いた。『大隅肝属郡方言集』のクスイヂョカの項には「漢薬を煎じるに使うチョカ」とある。

　コップサバキ、ヤマヂョカ、丸ヂョカ、ヒラヂョカ（平茶家）などもある。ヒラヂョカには、茶器や酒器がある。

　ヤマヂョカ（山茶家）は、山仕事や畑仕事に持って行った大型の土瓶である。1升や2升の飯が炊ける大きなものもあり、煮炊きする台所用品でもあった。

　ソウメンバッとは、足がついた鉢である。

　オメバッ（御米鉢）とは、足がついていない鉢である。

　ミツ花立てとは仏器で、象の鼻のような形がついているものもある。

　ミッツとは、耳つきの陶器と、（仏様の）ミツ花立てをいう。下の部分を作って、上の部分を作って、耳をつけるから、3つつなぐという意味からきているのではないかと思われる。獅子頭で型をつける。

　亀形龍門司焼酒器は、蓑亀の尾の取っ手と亀の子形の蓋があるので、親子亀の宝寿として、正月などの祝いに飾られる。飴黒のもあり、唐の三彩を思わせるもので、白化粧に緑釉や飴釉が横流しされている。龍門司窯の特色ある逸品である。古龍門司とでも称するものであろう。

　龍門司焼黒物水差は、黒地に青緑釉が流してあり、取っ手が作り付けられているのが特色である。取っ手の形は蒲鉾形で、太い。薩摩切子の銚釐の取っ手に具合がよく似ている。

製品の各部分ごとの名称について考察する。壺の各部の名称には、クッツクイ（口造り）、クッ（頸）、肩、胴、畳付（盆付）、底（糸切）という語を使う。カタヲハル、ドウヲハルのように使われる。釉際、露先／ナダレという語は、釉薬を下までたっぷりすべてかけてしまうので、使わない。龍門司焼が藩窯だったという歴史と関係があり、全体に釉薬をかけていた。茶碗の各部の名称には、クチヅクッ（口造り）、胴、腰、コデ（高台）という語を使う。コデビッのように使い、高台を出すことである。高台脇という語は、抹茶碗をあまり作らないので、使わない。

II　製造工程語

今まで考察してきたことをもとに、製造工程語についていくつか解説する。

ガマとは、鹿児島方言で穴のことである。

ブンギイとは、ブンギリのリがイに転訛した語である。ブイ（箕）のことで、ブイやブンギイ以外に、ブイジョケ、ブイゾケ、テミ（手箕）、イネブイなどと呼ばれている。昔、下級武士が内職としてこれを編んだので、ブイジョケ（武士ジョケ）というようになったとする地方もある。ブイは竹でできていて、物を入れて持ち運ぶ道具である。土砂や肥料の運搬やイモの収穫など用途が広い。馬草を入れるブイは、シマカセブイといい、荒作りであるのに対し、イネカッ（天秤棒）で前後2つ担うブイは、イネブイといい、杉の枝をU字に曲げ、竹縄で縛って組み上げ、ヘギで巻いた把手（とって）をつけてある。持ちやすいように、ブイの両脇に手を入れる穴を開けたものもある。『成形図説』には、「西州で俗に箕（ぶり）（夫利）というは即ち竹にて編みたる畚（もっこ）のことで、箕の左右に竹で結添えて両人して塵土などを持ち運ぶを持籠（もっこ）という」とある。

ヒトイネとは、粘土を入れて運ぶ時のブンギイ2つである。棹（さお）で2つのブンギイを持ち、これをイネルというので、1回運んだら、ヒトイネとい

う。5イネといったら、ブンギイ10個を運んだことになる。『大隅肝属郡方言集』のイネの項には、「一荷、二荷という時の荷に相当する。人が一度に荷う重さの名。『水一イネ汲んで来て呉り』」とある。『鹿児島県方言辞典』のイネの項には、「荷。人の荷う物の量をいう。数助詞。ニナイ（荷）の転訛。『ヒト・――』一荷」とある。

　ボッコ土とは、ボッコをボロということより、ボロツチのことであると思われる。ボロツチとは、『日本国語大辞典』に「細かく砕けた土」とある。『和英語林集成』（初版）には「Borotszchi　ボロツチ」とある。

　マサツチ（正土）とは、マサともいい、陶器の原料である粘土に混入するマサという原土作りでできた土である。粘土だけでは、窯に入れると、熱のために割れを生じるので、割れ止めに入れる。陶器には、マサはなくてはならない土で、粒はできるだけ細かくないといけない。『日本国語大辞典』には「表土の下にある堅い土。苗の発育などに適した良い土。床土」とある。『和訓栞(わくんのしおり)』には「まさつち　田地は沃土の底に堅土あり、是をいふ、或はとこつちともいへり」、『和英語林集成』（初版）には「Masatszchi　マサツチ　正土〈訳〉使用されない土地、処女地。同義語　トコツチ」とある。

　コスとは、土を篩(とおし)にかけて漉すことである。

　クダッとは、土を粉末にすることである。

　ヒトクボとは、スタンプの中に入れる1回分の粘土にするための岩などである。『大隅肝属郡方言集』のクボの項には、「臼で米を一回搗く分量の名、一クボ、二クボ。『米を一クボ搗かにゃならぬど』」とある。『鹿児島県方言辞典』のクボの項には、「臼に物を入れる単位。『ヒト・――』一臼」とある。『日本国語大辞典』のクボ（凹・窪）の項には方言として「うす」とあり、奈良県吉野郡、和歌山県南部が挙げられている。また、「うすで米や餅をつく時の単位。ひとうす分」とあり、青森県三戸郡、奈良県、和歌山県日高郡、熊本県、宮崎県西臼杵郡、鹿児島県肝属郡が挙げられている。

　スタンプとは、今日の粉砕機にあたる。1965年には粉砕機が使われるよ

うになった。昔は粉砕機をフンムシともいった。なお、スタンプはフンムともいう。昔は足でスタンプを踏んでいたことによる。

　ハタク（砕く）とは、スタンプで岩を砕くことである。『日本国語大辞典』には「搗く。砕く。搗き砕く。砕いて粉末にする。粉にする」とある。『運歩色葉』には「擣　ハタク」、『上杉家文書』には「毎日薬はたかせ申事、はたき申者は御足軽衆之内年寄」、浮世草子『日本新永代蔵』には「扨其枯たる樒を、抹香にはたかせて」とある。

　スイヒ（水簸）とは、『原色陶器大辞典』を参照すると、陶土を泥水とし、水の浮力を借りて精粗を分別し、これによりハイド（坯土）を構成する工程である。なお、坯土とは、前記辞典に「素地土である。陶磁器の原料である土石を粉砕および水簸などの工程を終え器をつくる湿土としたもの」とある。また、キジツチ（素地土）とは、『原色陶器大辞典』を参照すると、原料を適当に処理して成形に適するようにしたものである。

　オロとは、『原色陶器大辞典』のヤブクマの項を参照すると、窯場で水簸の際に使う除水器である。泥漿をオロに入れ、次に瓦にとり、乾かして粘土とする。この装置をオロと呼ぶのは、龍門司焼のほかに有田で、京都、信楽などではヤブクマ、瀬戸ではトヤという。

　ロクロ（轆轤）とは、『原色陶器大辞典』に「陶磁器成形用の旋盤。盤上に坯土を置きこれを旋回させ、その旋回を利用し杯土を引き上げて器物を成形する」とある。

　アラモミ（荒揉み）とは、原料の土を粗く揉み砕くことではなく、できた粘土を揉むことである。鹿児島県外では、アラネリ（荒練り）という所もある、

　キクモミ（菊揉み）とは、菊の花弁が密なように、細かく土を揉むことである。

　ケロクロ（蹴轆轤）とは、足蹴り轆轤のことである。『原色陶器大辞典』には「陶磁器成形用具の一つ。成形工の足により一つの円盤の周辺を蹴って轆轤を回転させ手によって所要の品物を形づくるもの」とある。

ヘラ（箆）とは、木ベラを指す。竹ベラも使うが木ベラがほとんどで、単にヘラと呼ぶ。竹ベラはタケベラという。ヘラではあるが、コテ（鏝）のように固める役割もする。なお、コテとは、『原色陶器大辞典』に「轆轤成形に用いられる。その一は、大型の器物の底部の密度を高めて乾燥や焼成で起こる収縮による亀裂を防ぐために、木製の鏝を使って轆轤で水挽きする際に強く底部を押えつける。その二は、轆轤成形の水挽きの際に内側に必要な形の木鏝を当てて、外から押しつけて形をつくる」とある。

　トンメとは、シッタ（湿台）である。シッタとは、『原色陶器大辞典』に「削り仕上げの際の台。湿台の意か。削りは水挽きしたものを伏せて行なうので、直接に轆轤板上に置く時は口辺を毀損することがある。それゆえ轆轤上に土製の小円筒を据え、その上に水挽物を置いて削成する。この小円筒をシッタという。シッタは素焼のものを用いるが、また生シッタと称し半乾きのシッタを用いることがある」とある。

　ユウヤク（釉薬）は、クスリ（釉・薬）、ウワグスリ（釉・上釉・上薬）ともいう。ウワグスリとは、『原色陶器大辞典』に「釉とは、素地中に水その他の液体を吸収浸透させないため、または装飾のために、陶磁器の表面に被覆されたガラス質の薄層をいう」とある。

　カメイタ（カメ板）とは、花瓶を作る時に使い、作った花瓶を置く板である。『原色陶器大辞典』には「轆轤上で大きなものを成形する時は、これを乾燥場に運ぶ際変形しやすくその取り扱いが困難である。そこであらかじめ轆轤上に土で固定した小板の上で成形し、板と共に乾燥場へ運ぶのが普通である。この小板をカメ板という。正四角形の板の四隅を切り落として裏に２本の桟を付けたものが普通で、カメ板の称呼はその形が亀に似ているからであろう。近年は円形のカメ板が現われてマル板と呼ばれることがある」とある。

　カマドウグ（窯道具）とは、『原色陶器大辞典』に「窯詰に要する匣鉢（さや）・エブタ・ツクなどの耐火粘土製の器具」とある。

　サヤ（匣鉢・鞘）とは、『原色陶器大辞典』に「陶磁器を焼成する際、そ

の器物を保護するために耐火粘土製の容器内に入れて窯内に積み込んで焼く。その容器をさやと通称している。尾張・美濃（愛知県・岐阜県）地方ではエンゴロという」とある。

　ヘダテとは、『原色陶器大辞典』を参照すると、窯詰めの時、大鉢・植木鉢・大皿・石皿など数個を積み重ね、さらにその上に器物を積み重ねる場合にその間に置くものである。ヘダテは切立で、縁は植木鉢のように屈曲して出ている。またヘダテに用いるエンゴロをヘダテエンゴロという。

　ナマガケ（生がけ）とは、粘土で成形した焼き物に直接釉薬をかけることである。

　カマ（窯）とは、『日本国語大辞典』に「窯業などで無機質原料の高温処理に用いられる炉。広義には、物質を高温度に加熱することによって、物質の融解、焼成などを行なう装置類を総称していう。窯炉（ようろ）。かまど」とある。『原色陶器大辞典』には「窯の字は太古の中国に発し、象るところは、穴の中に羊を入れて下から火を加えてあぶることにあるといわれ、これが加熱炉の源をなした。わが国において一般にこの字を用いるようになったのは明治中期のことで、以後窯業・陶窯などとこれが普遍化された。このほかに窑・窰・竈・釜などの字も用いる」とある。

　アブリ（焙り・炙り）とは、『原色陶器大辞典』に「陶磁器焼成の際、焚き始めてから摂氏800～900度になるまで窯内温度が均一になるようにゆっくり焚くこと」とある。

　セメとは、セメダキである。セメダキ（責焚き）とは、『原色陶器大辞典』を参照すると、窯焼きの進行の終わり近くに連続的に投薪して還元焔を発生させる焚き方である。オオクベ（大くべ）とは、前記辞典を参照すると、愛知県瀬戸地方の語で、還元焔を出す窯焚きの方法である。京都のセメ（責め）と同じである。

　ゼーゲル（Seger）とは、窯焼きの時に温度を測定するものである。ゼーゲルスイ（Seger錐）とは、『原色陶器大辞典』を参照すると、窯業用高温計の一種である。ゼーゲル三角錐ともいう。1886年、ドイツのベルリン

王立磁器製造所のゼーゲル（H. A. Seger、1839～93）が考案したもので、陶磁器原料と同一の原料で作り、その化学的成分と熔融度との関係から一定のスケールを作ったものである。日本には1892年、ドイツ人ワグネルによって伝来した。

ドウギ（胴木）とは、火付けをする所である。ドウギはドウギマ（胴木間）の略である。『原色陶器大辞典』のオオグチ（大口）の項とドウギマ（胴木間）の項を参照すると、古窯や丸窯の第一室の下にある最初の燃焼室である。龍門司焼では、第２次世界大戦前まではドウギをヒグチ（火口）といい、被調査者の親の代はヒグチといった。益子・会津・出雲地方でオオグチ（大口）と用いられる。京都の胴木、瀬戸の胴木間、有田の通木と同じである。ドウギとは、前記辞典に「胴木間で焚く大材のこと」とある。

カマダシ（窯出し）とは、『原色陶器大辞典』のカマオコシ（窯起こし）の項を参照すると、焼成したものを窯から取り出すことで、窯開である。なおカマオコシは、瀬戸地方でもっぱら用いられる語である。

タテとは、『原色陶器大辞典』に「楯。耐火粘土でつくり、窯内燃料の燃える直前に立てて火力の強さを防ぐもの」とある。

ハッバマはハマである。萩焼ではハッバマを使っている。ハマとは、『原色陶器大辞典』に「陶磁を焼成する際、器物の下に敷く焼台。四角や丸など形は大小さまざまである。耐火粘土製。羽間という字を当てることもあり、京都では押羽間・挽羽間という名称がある。どちらも匣鉢の内底に敷いて陶磁を載せるものであるが、普通は押羽間を用い、上品を焼く時に挽羽間を用いる。〈中略〉挽羽間は土鎮ともいい〈以下略〉」とある。

トッゴウはトチである。なお、トチとは、『原色陶器大辞典』に「窯道具の一種。瀬戸系陶窯で、焼こうとする磁器素地を載せるもの。器物の歪みを防ぐためのものである。〈中略〉京都地方ではこれをトチンまたトチミともいう。朝鮮でトチム（陶枕の字を当てる）、九州地方でトチンというのは同じく器物を載せて焼く台だが丈が高く枕状のものである」とある。

ヤキはヤキダイである。

カンニュウ（貫入）とは、釉薬のひび割れの模様である。『原色陶器大辞典』には「釉面に現われたひびのこと。釉亀裂・釉皹・釉璺など皆同じ」とある。『日本国語大辞典』には「陶磁器の釉(うわぐすり)の表面に、割目のように細かくはいったひび模様。陶器が焼き上がり、冷却する際、素地(きじ)と釉の収縮率の差から生ずる。釉の厚さ、焼成度、冷却の速度によってひび模様のはいり方に違いが生ずる。乳。皹入(にゅうかにゅう)」とある。『日葡辞書』には「Quannhǔ（クヮンニュウ）〈訳〉あるシナの磁器のうわぐすりに、珍重のためにつくられる、ある種の割目」、随筆『塩尻(しおじり)』には「詩行葦朱伝曰古器物款識云云　款は内へ切こみたる字、識は外へ鋳かけたる字、磁器のクヮンニウも款入なり、和俗ケボリといふも款也」とある。
　キレとは、『原色陶器大辞典』に「製品の乾燥時もしくは焼成中に素地に亀裂の出たものをいう」とある。キレテシマウとは、土にひび割れができることである。側面や内側はキレテシマッタ、キレテシマウ、キレルといい、底の部分は底割れという。

3　龍門司焼製造者の生活との関係について

　職名、業者と龍門司焼製造者、龍門司焼製造者の気質を示す語句、忌み詞や禁忌、ことわざ、天気との関係、龍門司焼の製造における男女の役割、龍門司焼に関する祭り、苦労話、製品について順に述べる。
　職名は陶工で、ヤッモンヅクリと呼ばれている。ほかから流れてくるワタリショクニン（渡職人）、ナガレショクニン（流職人）が大正時代からおり、ロクロ1つ持ってやってくる。トビガンナ（飛鉋）がいた。また、チャワンヤ（茶碗屋）とも呼ばれている。昔、窯がないところは共同窯で焼いていた。今では、序列は関係ないが、本家と分家では本家が上である。
　業者と職人についてみていく。持窯業者をカマモト（窯元）という。成形工をロクロマワシとは使わず、死語になっている。ユノッヲツクル（湯飲みを作る）、キュウスヲツクル、サラヲツクルのようにいう。窯を作った

り、修理したりする人はおらず、自分たちでする。レンガ職人を連れてきて作る。製品を窯に入れ、釉薬をかける仕事は生がけだから、人に任せられないので、自分たちでする。

　職人気質として、「ものは作れ」、「十作るよりも百」、「数多く作って覚えなさい」、「作ればほかの人のが見えてくる」が挙げられる。窯焼きに没頭しだすと、臨終の親にも会うことができないほど手が抜けないことをいったものに「カマヤキントキャ　オヤノシンメニモアエン（窯焼きの時には親の死に目にも会えない）」という。陶工としての修業の目安をいったことば「ツチコネサンネン　ロクロジュウネン（粘土をこねるのに3年、ろくろに10年）」とはいわないが、感じとしては持っている。人に売れるようなものを作るのに5年では無理で、あまり失敗なく作るのには10年かかる。また、「私たちも黒ぢょかや盃（さかずき）などを焼いているけど、一度として消耗品として作ったことはない。常に、後世まで"これが龍門司だ"と言われることを念頭に置きながら、ロクロを回し、クスリをかけ、カマに入れているのです」、「手仕事の温かみが、使う人々の暮らしの中に溶け込み、生活を豊かにする工芸品を生め」、「民芸品の命は手作りだ」、「伝統の手作りを基本にしながら、いいものを作るだけ。現状に満足せず勉強も必要でしょう」、「土も釉薬も地元のもので、窯も昔ながらの登り窯。登り窯だと、火の具合で思った通りに焼けなかったり、思いがけなくいいものができたりと面白さがあります。奇をてらうのではなく、オーソドックスな龍門司焼でいいものを作りたい」、「何らか工夫しながらいろいろな作品を作っていきたいが、土の性質を超えるものを作ったら失敗する。焼きすぎても膨れができたり、なびいたりする。土は正直なんです。必ずシッペ返しがくる。土づくりから登り窯での焼成まで、300年間自分たちのサイクルを守ってきた。きつく、つらいこともあるけど、そこがまたいいところかもしれませんね」、「仕事の中から技術を盗み出し習得している」、「酒がおいしく飲めてな、それに花が美しく見えるような焼物をつくりたい」、「ロクロ機に乗った時は、いっさいの雑念を捨てるようにしている」、「出来上がった作

品の感じがよけりゃいいというものでしょうか。ウワグスリにしても、基本的な調合のルールというものがあるでしょう。基本的な技法には忠実でなければなりません。それをすべて否定すれば自らがよって立つ存在基盤が失われ、進歩もないのでは……」などもある。職人として生活する中でおもしろいことは、「自分が好きなのが作れる」、「毎回窯の中に試作品を入れて、どうなるか楽しみにしている」がある。

　忌み詞や禁忌などとして、「アカヒハイイケド　クロヒハダメダ／カマハアカヒハヨカ　クロヒハダメ（赤ちゃんはよいけど、葬式帰りの人は来てはいけない）」という言い回しがある。もし葬式帰りの人が窯に来たら、塩と米で清めなさいといわれている。窯焚きには、赤ちゃんはアカヒ（赤火）に通じてよいけれども、葬式はクロヒ（黒火）に通じてよくないという意味である。「生ます」は新しく物ができるという意味でよいが、「死ぬ」は物がなくなるという意味から忌であると考えられている。窯焚きをみんなで共同でしていたので、女性だから窯に来てはいけないはなかった。女性は赤ちゃんを産むアカヒだからよいと思われている。龍門司焼では、夫婦で陶器を焼いたり、高齢者にも焼かせていた。

　かつて龍門司焼には東組と西組があった。もし東組で葬式があったら、西組では注連縄（しめなわ）を張って、東組の人が来ないようにした。茶碗屋は西組が多く、力を持っていた。西組で亡くなりそうな人がいた時は、窯焚きをせずに様子をみていた。

　龍門司焼製造に関係のあることわざには、「久しぶりに雨が降ると、龍門司に火が入った／龍門司に火がいった」がある。窯焚きをすると雨になることが多かった。

　天気や風向きなどと龍門司焼製造とはあまり関係ない。風がある日は窯焚きがやりにくい。また、製品を天日で干しているので、ナガシ（梅雨）の時は乾燥するのに時間がかかる。天気が悪いと粘土を作る時に時間がかかる。ナガシユ（流し釉）をする時は天気がよい方がよい。天気がよい時は陶器を外に出して、天気の悪い時はムロ（室）の中に炭を起こして、器

などを温かくしてから作業をする。2時間位するとムロの中に入れた器は熱くなる。ナガシユをかけるには20度以上が必要である。ナガシユは窯詰めの2日位前からする。冬は夕方、工房の気温が6度を切ると、ロクロびきを終えたばかりの作品が隙間風で凍ってしまうため、夜間も囲炉裏の火を燻った状態にしている。梅雨の時期は、2日も雨が続けば仕事が滞る。ロクロを回すしか仕事がない。その反動で、たまの晴れ間には生地を削ったり、釉薬をかけたりの仕事に追いまくられる。

　龍門司焼製造で男性と女性の役割分担などとして、女性は粘土作りか釉薬をかけるかで、ロクロ師はいない。女性は窯焚きをしても窯の中には入れなかった。

　龍門司焼（の製造）に関係がある行事についてみていく。2日がかりの窯詰め作業を終え、火入れ前に、「いい焼き物ができますように──」と、陶工たちは揃って窯場裏の窯の神コレガンサア（高麗神）を下からコレガンサアの方向を向いて拝み、窯焚きの無事を祈る。また、窯出し作業が一段落したところで、コレガンサアを拝む。コレガンサアを拝む時は、両方とも焼酎を飲む。昔は焼き終わった時にしていたが、今は窯出しの時にしている。「ユ　ヤケマシタ」、「おかげさまで、いい茶碗ができました」と火の神様であるオコジンジャ（荒社）に感謝する。龍門司焼の神様は、オコジンサア（荒神）とコレガンサアである。オコジンサアは火と土、水、木の4人で、風の神様はいない。窯焚きに大風は禁物である。11月20日に神事をする。1718年に荒神社が創設された。一方のコレガンサアは、文字通り龍門司焼のルーツが朝鮮ということを伝えている。神事は今3月13日か14日のいずれか1日である。また、大みそかにはロクロに鏡餅を供える。まだロクロが電動でなかった頃は、ロクロの回転台が外せたため、その台を家に持ち帰り、餅を供えていたという。「龍門司焼まつり」は毎年12月に開かれる。

　昔の思い出や苦労話として、ケロクロで作業していた時代がきつかった、がある。ケロクロでは、花瓶など大きなものは、蹴った衝撃でゆがみやす

かった。また、昭和40、50年代まではマサツチ（正土）作りがあり、陶器の原料である粘土に混入するマサという原土を作るのに苦労した。土採りをして、ブンギイに入れて担いできた。かたまったマサを臼に入れて、杵で鞍掛の土を搗いて、マサツチにしていた。１臼で５升（約９リットル）位しか搗けず、１臼搗くのに１時間半程かかったようである。オロには、一度に１石（約180リットル）程入ったので、オロ１杯のマサを搗くには、30時間位かかったといわれている。

　製品はよく売れていて、全部出していたので、ジョウモン（上物）、チュウモン（中物）、ゲモン（下物）の別はない。ゲモンはキズモンという。窯から出た製品にひびが入っていることをサメワレやガザという語を使い、サメワレシタ、ガザガイッタのようにいう。その時その時で両方使う。窯の天井からカワが落ちてきたものをカマキッ、カマキズという。昔の窯では窯焼きの後１回１回天井に白化粧を塗っていた。土に凸凹ができることを、ツチガフクレタ（焼きすぎる）という。

4　薩摩焼の歴史について

　薩摩焼は、ほかの九州諸窯と同様、文禄・慶長の役（1592・1597）にその誕生がある。豊臣秀吉に従って朝鮮に出兵した島津義弘が多くの優れた朝鮮人陶工を同道してきた文禄４年（1595）説と慶長３年（1598）説とがある。前者の説は『薩藩名勝志』、『称名墓志』、『星山家系譜』などがあり、後者には『苗代川留帳』などがあるが、多くの陶工がやってきたのは1598年のことであろうと考えられる。上陸地は、『苗代川留帳』に「慶長三年戊戌冬　召し渡され候朝鮮人　串木野ノ内嶋平　市木ノ内神之川　鹿児島の内前ノ浜　三所二着船仕候」と記されている。串木野の島平、市来の神之川、鹿児島の前之浜の３カ所とされており、数は22姓約80人になる。島平へ上陸したのは男女43人で、姓は安、鄭、李、張、卞、朴、黄、林、車、朱、盧、羅、燕、姜、何、陳、崔、丁の18姓であった。神之川へ上陸した

のは、男女10名で申、金、盧の3姓、前之浜へ上陸したのは男女20名余りで姓は明らかでない。彼らは、上陸地の近くに土地を探し、良土を求めて窯を築き、陶器を焼いた。東市来の苗代川と帖佐・加治木、鹿児島市の竪野と、だいたい3カ所に分かれて窯場が開かれた。当時、大名の間には茶の湯が流行し、九州の大名で千利休の門下に薩摩の島津義弘、肥後の加藤清正、長門の毛利輝元、豊前の細川忠興などがいた。いずれも茶器を好み、朝鮮半島から同道した陶工たちを厚く保護し、競って名器の製作に励んだ。苗代川焼への島津義弘と藩の支配は、そう強くなかった。一時期は島津義弘が関ケ原の戦いで敗れており、家が存続できるかどうかの瀬戸際で、陶工たちの面倒をみることができなかった。陶工たちは異郷の地で住民たちの迫害を受け、貧困のどん底にあえぐ生活を強いられた。同道された朝鮮陶工の窯以来、各時代を通じて約30の窯を数えるが、その陶技は多彩で、胎土、釉薬ともに白いシロモン、鉄釉を基本にしたクロモン、タイから輸入された宋胡録写し、独特の美意識を伝える鮫肌手、蛇蝎手など、茶陶や日用陶磁器などに幅広い製品を生み出してきた。

1 苗代川焼の歴史

苗代川焼は薩摩焼の発祥地として名高く、1598年頃、文禄・慶長の役に出陣した島津義弘が、朝鮮から優れた陶工を連れ帰り、開窯させたのが始まりだといわれている。1635年には、金和が肥前有田で肥前焼の高度な技術を身につけて帰り、薩摩錦手を作り上げた。さらに、金襴手、金高盛などの銘品を製作していった。

2 龍門司焼の歴史

龍門司焼の歴史は310年強で、加治木の町を転々として小山田にあがっ

（4）宋胡録写しとは、薩摩宋胡録手を正確にいったものである。室町時代、タイのスワンカロークから坊ノ津を通して輸入された幾何学模様の焼き物を模して作られたもので、天和年間（1681〜84）、星山嘉入が製作したのを初めとして、後に苗代川に伝えられている。

てきたといわれている。龍門司窯系の起源については、開窯の年月などいくつかの説があり、古窯址も不明な点がある。「薩摩陶磁器伝統誌」、『加治木郷土誌』などによると、薩摩藩主17代島津義弘が、文禄・慶長の役（1592・1597）に出征した後、1598年に朝鮮から連れ帰ってきた多数の陶工の中から、金海と卞芳仲という2人を選んだ。2人は島津義弘と常に行動を共にし、直接支配下で窯を開き、島津義弘が栗野、帖佐、加治木と城を替えるたびに移動しつつ陶器を作った。金海は星山仲次、芳仲は山元仲次郎（山元仲次朗）という名をそれぞれ与えられ、製作に励んだ。島津義弘は栗野の城にいたので、金海と芳仲はそこで窯を開いたというが、その跡は残っていない。その後、島津義弘が帖佐に移り、陶工たちも移動し、宇都（帖佐村西餅田字八日町）に窯を築いた。館のあった姶良郡姶良町で、金海はさまざまな茶器を作る御庭焼として活躍した。一方、芳仲は日常の器を製作し、古帖佐焼を焼いた。ここで焼かれた陶器が、現在、古帖佐焼として評判の高いものである。1607年冬、島津義弘は加治木へ居住したので、陶工たちも同行した。窯は龍門坂窯となり、芳仲はその頃加治木一万石の島津忠朗のお抱え陶工となり、御用窯として24年間焼き続けた。1608年頃、加治木に築窯させた民窯が始まりとされている。

1619年7月21日、島津義弘が死去すると、金海はその子島津家久に従って、お膝元である鹿児島城下の堅野（今の冷水一帯）の藩主専用窯に移って、白を強調した白薩摩を興した。鹿児島で焼き物が始まる出発点で、この流れが磯の御庭焼や田ノ浦焼、また長太郎焼へと受け継がれていった。一方、金海と別れた芳仲は、加治木にとどまり、加治木島津家・島津忠朗の保護を受け、黒釉を使って、庶民用の雑器、つまり民窯を興した。加治木吉原に吉原窯を開き、後援者のいない中で製作を続けた。老境に入ると1666年に、鹿児島市の田ノ浦窯から養子右衛門[5]（小右衛門ともいう）を後継ぎとして迎え、右衛門は吉原窯を引き継いだ。この吉原中屋敷窯は35年

（5）島津義弘が連行してきた朝鮮陶工・何芳珍の孫で、鹿児島の田ノ浦窯や帖佐の元立院窯などでも製陶に従事した。

間作陶され、さらに山元窯に移った。右衛門は山元の姓を受けて、山元碗右衛門を名乗った。その後、藩主の交代と館の移動などによって、窯は陶土を求めて加治木周辺を移動し、開廃があったが、龍門の里に龍門司の滝と龍門司坂から名前を取った龍門司窯は、山元碗右衛門が開窯した。龍門司焼の陶祖といわれる山元碗右衛門は、数度住居を替えたが、1667年に山元窯を創始した山元窯時代、次に湯之谷窯に移窯した湯谷窯時代を経て、1688年には、加治木町小山田高崎で陶土に適した良質の白石を発見したことから、現在の龍門司焼窯場近くに移り、高崎窯を開窯したといわれている。窯の名前の由来は、今のところ不明である。現在の龍門司焼系窯の始まりは、山元碗右衛門が現在の地・加治木町小山田で窯を築き、製陶を始めた時とされている。龍門司窯そのものの創始は、元禄初期（17世紀末）頃とされている。今の茶碗屋地区に移り、築窯、改良工夫を加えて、龍門司焼の礎を築いた。その後、代々この地で現在まで続いている。龍門司焼の窯場は移動しているので、龍門司焼の始まった年代を特定するのはなかなか難しいが、今から300年余り前の17世紀後半とするのが妥当だろう。

　山元碗右衛門はその後も、よりよい窯場を求めて移窯を重ね、龍門司古窯の地に登り窯を築くのは1718年頃である。「薩陶製蒐録」によると、1718年、山元碗右衛門、川原藤兵衛、波多野伝左衛門、犬童七左衛門らによって築窯されたとの記録がある。山元碗右衛門の家系は、4代目山元碗右衛門で途絶えてしまった。現在の川原家が龍門司焼と関わりを持つのは、山元碗右衛門の努力が実を結び始めた享保の初め頃で、川原藤兵衛（川原家5代重治）らが初代山元碗右衛門に入門してからである。川原家の中で陶祖といわれるのは、川原藤兵衛二男・十左衛門（種甫）で、号は芳工といった。川原芳工は名工として明和年間（1764～72）に現れ、その後、川原家を中心に龍門司焼は受け継がれてきた。川原芳工ははじめ堅野窯で陶法を学び、鹿児島市の長田窯や肥前皿山へ陶法の修練にも出かけた。その後、全国各地を歴巡して更に陶技を深めた。1779年、子の器遊斎（弥五郎遊斎）と肥前皿山に行って、白磁の手法を学び、帰って加治木の弥勒に1781

年、染付白磁の弥勒窯を築き、生産にあたった。さらに川原芳工は堅野窯の星山仲兵衛と共に肥前、筑前、備前を経て、京都の粟田窯の錦光山宗兵衛に1年間陶技を学んだ。このようにして龍門司窯は朝鮮風な作品から京風なものに転じてきた。現在、芳工赤などと呼ばれる彼の創意が受け継がれている。晩年の1794年、鹿児島城下に花倉窯を創設し、川原芳工は龍門司を去ったが、器遊斎は残った。龍門司窯は芳工からの指導も受けながら、器遊斎や川原一門によって継続していった。川原芳工と器遊斎によって、現在の龍門司焼の釉薬が完成され、その秘伝として今日まで継承されている。川原芳工の努力と研究によって、龍門司焼の基礎は築かれた。川原芳工の影響を受けて、伝統的な技法継承の歴史の中に、川原家を中心に龍門司焼を代表する芳寿、芳平、芳林、芳右、芳光、芳紅才、芳衛、芳次などの名工を輩出し、優れた作品を生み出した。名工・芳工より4代に至る間は、龍門司窯は栄えた。

　江戸時代、龍門司焼の製品は薩摩藩以外に持ち出すことは禁止されていたが、1858年に解禁になり、明治維新を迎えて広く海外にまで輸出されるようになった。幕末には、帖佐（現在の姶良町）の元立院窯が衰微したため、陶工たちは龍門司窯元に移ってきて、製陶に従事した。

　1868年、龍門司窯は共同経営になった。明治初期には、廃藩や西南戦争などで大きな打撃を被った。1877年には、大半の龍門司焼の陶工が参戦し、その多くが死亡、負傷して一時、廃窯の状態までになった。この頃、龍門司焼きっての名工といわれた川原源助（芳光）は、1882年、京都の陶工青木宗兵衛と共に残った陶工たちと龍門司焼の復興に努力し、パリ万博に出展するなどの活躍をした。龍門司焼は再び隆盛を極めるようになってきた。

　1889年、伝統的に共同窯で運営されてきた龍門司焼から猪俣氏と隈元氏が独立して、別窯（東窯）を築き、それまでの窯を西組窯と呼ぶようになった。以来、2つの窯で焼かれるようになった。

　大正時代には付近に15～16軒あり、なかなか盛況だった。窯は1カ所しかなかったので、共同使用した。当時、龍門司焼の陶工たちはいくらよい

第 5 章　薩摩焼製造

腕を持っていても、それだけでは生計の立たない半農半工の貧しい生活で、長い間農業の傍ら、庶民の使う焼き物を細々と作ってきた。このため1919年、近くに焼酎容器の壺を焼くための登り窯が 4 基造られたり、製瓶工場ができたりすると鞍替えする陶工も続出して、大半はこれらの仕事に従事した。この結果、民陶作りの精神は薄れ、再び龍門司焼に帰らない多くの陶工を生み出してしまった。この頃、川原次郎太(芳次)らが、今にも消えそうな龍門司焼の伝統の火を守り伝えるために活躍し、優れた作品を残した。

　1920年頃約30あった窯が、1940年には 3 、 4 に減り、太平洋戦争中は苦しい日々が続いた。山を挟んで西と東に、それぞれ10近くある窯元の陶器を一度に焼く共同の登り窯を持っていたが、戦争に追われて陶器の輸出が禁じられ、国民の陶芸趣向は遠のき、政府は第 2 次世界大戦中の1941年、各企業の整備例を出し、 2 つの窯は合併した。企業整備令により、鹿児島県内の窯はすべて薩摩陶器KKに統合された。1944年に川原軍次(芳揮)に赤紙が来ると、ついに窯を閉鎖し、しばらく龍門司焼は製造されなくなった。戦後は細々と焼いていたが、陶工たちが次々に復員してきた。復員した川原軍次は、直ちに再興を目指して駆けずり回り、1947年に現在の合掌造りの窯場を建て、製造を始めた。国民に再び陶芸の心が戻った1948年、川原軍次を中心に 5 名で龍門司焼協同組合を設立し、川原軍次が理事長になって、若い陶工たちを引っ張った。1951年に今のような龍門司焼企業組合に改め、窯元として近代化された。最初は10人で組合を発足させた。

　現在の龍門司焼の登り窯は、鹿児島県、鹿児島県商工会、通産省の協力で、1955年 4 月から共用開始した。現在の登り窯が築かれた1955年までの約250年間、加治木町茶碗屋地区内にある龍門司焼古窯で焼き続けられた。古窯は、薩摩焼の歴史を語る重要な史跡として、1967年、鹿児島県指定文化財となった。最盛期には12室もあったといわれる連房の廃窯は、現在 9 室が残っている。そばの木札には「約250年前、朝鮮人陶工、山元碗右衛門がこの高台に共同窯として造ったもので、朝鮮式登り窯という……」と由

来が記されている。始祖の山元碗右衛門が85歳の元禄時代（1688～1704）か1717年に築いたといわれるこの窯は、山元碗右衛門のほかに川原芳工、芳寿、芳平、芳光など数多くの名工を生み、伝統の花瓶、クロヂョカ、カラカラ、茶器、食器、鉢類を作った。焼き上げの特色としては、黒釉、鮮やかな色調の三彩、渋い飴釉のほか、珍しい鮫肌釉や貫入、玉流しなど多様な技法がある。

　川原軍次は、父川原次郎太から陶土と釉薬の調合など陶技を伝授され、龍門司焼を守ってきた。1964年、龍門司三彩焼が鹿児島県無形文化財に指定されると、その技術保持者として認定された。1986年、川原軍次は84歳で現役を退いたが、その伝統技術は川原輝夫（芳輝）に引き継がれ、現在の龍門司焼を支えている。現在もこの釉薬だけは、川原輝夫だけが受け継いでいる。陶器は登り窯で焼かれている。今は作っただけ売れるほど忙しいが、大正時代と第2次世界大戦後は売れず、蒲生や国分まで、籠を担いで売りに行ったという苦労もあった。

　始良郡加治木町反土で、龍門司焼の陶祖・山元碗右衛門が1667年に開いたとされる山元窯跡が確認され、同町教育委員会が発掘調査した。天井や焼成口は崩れているが、肥前系半地下式の連房式登り窯で、長さ約12メートル、幅3メートル、焼成室7部屋（1部屋の長さ1.8メートル）を確認した。

3 竪野窯の歴史

　竪野窯（たての）について考察する。市来の神之川に上陸した金海は、数年後に島津義弘に招かれ、古帖佐焼の開祖として官窯の竪野窯を興した。朴平意の串木野系の窯と2大系の1つを形成した。金海は島津義弘に寵愛され、竪野窯のほか宇都於里窯（うとおさと）も興した。瀬戸へ出掛け、日本伝来の技法を学んで、高麗伝（こうらい）風の中に採り入れ、多くの銘品を残した。島津義弘が没した後、島津家久は金海の子金和（きんわ）を肥前有田に遣わし、肥前陶の染付け、青磁、瑠璃、錦手などの技法を修得させ、竪野窯で薩摩焼の中に肥前伝を採用させてい

った。薩摩藩主19代島津光久の時は、有村久兵衛(碗右衛門)を京に送り、京都の御室焼、錦手、聚楽焼、唐物茶入などの技術をもとに、薩摩錦手を始めさせた。後に竪野窯は長田窯、稲荷窯と分窯しながら、幾多の変遷を経ていった。

4 串木野窯の歴史

串木野窯について考察する。最初、島平に上陸した朝鮮陶工たちは、そこに窯を築き、甕や徳利、すり鉢、皿などを焼いていたが、5年位して苗代川に移った。そこでは、島津家の厚い保護政策のもとに白土を発見し、白磁風の薩摩焼を作って、伝統を作り上げていった。また、庶民用のクロモンも大量に生産し、薩摩藩内の農民たちに広まっていった。

以上の考察より、機械化される以前の回顧された語がいくつかある。例えば、今日の粉砕機に当たるスタンプやフンムシである。また、同じ年齢層でも、昔の特定の語彙である窯の間の名前「ケン」を知っている人は限られている。職人ことばの中で使われている鹿児島方言には、ガマ、クボ、ブンギイなどがある。

第6章

薩摩切子製造

1 薩摩切子について

　龍門司焼のほかに、島津家と関係があるものに薩摩切子がある。薩摩切子は鹿児島の代表的な伝統工芸品で、世界のガラス工芸品のカットグラス分野で最高峰にあると評価されている。薩摩切子の切子とは、カットのことである。薩摩切子には、厚さ1センチメートル以上のカットのものもあり、大きく立派な曲線と豊かな重量感がある。中国ガラスと西洋ガラスの特徴を織り込んだ独創的なもので、質、形が実に精巧で、大胆奇抜な中にも優雅さが秘められている。江戸時代末期、薩摩藩主28代島津斉彬が創製し、わずか数年間作られた日本最初の幻のガラス工芸品といわれる。薩摩ギヤマン、薩摩の紅ガラス、薩摩の紅色ガラスともいわれ、島津斉彬の自慢で、薩摩の紅ビードロと珍重された。薩摩切子の名は、切子が島津斉彬の時代、ガラスの代名詞だったことによる。切子とは、四角い物の角を切り落とした形をいう。

　薩摩切子は、無色透明なガラス生地の外側に、厚さ1～3ミリメートル位の色ガラスを被せ、デザインに沿って表面に、さまざまな形の細かいカットを1つ1つ無数に施し、色の微妙な濃淡や彫りを浮かび上がらせる色被せという独特な技法で作られている。

　薩摩切子の魅力は、一種の不思議なぬくもりと、深みを感じさせるボカシにある。無色透明の素地と色ガラス部分が、カットされることによって、

独特の幾何学模様のカットと微妙なグラデーションを出している。日本の心、わび、さびを持った独創性に富む手作りガラス製品で、大量生産はできない。色は紅・藍・紫・緑・金赤・黄色・ルリの計7色があり、各種酒器をはじめ、装飾品などの創作切子も製品化されている。

一般に近世ガラスは、吹きガラスを長崎系、透明ガラスに薄く曲線を生かした模様のカットを施したものを江戸切子、そして色被せガラスに肉が厚く直線的なカットを施したものを薩摩切子と分ける。薩摩切子はイギリスやボヘミアのカットガラスに比べ、切り込みが鈍い感じになっているので、鋭く、鮮やかなヨーロッパ系ガラス工芸と趣を異にする。源流や技術をイギリス、ボヘミア、中国に求めながらそれを凌駕し、日本風ともいえるボカシを持った独特の作品は、「薩摩ビードロ」として世界のガラス工芸史上に燦然と輝いている。

薩摩切子は、鹿児島市磯、薩摩郡薩摩町、日置郡金峰町の3カ所で製造されている。

臨地調査は、薩摩切子の発祥地で、生産の中心である鹿児島市磯の薩摩ガラス工芸を取り上げた。1985年4月に12人で製造を始め、1999年9月、職人27名である。

2 薩摩切子の歴史について

薩摩切子は1846年、薩摩藩主27代島津斉興の医薬用ガラス器の製造に始まったといわれる。島津斉興は1846年秋、鹿児島城南中村の騎射場跡（現在の鴨池電停付近の中郡か騎射場）に近代医学を研究し、医薬品を量産する製薬事業の目的で、製薬館、医薬館を設置した。医薬製棟にあたり、いろいろな薬が作られ、医薬品を入れるのに耐えられるガラス器と試験や製練に使用する製薬用のガラス器具が作られ始めた。

翌1847年、この事業の専従者として、江戸源助町から四本亀次郎[1]を招いて、製薬館の近くにガラス製造窯を設けて、吹ガラスによるガラス器の製

造にあたらせた。

　1851年、島津斉彬(2)が薩摩藩28代藩主になると、世界的視野の洋式工業推進策により、さまざまな事業がスタートした。それらは、すべて実用品として貿易や軍事用として役立たなければならなかった。これによりガラス製品も薬瓶から、世界のガラス市場で独自の美しさを持つ製品として売り出す必要があった。そして、着眼されたのがカットグラスの切子だった。こうして、薩摩ガラスは前人未到の分野を開拓していった。島津斉彬は、城南花園趾製煉所（騎射場跡で現在の鹿児島市鴨池１丁目）を建設し、藩士の市来四郎、宇宿彦右衛門、中原猶介、江夏十郎らに命じて、紅ガラスの製法を研究させ始めた。研究を続け、ついに紅、藍、紫、緑、黄、白などの発色に成功した。また、銅紛を用いて殷紅色（黒ずんだ赤色）を出す紅ガラスや金粉を用いて透明な紅色を発するルビーレッド（金赤）の紅ガラスの製法に成功し、製品化した。銅紛を用いた紅色は、薩摩の紅ガラスとして有名である。島津斉彬は自らガラス製造の洋書を読み、陣頭指揮をした。薩摩切子の透明ガラスや赤や青、藍などの色ガラスを被せる方法は、中国の乾隆ガラスの手法を、またカッティングはヨーロッパの技法をそれぞれミックスして採り入れた。

　1855年、島津斉彬は磯に尚古集成館を設けて、ガラス窯など分散していた各工場を集結させた。島津斉彬のガラス製造窯は、磯の集成館事業の一環として取り組まれ、のちに大工業地帯になっていく磯の集成館の工場群内一角に建設され、規模も拡大した。島津斉彬は集成館で色ガラスの研究を重ね、薩摩切子の本格的な生産を始め、製作にも磨きがかかっていった。銅赤金赤用の製煉窯１基、板ガラスや鉛ガラスの窯数基、合わせて大小約10基のガラス製造窯がそれぞれ専用に設けられた。工人約200人という大規模なもので、贅沢品から日常品に至るまで、あらゆる種類のガラスの芸術品を作っていた。紅ガラスのほか、青、黄、白、紫などの色ガラスをは

（１）当時加賀屋の徒弟で、ガラス製造の熟練工として有名だった。
（２）強く豊かな国を作ろうという幕末の開化思想の強力な実践者。

じめとして、水晶ガラス（クリスタル）や、当時、最も製造が難しいといわれていた板ガラスまでも製造できるようになった。この技法を駆使して作られた杯や鉢、酒瓶などが、将軍家への献上品として珍重されたといわれる。将軍や諸大名に薩摩切子を贈る一方、諸藩からの注文に応じ、相当の利潤をあげるに至った。薩摩切子は他藩の追従を許さないだけではなく、イギリスやボヘミヤの先進国のガラスと較べても遜色のないものであった。

　しかしながら、1858年7月16日、島津斉彬が急死するとともに、藩財政整理の令達によって、1855年から58年まで莫大な資材が投入されたほかの集成館事業と同様に、厳しい削減を受け、薩摩切子製造は急速に衰退した。工場は縮小、ほとんど閉鎖されることになった。島津斉彬とこの時代の薩摩藩の英知を結集した諸事業は、一応の終息を迎えた。1863年7月、薩英戦争の際、集成館がイギリス軍艦の砲撃を受けたため、ほかの諸施設と一緒にガラス工場も壊滅して、薩摩切子の製造は途絶えてしまった。薩英戦争によって西洋文明の力を思い知らされた29代島津忠義は、第2次集成館事業として、集成館の再興を命じた。1863年10月に工事は始まったが、ガラス製造がこの時に再開されたかどうかは明らかでない。明治維新を経て、薩摩藩歴代の藩主たちが力を入れた集成館事業は、廃藩置県による藩制度の崩壊とともに衰退した。1877年の西南戦争の頃には、薩摩切子の技術そのものも途絶えてしまったと考えられている。

　薩摩切子製造に関する文献資料は、東京大学史料編纂所にある島津家文書の中に、花井一好著1829年版『玻瑠精工全書』、『硝子調合論』および『硝子製造』がある。前2冊は土佐の今井貞吉が1859年に来藩し書き写して帰ったものを、1921年に島津家編纂所が写本したもので、島津斉彬時代のガラス製造に関する貴重な資料である。

　薩摩切子の製法は、ガラスの熔融温度、加工の動力、研磨材などが技術進歩で変わったほかは、昔の通りである。精密なカットのデザインは、現在なら研磨機材を使用して細工できるが、当時の機材では不可能なことが多かったと思われる。それを可能にするために、鉛の含有量を多くし、ガ

ラスを柔らかな材質にした。酸化鉛は45％も含まれていたので、器の重さは相当なもので、比重は3.6位あったが、ガラスの輝きに濁りはまったく出なかった。だが、復元された切子には25％と鉛は少ない。当時の薩摩切子の燃料は木炭（白炭）で、水を使った水鞴(ふいご)で風を送って、その火力を強めていた。ガラスを柔らかくして中の泡をなくすのに、当時としては鉛の含有量を増やすしかなかった。ガラスを器の形に成形した後は、一度冷やす必要があるが、当時は藁の灰の中に入れ、少しずつ冷やしたという。切子の文様は、矢来(やらい)カット（斜めの格子）、魚子(ななこ)文、そして、斜め二重格子が多く描かれている。底には菊文やクモの巣文が描かれていて、どれもボカシが入っている。カットをする時は、同じ円盤状の回転砥石で太い線も細い線も切っていたと思われる。

　1850年代当時の薩摩切子は、百数十点残っている。現存するものを分類すると、形の上では和風のものと西洋風のものとがある。和風のものは、段重(だんがさね)、盃(さかずき)、急須（チロリ）、蓋付茶壺形(ふたつきちゃつぼがた)、卦算(けいさん)、軸端(じくばな)などであり、西洋風のものでは、脚付杯(あしつきさかずき)、脚付鉢、酒瓶などがある。色彩的には紅色と藍色が主流で、文様はストロベリー・ダイヤモンド、ホブネイル、六角籠目(かごめ)、八角籠目、麻の葉の小紋や魚子文を刻んだものが好んで用いられた。

　1985年4月、地場企業の島津グループが出資した薩摩ガラス工芸は、かつて島津斉彬が築いた世界に誇るガラス工芸の歴史を再興させたいとの熱い思いで、当時のものを再現しようと鹿児島市磯に設立した。美しい色のグラデーションと精巧なカットをそのままに、島津斉彬ゆかりの地に建てられた工房において、紅、藍、紫、緑の4色の薩摩切子を復元し、1品ずつ作られ始めた。文献には生産の記述がありながら、実際には製品として存在しない幻の色、金赤を1988年、黄色を1989年に復元し、ルリを加えた7色の薩摩切子製品を製造している。

3 薩摩切子の生産工程

I 生産工程

　生産工程は、調合、熔融、成形、徐冷、カット、磨き、検査の順で行われる。ガラスの調合をはじめ、カット、検査・包装に至るまで完全自社生産である。約500平方メートルの工場内には、ガラス原料を混ぜるミキサーがある調合室、ガラス熔融炉、加熱炉、徐冷炉（徐冷用の電気炉）、カット・研磨機などの製造機械を完備している。工場は、ガラスを熔かして形を作る部門と、これをカットする部門の2カ所に分かれている。ここでは、材料、各工程ごとに使われている語彙や道具について考察する。

1 ガラス原料

　ガラスの原料は、粉末で、主原料と副原料に分けられる。主原料は、硅石粉、酸化鉛、炭酸カリである。副原料は、酸化アンチモンと硝酸カリウムの清澄剤と、酸化銅、コバルト、酸化クローム、二酸化マンガン、酸化ニッケル、酸化鉄、金、銀の着色剤である。二酸化マンガンのことを略して、マンガンという。ガラスの着色は、顔料の調合と温度管理で決まる。

2 調　合

　定められた原料の割合に秤量し、V型のブレンダーで30分程かけて混合する。これをバッチという。

3 熔　融

　空のルツボの中へ原料のバッチとカレットを数回に分けて投入し、夜間、炉の温度を1500度まで上げ電熱により熔融する。泡のないきれいなガラスが熔融されると、作業温度を1200度まで下げる。1200〜1300度で、ビード

口を水飴状にする。室内には扇風機やエア噴出器が備えてあるが、室温は50度前後に上がる。片隅には暑さ対策の冷たい水や梅干しが置いてある。

4 成　形

　吹き場でステンレス製のフキザオ／フキサオ（吹き竿）を使って、色ガラスを巻き出して、金型の中へ吹き込む。型はポカンという所もある。金型を熱している火元は、バーナーである。色ガラスの内側へ別の吹き竿で、別の職人が、巻き出した透明ガラスを押し込み、表面に色ガラスを3ミリメートル位溶着し、イロキセ（色被せ）する。このキセガラス（被せガラス）を加熱炉に入れて馴染ませ、カタブキ（型吹き）やチュウブキ（宙吹き）の技術によって、猪口や鉢などのガラス器の生地を成形する。加熱炉はカマ（窯）と呼び、ガスである。吹き竿に巻き取ったガラスを熱で炙ったり、濡れた新聞紙を幾重にも折り畳んだカミリン／シリン（紙リン）で形を整えていく。ハシ（箸）を使って、口の部分を広げ、切り離すためのくびれをつける。パスで、長さを測る。ポンテで、小さなガラスをキリコ（切子）につける。口仕上げは、ハサミで余分なガラスを切る。

5 徐　冷

　成形されたガラスを、電気炉／徐冷炉の中に入れ、16時間位かけて徐々に冷却する。電気炉の温度は800度である。

　カットする前に検査があり、気泡があったら処分する。

6 カット

　カットの工程は、完成までに1週間かかる。模様に合わせて割り付け、ダイヤモンドホイールなどのエンバン（円盤）で水をかけながら切り込む。カットヲイレル（カットを入れる）という。

　アタリ（当たり）は、ガラス素地にカットの模様に合わせて、割付台で正確に模様の割り付けをする。割付器で生地の表面にカットの模様の目安

となる線を引く。割付台はワリと呼んでいる。アタリヲツケルという。

　アラズリ（荒ずり）は、アラケズリ（荒削り）ともいう。口端部の色被せ部分を削り取り、ダイヤモンドホイールを回転させ、水を流しながら切り込む。当たりをめどに線に沿って削り、太い線を刻んでいく。

　イシカケ（石掛け）は、人工トイシ（砥石）の円盤／石のグラインダーを回転させて、荒ずりの上をもう一度水をかけながら切り込む。石掛けでは、細かい線を刻んでいく。最後に、色被せの部分に細かい魚子文などを入れていく。

7 **磨　き**

　ミガキ（磨き）は、桐製の円盤にペースト状のミガキズナ（磨き砂）をつけて磨いた後、さらにブラシミガキ（ブラシ磨き）、バフミガキ（バフ磨き）をして仕上げる。

　キバンミガキ（木盤磨き）／キバンガケ（木盤がけ）は、桐でできた円盤を回転させ、水でペースト状にした磨き砂／ミガキコ（磨き粉）をつけながら、カットした曲線を磨き込んでいく。

　ブラシ磨き／ブラシガケは、竹の繊維でできた円盤を回転させ、水でペースト状にした磨き砂／磨き粉をつけながら、全体を磨く。

　バフ磨き／バフガケは、表面の細かい傷を取ったり、艶出しをするために、布製のバフを高速回転させ、磨き粉／ツヤコ（艶粉）をつけながら磨いて、艶出しを行い、仕上げる。布製のバフは、フェルトまたはウールの布を重ねたグラインダーである。

　検査が最後にある。

8 **製品の名称**

　製品の名称は、猪口、盃、小付鉢、向付鉢、脚付鉢、オールドファッションズタンブラー、小皿、段付中皿、中皿、大皿、徳利、酒器揃、花瓶、三段重、酒瓶「亀甲」、「玉露」、脚付蓋物、舟形鉢、チロリである。蝙蝠紋

もある。

　切子文様による切子の名称は、魚子文、菊文、八角籠目、麻の葉文様、菱形状のストロベリーダイヤモンドなどがある。麻の葉文様は、略してアサノハという。

Ⅱ　製造工程語

　今まで考察してきたことをもとに、製造工程語についていくつか解説する。

　ガラスは普通「硝子」と書き、ビードロ（ポルトガル語）と読ませた。ほかにギヤマン、デャマン、ジヤマン（オランダ語）などともいわれてきたが、「硝子」の字も玻璃（はり）（中国語でポーリ）とともに、大陸から渡来したことばである。ガラスが、ガラス以外のことばで呼ばれていた幕末前に、ただ薩摩藩だけが、弘化、嘉永の頃から「瓦羅斯」の漢字を当て、ガラスと呼んでいた。『島津斉彬言行録』にその記録がある。古くはガラスをルリ（瑠璃）と呼んでいたが、江戸時代には、ビードロ、ギヤマンとも呼ばれるようになった。ビードロは、ガラスを意味するポルトガル語で、江戸初期に舶来ガラス器と共に日本に入ってきたと思われ、普通の吹きガラスを指していた。一方、ギヤマンはもともとオランダ語で、ダイヤモンドを意味していた。それが江戸時代後半には、ガラス器、中でもカットやダイヤモンド・ポイント彫りを施したガラスを呼ぶようになった。

　ブレンダーとは、原料の調合の時に使う機械名である。

　バッチとは、原料の調合によってできたものである。

　ルツボとは、ルツボカマのことで単独ルツボ窯である。ルツボ窯のルツボとは、炉で、耐火粘土製の窯である。ルツボ（坩堝）とは、『日本国語大辞典』に「物質を強く熱するのに用いる耐熱性の容器。磁器・黒鉛・石英ガラスまたは白金・銀・ニッケルなどの金属で作られる。金属の溶融、化学の実験などで用いられる」とある。『書言字考節用集』には「坩堝　ルツ

ボ　烹＿錬金銀＿器」とある。ルツボロ（坩堝炉）とは、前記辞典に「甘堝を入れて加熱するための炉。小規模のガラス工場で、光学ガラス、工芸用ガラスなどの特殊ガラス製造や、特殊な合金製造などに用いる」とある。ダルマ（坩堝）と呼ぶ所もある。

　カレットとは、屑(くず)ガラスのことである。

　ビードロ／ビイドロとは、熔けているガラスである。ビードロとは、『日本国語大辞典』にポルトガル語でvidro、「ガラスの別名。また、ガラス製の器具。室町末期、長崎に来たオランダ人が製法を伝えた。初めは、酒杯・鉢などの小さな道具だけが作られたので、後に渡来した板状のものはガラスと呼んで区別した」とある。俳諧『紅梅千句』には「びいどろの障子に玉兎冴還り〈季吟〉火ともしの火や更てきゆらん〈長久〉」、俳諧『牛飼』には「朧月はけに吠瑠璃（ヒイトロ）の目かね哉〈正俊〉」、浮世草子『好色三代男』には「女郎の腹の内は、びいどろのごとくみえすき」、『蘭説弁惑』には「硝子諸器〈略〉硝子を古来より『びいどろ』といふは、和蘭語にあらず、羅甸及び波爾杜瓦爾の辞といふ」とある。なお、タマとは、ガラスを窯からとることをいう。

　フキザオ（吹き竿）とは、ガラスを成形する時に使う竿である。鉄パイプを使っている所もある。

　バーナーとは、『日本国語大辞典』に英語でburner、「炉などで火炎を発生する装置。ガス、液体燃料などを噴出し、空気を混合して燃焼させる」とある。また「一般に火炎を発生して加熱を行なう器具」とある。

　イロキセ（色被せ）とは、色ガラスの内側に透明ガラスを押し込み溶着させる工程である。

　キセガラス（被せガラス）とは、2色以上の層からなるガラスである。透明ガラスの上に色ガラスを重ねる場合をソトキセ（外被せ）、色ガラスの上に透明ガラスを巻き取って成形する場合をウチキセ（内被せ）という。外側の層を部分的に削り取り、下の色と対比させてデザインする。

　カタブキ（型吹き）とは、型を使って外型を決めながら吹く方法で、回

し吹きと吹き込みの2つの方法がある。

　チュウブキ（宙吹き）とは、吹き竿の先につけたガラス種を吹いたり、振ったりして形を整えたり、鋏や鏝などの簡単な道具を使って細工し、仕上げる方法である。

　カミリン／シリン（紙リン）は、日本独自の技法である。欧米では木の丸い型（ブロック）を使って形を整えている。

　ハシ（箸）とは、『日本国語大辞典』に「物をはさみ取るのに用いる二本の細い棒。ふつう、食物をはさむものをいい、木、竹、象牙などで作る。また、火などをはさみ取る金属製のものなどもある」とある。『古事記』には「此の時箸其の河より流れ下りき」、『皇太神宮儀式帳』には「御波志四十二口、御碓四十二口」、『十巻本和名抄』には「箸　唐韻云筯〈遅倨反字亦作箸　波之〉匙筋也　兼名苑云一名梜提」、『宇津保物語』には「しろがねのはしなどして、みかど、きさきの御まへにまゐる」、『名語記』には「食事の時も、もちゐる、物をはさむ、はし如何。はしは箸也。ふたすぢを反せば、はし也。二筋にて要をなす故。或人云、八寸四分にきる故に、はしとなづくる也」とある。薩摩切子製造では、鉄製の箸が使われている。

　パスとは、『日本国語大辞典』に「カリパス」の略、「円筒の内径・外径、穴の直径、物の厚さなどをはかるための器具。コンパス形の二端で測るもので、その一端を固定して他端を開く。直線形の通常のパスと、内径用の内パス、外径用の外パスなどがある」とある。

　ポンテとは、小さなガラスをつける竿で、切子につけるのに使う。ホンテザオとも呼ばれる鉄の棒で、炉で熔かしたガラスを巻き付け、形を整えるのに使う。

　カットとは、ガラス器の表面をグラインダーで切り込み、文様を施す技法である。グラインダーの形、大小、当て方を組み合わせ、さまざまなパターンを作り出す。

　エンバン（円盤）とは、『日本国語大辞典』に「円形で平たい板状のもの」とある。『和漢三才図会』には「磁針〈略〉按土圭針所＝以知＝方隅時

刻_器也。円盤周囲列_十二支_横置_針於中_」とある。

　人工トイシ（砥石）の砥石とは、『日本国語大辞典』に「物を研削・研磨する石。高硬度鉱物の粒子を天然のまま、または人造的に結合したもの。粒子の荒さにより荒砥・中砥・仕上げ砥などに分類する。砥。砥礪」とある。『十巻本和名抄』には「礪兼名苑云磇〈音豈〉一名磺〈音黄　阿良度〉麁礪石也」、『色葉字類抄』には「硎　ト　又トメ　砥石也」、浄瑠璃『用明天皇職人鑑』には「草も刈りかね忍びかね涙を受けてとぐ鎌の、といしも心くだけとや」、『淮南子』には「砥石不_利、而可_以利_金」とある。

　ミガキコ（磨粉）とは、『日本国語大辞典』に「物を磨くのに使うこな」とある。『九暦』には「切餅百枚之端、而盛於銀御器、以磨粉木摩之、加漿、以柳匕供之」とある。

　バフは、パフと無関係ではないだろう。パフとは、『日本国語大辞典』に英語で puff、パッフともいう。「粉おしろいを軽くたたいて顔につける具。スポンジなどをしんにして布でつつんだもの。タルカムパウダーなどをからだにつける時のものもいう」とある。

4　薩摩切子製造者の生活との関係について

　職名、薩摩切子製造者の気質を示す語句、天気との関係、薩摩切子製造における男女の役割、苦労話を順に述べる。

　職名は、キリコシ（切子師）、カットコウ（カット工）という言い方がある。序列は別にないが、長が仕切る。普通にカットができるまで5、6年はかかるといわれており、吹き職人は、10年かけても一人前にはなれないという。

　職人には気が荒い人がいたり、優しい人がいたりする。職人気質は、「腕の評価」、「1つのものを作るのに対する熱」、「職人の技とは、師匠の『生きざま』そのものが弟子へと継承されていくもの」がある。

　天気や風向きなどと薩摩切子製造との関係は、停電をすれば作業が中止

する。ゴミなどがガラスにつくのはよくないので、台風と鹿児島市内での桜島の降灰が困る。灰が入ると、製品に泡が入ったりして悪影響が出る。

　薩摩切子製造で、男性と女性での役割分担などとしては、生地を作る工程は力仕事なので、男性がほとんどである。生地を作る時の部屋の温度は50度である。カットは、1人1人の技術による。

　職人として薩摩切子製造に従事してきた中で、昔の思い出や苦労話として、「最初の1年2年間は自分の思うような品物がなかなかできなかった」、「ショールームで展示して果たして売れるのか」、「島津家や鹿児島県がPRして、知名度を挙げた」がある。また、手作りで、熟練した技が必要なため、一人前になるには5年位が必要である。

　以上の考察より、外来語が最も多く使われている職業集団である。例えば、ブレンダー、バッチ、カレット、ビードロなどが挙げられる。

第7章 薩摩錫器製造

1 薩摩錫器について

　薩摩切子同様、島津家と関係があるものには薩摩錫器がある。薩摩錫器は、1997年鹿児島県の伝統的工芸品に指定された。錫器作りは、江戸中期に鹿児島に伝わった。約300年の伝統を持ち、鹿児島市内の錫鉱山を背景にした鹿児島の特産品であったし、今も変わらず、鹿児島の顔の1つとして伝統を誇っている。酒器や茶器、コップなどは贈答用としても珍重されている。錫婚式や落成式などさまざまな記念品としても重宝がられ、日用雑器以外の用途も広がっている。錫器の生産地には鹿児島県のほかに、大阪府に浪速錫器がある。

　薩摩錫器の特徴は、緻密な削り面、磨きと深いエッチングの輝く梨子地、淡い本漆掛けの燻し、伝統造形と模様にある。錫独特の渋い金属光沢を有し、光沢のある磨き加工もできる。下絵を描き、地は腐食させて、仕上げを行う。薩摩錫器の魅力は、一見、冷たそうな金属でありながら、温かみもあり、ほかの金属にはみられない冷たさと温かさを兼ね備えていることである。手に取ると、柔らかな感触が伝わってくる。落ち着いた光沢で親しまれ、重量感があり、丁寧に使えば使うほど味わいが出てくる。茶筒や茶壺は密閉度が高く、茶を差せば、味が引き立つ。燻しを施した錫白色に輝く酒器は、酒を注げば、たちまち美酒に生まれ変わるという不思議な特性を持つ。また、錫白色の肌が技術的に粗野で野性的な強さを感じる初期

のものから、今日、腐食によってできる独特の梨子地肌と絵付け部分の光沢とが調和した錫ならではの効果を生むものまで多様である。

大阪浪速錫器の影響を受けている製造元がある中、薩摩錫器独特の製造法のみで作っている大辻朝日堂を調査対象として選んだ。大辻朝日堂の始まりは、山崎錫器に被調査者の親が1901年に入ってからである。山崎袈裟五郎の弟子で、独立し、1912年に創業した。(有)大辻朝日堂になったのは1950年である。

2 薩摩錫器の歴史について

錫器は古くより中国で作られ、日本に伝えられたのは、今から約1300年前、遣隋使の手によるといわれている。一説には、鎌倉時代初期に栄西禅師が宋に渡り、茶壺作り職人を連れて来たのが、錫職人のルーツともいわれている。京都で貴族階級に珍重された。

薩摩錫器は、薩摩焼や薩摩切子と並んで、島津藩政時代にその起源を持ち発展したものである。鹿児島市の錫器は、長崎で山下宗五郎が中国の技能者に教わり、広めたものである。九州は日本で最も早く錫鉱業に着手した。金、錫といえば、南九州は日本有数の産地であり、錫の歴史は、薩摩三山といわれた谷山の錫山に始まる。鹿籠（枕崎市）、山ケ野（伊佐郡菱刈町）の金山と並んで、錫山は島津氏の直轄地で、藩財政の重要な地であった。大分県南海部郡木浦地方の鉱山と並んで、最古の歴史を持ち、古くから錫の採鉱地として有名である。錫器の歴史には2説ある。

第1の説は、1658（万治元）年宇宿村の農民が樵採中に発見したという説である。旧薩隅向の地理などを伝える『三国名勝図会』によると、「福本村に錫弘場あり、世に錫山と言ふ。万治元年宇宿村の農民採樵して、錫鉱を得たり〈後略〉」／「万治元年に採掘して錫を得たり」などとある。

第2の説は、『錫山鉱山史』（木原三郎著、1970）などにより、1655年11月15日、島津氏の地下資源開発の命を受けた薩摩藩の探鉱技師八木主水佑

元信が、鹿児島市より南に20キロメートル離れた谷山地区の錫山の元山峠で、錫鉱を発見したのが始まりという記録である。

　本格的な錫鉱石の採掘が始まったのは、1701年に薩摩藩主19代島津光久が、幕府より採掘許可を得て、採掘を始め、薩摩の錫として世に出てからである。錫で茶器や酒器などが作られ、鉱山開発が本格的に始まったようである。この地場産の鉱山資源が幕府の藩財政に一役を買い、鉄砲や大砲の一部に使われたほか、藩独自の貨幣にも鋳造されたようである。豊富な材料を駆使し、江戸中期から幕末にかけてお抱えの御用職人に製造を命じたのが、錫器の起こりである。鉱山で最も多く錫が出ていたのは、嘉永と安政の頃である。幕末の木曾川治水工事で増産が督励され、採掘区域が広がり、年間10万斤（約60トン）を産出する黄金時代もあった。金山奉公の監督下、取り締まりも厳重で、鉱夫たちは山師と呼ばれ、農業は禁止され、名字帯刀を許され、士分の待遇を受けていた。八木主水佑元信は薩摩藩主の許可を得て、自力で尾張、美濃、但馬より鉱夫を集め、錫の発掘を手がけるようになった。当時は露天掘りで、採鉱と精錬はともに半手工業的なものだったようである。精製された錫は鹿児島城下に運ばれ、藩の厳重な監督の下で、茶道具や酒器に加工された。

　明治末頃には鹿児島市谷山の錫鉱山に200人の鉱夫がいたという。1834年の『薩藩経緯記』によると、「薩摩の谷山の錫は鉱脈深く抗場も広くて錫は極上品也」と記されている。

　鹿児島市谷山地区の錫山には、島津藩政時代から錫鉱山があった。鹿児島市下福元町錫山地区は、鹿児島市の南西部に位置し、日置郡吹上町と同郡金峰町と境を接する。市の中心街から15キロメートルの所にある。鹿児島市谷山地区の山手に、鉱山の面影を持つ山並みがある。鹿児島が錫大国になった谷山錫山の歴史には、他国から集められた鉱夫と女郎たちの血と涙が秘められている。

　薩摩焼のシロモン（白薩摩）が藩政時代まで、藩主の島津家を中心とした武家社会のための器であったように、錫器もまた庶民には縁のない生活

用具だった。精錬された錫山の錫は、島津光久が1665年、磯の仙巌園（磯庭園）内に屋根を錫で葺いた門を建立したのをはじめ、錫器は島津家の調度品の中に見られ貴重で、庶民の目に触れることはまずなかった。完全に殿様専用の献上品などとして珍重され、錫器を使うのは島津の殿様に限られていた。武家社会で酒器や茶器として使われていた貴重品が、本格的に製作され、日用雑器として広く鹿児島の庶民の間に出回るようになったのは、明治時代になってからである。1868年、鹿児島市六日町に星山錫器が創立された。錫器が一般の日用品として盛んに製作され、市中に出回り、庶民も使用するようになった。その結果、製品や種類も増えた。その後、1895年、山崎錫器ほか２、３の錫器工場ができ、製造業者が増え、組合を通して島津家の錫を使用した錫器が多量に作られることにより、全国に産地として広く知られるようになった。金属を食器に使う習慣が乏しかった日本では、錫器の茶器と酒器は珍しがられ、ひところはユニークさで全国的に売りまくったという。

　大正時代に入って海外産の錫が多量に入ってきた。昭和初期が全盛期で、鹿児島市内に錫器屋が朝日通を中心に軒を連ねていた。1927年頃は、薩摩錫器組合が谷山鉱山の錫をまとめて購入し、組合員に配給していた。谷山・錫山の錫を背景に栄えた鹿児島の錫器の全盛時代だったようである。1935年に発行された鹿児島市の特産品のカタログの錫器の欄によると、7軒の業者が名を連ねている。

　太平洋戦争の開戦と同時に、次第に錫の需要は軍事用として急激に高まり、開山以来、最高の活気を呈したが、錫器工芸の伝統は一挙に中断してしまった。日本軍が南方に進出するにしたがい、南方のジャワやマラヤ産の錫が楽に入手できるようになり、多量に輸入されるようになった。1943年、シンガポール陥落とともに、特にシンガポールの錫が次々に日本に入ってきた。また、大量のマレーシア産の錫が輸入され、谷山の鉱山も衰退し、採掘を中止し、ついに閉山となった。1944年の廃鉱まで250年余り中断することなく採掘された。明治、大正、昭和の初めまで盛んに作られた製

品は、戦争に突入してから、軍需物資としてほとんど供出させられた。そのため、300年以上の歴史を誇る伝統工芸品でありながら、戦前の薩摩錫器は数少ない。

戦後を境に、谷山錫山の採掘が廃(すた)れたのと同様、薩摩錫器も衰退した。1962年に再開され、協和鉱業株式会社が年間約10トンを採掘していたが、製錬は兵庫県で行っていた。戦後、再び錫器の製作が盛んになったが、数人が錫器を作っている程度である。優勝カップ、洋酒、ワインセット、ジョッキ、コップ、たばこセットなど、近代的なデザインが採り入れられ、絵付けに幾何学模様も登場した。地元に錫精錬所がないため、鹿児島県下の錫加工業者は、錫器の原料になる錫を全部輸入しており、最近では大半がシンガポール錫である。なめらかで錫白色の美しい光沢を最大限に生かす錫の加工技術だけは、今もしっかりと守り継がれて、生産され続けている。含銀錫と呼ばれ、質もあまりよくなかった谷山錫山の時代に比べ、今は純度98％以上の輸入された純錫が使われ、材質と技術ともに高度な工芸品に達している。今日では、メッキ製品や金属、合成樹脂など材料の豊富さと生活様式の変化から、錫器の需要が激減した。

錫器は古来薬種の容器として使われ始め、その無害性と独特の温かみによって長年愛用され、その製法が受け継がれてきた。日本で最も早くから錫を産出していた鹿児島では、錫の日用品や仏具が各家庭に数個ずつはあった。

海外産の錫に押され、長期採掘による資源枯渇なども重なり、谷山錫山の鉱山は1986年7月、330年の歴史に幕を閉じた。200年もの間、薩摩藩の経済を支え、明治、大正、昭和初期まで錫鉱山として発掘を続けた。

3 薩摩錫器の生産工程

I 生産工程

　薩摩錫器の生産工程は、大部屋程度の家内工業的なスペースで、すべて手作業で行われる。綿密な機械的作業もあれば、科学的でありながら勘が大切な作業もある。錫器の生産工程は、熔融、鋳込み、施削、仕上げの順で行われる。錫器製造の概要は、次の通りである。

1 原　料

　原料の錫は、インドネシアのバンカーで、第2次世界大戦後主に輸入ものを使っている。そのインゴットには、プロダクト・オブ・マレーシアの刻印が入っている。戦後すぐ錫は古錫を使っていた。戦前戦争中までは、鹿児島産で、谷山の錫山から採っていた。外国製品は、PEWTERである。錫は、含有量でショウスズ（正錫）、ホンスズ（本錫）、セイスズ（精錫）と使い分ける。正錫は鹿児島での呼び名で、本錫、精錫は大阪での呼び名である。第2次世界大戦前、薩摩錫器の組合員は薩摩国産、薩摩特産、薩摩本場と称し、錫器を販売していた。大辻朝日堂では、含銀正錫をよく使っていた。

　錫器は純粋な錫だけで作ると粘りがあって加工しにくいため、熔融の折に少量の鉛を入れる。鉛の含有量によって、色、艶、硬さが違う。錫は、金属にしては柔らかい特性を持ち、炭火で容易に熔け、刃物に柔らかいので、細工や加工をしやすい半面、機械化が難しいため、ほとんど手作業である。

2 熔　融

　錫器作りの工程は、熔融から始まり、錫のインゴットを鉄鍋で熔かす。

錫は、フライパンでバターを溶かすように熔け、水銀のようになる。錫の融点は低く、約230度（正確には231.9度）で、熱源はガスを使っている。ガスこんろでも簡単に熔解する。1番搾りはよいが、2番搾り、3番搾りになると、品質が落ちる。ユとは、1回熔けたものである。ユッヲイレル（錫を入れる）とは、イコミ（鋳込み）をするという意味である。鋳込みの時、鍋のユの表面にサンカスズ（酸化錫）ができる。ユカゲンガタカイとは、温度の高さによって、熱いという意味である。温度によって、結晶の発達が違う。

3 鋳込み

　鋳込みでは、熔けた錫をお玉の一回り大きなものですくって、用意した茶壺や酒器のイガタ（鋳型〔木型、土型、金属製、セラミック製〕）に流し込み、イコミ（鋳込み）、冷却するのを待って、型から取りはずす、イモノ（鋳物）である。錫は注ぎ込まれると、固化する。冷やされた後、キヅチ（木槌）で鋳型からはずされる。鋳型は、昔は木型だったが、現在金型を使う。金型を使うようになったのは、終戦後からである。鋳型には、シリコンも使う。インゴットを熔かして、小さい丸い鍋に入れて、小分けして、5キログラム単位のモチ（餅）にして置いておく。モチをまた熔かして、鋳込みをする。鋳込みとは動作を指し、鋳物はできた品物で削る前の状態である。イビキとは、熱を加えて膨張しているのを冷やすと収縮する時に生じるへこみである。最初に冷えた所は結晶が密に、最後に冷えた所はソ（粗）になる。粗密ができるので、温度差を少なくすると、結晶が均一にできる。組織を一定化させるために、ユの温度を調整しないといけない。木型は徐々に冷却されるため、自然にゆがみのない結晶ができる。よって、艶消しの梨子地肌が美しい。木型に勝るものはない。鋳込みの時の温度が高すぎると、鋳物の表面に巨大化した結晶がつき、仕上がりでむらを生み、肌合いが悪くなる。反対に低すぎると、全部流し込まないうちに固まってしまい、不均質となって失敗する。

木型の鋳物については、木は熱容量が少なく、熱伝導が悪い。錫が熔けるのに近い温度で鋳込みをするので、熱に対して耐えて、木でも使える。一番よいのがエゴの木である。別名、ロクロの木ともいう。乾燥した場合の呼び名である。コヤスノキ（コヤツノキ）とは、エゴの木で、生えている時の呼び名である。木としては炭にも薪にも使いものにならない木であるが、錫器の鋳込みには、木目に差がなく、材質的に柔らかく、熱に対して暴れたりせず、変形しないので使われる。

　現在は、片方を金型で、片方を木型で鋳物をしているものもある。木型の中の水分が飛ぶと、収縮して割れ目ができたり、木型が割れる。割れ目にはトノコ（砥粉）を詰める。全体の形が変わるので、型をそのつど削り直さないといけない。金型はすぐ固まるから、金型の温度を錫が熔ける温度まで上げると、鋳込みができる。冷却も自由にできる。石型ではこれができない。金型とユの温度を同じにする。金型は自由に温めることができる。外側を金型と内側をセラミックで鋳込みをすることもある。杯など小さいものは、セラミック型を使う。深い、長いものには木型を用いる。

4 施　削

　ケズリ（削り）にはアラケズリ（荒削り）とシアゲケズリ（仕上げ削り）がある。荒削りは鋳物を横型センバン（旋盤。木工用とほぼ同じもの）に取り付け、キジガナ（木地刀）と称する特殊バイトで、偏芯と凸凹（でこぼこ）をとる。外部、内部を均等に切削（せっさく）する。仕上げ削りは、ヒラガナ（平刀）と呼ばれる特殊な鑿（のみ）で外部と内部を均等に施削する。通常の旋盤と違う点は、バイトを手で支えることである。旋盤の前に、秤（はかり）があり、1個1個同じ重さに揃える。急須などの口金の部分は、叩いて曲げる。いくつかの部分に分か

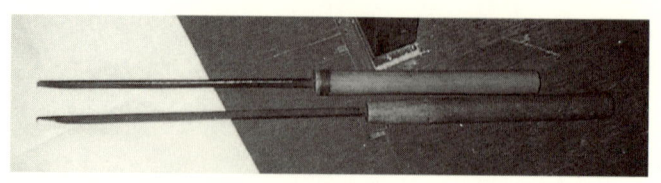

キジガナ（木地刀）

れるものや、段のついた容器などは、半田で熔接する。三々九度の酒台のように、旋盤にかからない四角いものはイタモノと呼ばれ、ヘラのようなキッサキ（切先）で削ぎ落とす。刃先は鋭くなく、平らになっている角の端で削る。こうしてできたのが錫器の素地である。削った時にキリコ（切粉）が出る。切粉はカストリ／カストリ作業（木屑と一緒に燃やし還元）をして、再度使用する。

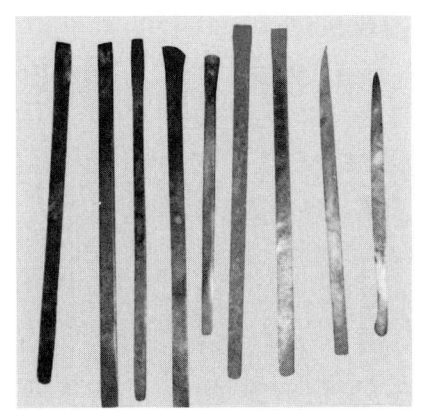

ヒラガナ（平刀）

　旋盤は木工旋盤である。機械はロクロといい、横型ロクロ（横旋盤）である。ロクロは、回転軸に樫の生木を取りつけただけの簡単なもので、その木型の右側にある凸部分に、錫器の底裏をはめ込む。離れて、斜めに削る。錫の仕上げ削り面に筋ができない。

　削りに使う刃物は、荒削りはカンナ（鉋）で、仕上げ削りはヒラガナである。カーブしている所は、刃物を変える。ナギナタガンナは、カーブの所を削ったり、底を取る。厚みはキジガナで作る。ガンギリカケ（やすりをかけるの意）である。パスで、内径と外径を測る。ヤスリは鹿児島方言でガンギリ、ナギナタは鹿児島方言でナギナッという。キッサキは、ナイフで刃の面がヒラガナと同じように台形である。タテボウチョウは、畳屋が使うのを錫用に作り変えたものである。ツッキイは、丸鑿で、「突いて切る」からという意味で、錫器屋だけがいう。道具は使う職人本人が自分で作る。刃物を鏡面にとがないといけない。鏡面が品物の仕上がり面となる。刃物の切れ具合は、発生する音や振動で感じとることができる。例えば、スーといったら切れており、ギーといったらバイトが飛んで振動が起き、削り面は波状になる。

5 仕上げ

　錫器の仕上げ方法には、鏡のように研磨したミガキ（磨き）と、艶消しにしてナシジ（梨子地）をイブシ（燻し）て仕上げたイブシがある。磨きは鉋で精巧に削られて磨かれたもので、ツヤケシ（艶消し）は表面に漆で絵を描き薄い硝酸液をつけ、食刻させてくぼませ、白い錫のままで仕上げる。第２次世界大戦前から多く愛用されていた。

　梨子地は、できあがった錫器の表面が梨の実に似ている。成型した後、ツルツルの錫器の表面に、漆で松竹梅などおめでたいとされる模様、鶴亀、丸に十の字、桜島や高千穂の峰の図柄などを描き込む。絵柄はいろいろあるが、業者によって少しずつ異なっており、昔から松竹梅に桜島や霧島が絡んだものになっている。エツケ（絵付け）と呼ばれる工程で、独特の漆描法である。昔はエナメルで描いたり、彫刻されていた。大辻朝日堂では、プリント焼き付けにより、現代的な絵柄やマークも入れられる。しばらく置いて、漆を乾かした後、ショウサン（硝酸）の稀釈液である浸漬液に浸して、腐食させる。硝酸とソーダを使う。浸漬後数分置くと、錫は硝酸液に弱いので、錫器の表面は次第に腐食されて、梨のようになる。絵付けした漆の部分だけが磨きのままで残り、その文様がくっきりと現れ、浮き彫りになる。つまり、錫器の模様は彫るのではなく、周りを侵食させて、浮かび上がらせる。白い肌のまま仕上がったものには、鏡面のような清涼感があり、薩摩錫器では艶消しという。艶を消しているので艶消しといい、防眩処理のために行う。艶消しは、エッチングともいい、シロシアゲ（白仕上げ）と大阪錫器でいう。また、シラアゲ（白上げ）、シロモノ（白もの）ともいう。そのままでもよいが、さらに重みと渋みを出すために加工して、梨子地燻し仕上げという製品もある。レリーフをさらに鮮明にして、立体感を与えるとともに、錫器自体に重量感と渋さを持たせるために、梨子地の部分を燻す。燻しは、漆と油煙を適当に混ぜ合わせたものを綿につけて、梨子地の部分に丹念にすり込む。木綿布で磨くと肌が黒ずみ、渋い光沢を放ち、落ち着きが出てくる。燻し銀のような肌合いを出す燻しと呼

ばれる商品が生まれる。燻しは全体に渋さを増し、漆模様はますます底光りを増して、錫器らしい気品になる。錫と漆とは相性がよく、一晩置くと、取れることはない。黒ものともいう。現在はエッチングの技術と漆仕上げの方法が導入され、表面処理も精巧さを増している。

　燻しの技法がいつ頃から錫器に取り入れられたかについては明らかではないが、初期の頃の錫器はすべて磨きであり、文字などは彫り込まれたものである。日露戦争の記念品などの文字は彫られているところから、燻しの技術はそれ以後に開発、あるいは導入されたものと考えられる。

　白ものは、艶消しの表面に絵柄がキラリと光っていて、豪華な感じがする。一方、黒ものは、表面が錫白色で淡く仕上がっており、落ち着いた雰囲気がある。鹿児島の錫製品の黒ものは、その色の度合いがやや薄く仕上げられているのが特徴である。

6 製品の名称

　製品の名称は、茶器では茶筒、茶壺、茶托（ちゃたく）、菓子器、酒器では銚子、洋酒、カンビン各セット、花器では花瓶、一輪差し、仏具では香炉、花立て、腰高、お水茶わんで、そのほかにコップ、水差し、賞杯、特注品がある。また、筒丸、茶筒「角竹（かくだけ）」などもある。筒丸は、茶筒と茶壺を組み合わせた形である。ツッゲスイビンという製品もあり、つないで作る錫の水瓶である。ツッゲとはつなぐという意味である。

　製品は、現在１つ、２個、１セットのように数える。昔は、クミ（組）を使い、ミツグミ（３組）のように数えた。

Ⅱ　製造工程語

　今まで考察してきたことをもとに、製造工程語についていくつか解説する。
　インゴットとは、延べ棒／鋳塊／地金（じがね）の塊である。『日本国語大辞典』に

は英語で ingot、「溶けた金属を鋳形（インゴットケース）に鋳込んで、ある一定の形の塊にしたもの。鋳塊。スラブ」とある。

ユ（湯）とは、『日本国語大辞典』に「鋳造するために熱して溶かした金属」とある。謡曲『道成寺』には「龍頭を衒へ七纒ひ纒ひ、炎を出だし尾をもって叩けば、鐘はすなはち湯となって」、『日葡辞書』には「ナマリヲ yuni（ユニ）ナス〈訳〉鉛を溶かす」、『浮世草子』には「扨は志のふかき鏡なるべしと、是を湯にしゐたまふに」とある。

イコミ（鋳込み）とは、『日本国語大辞典』に「溶かした金属を鋳型へ流し込んで鋳物を製作すること。また、その方法。いだし」とある。

サンカスズ（酸化錫）とは、鋳込みの時に鍋のユの表面にできたものである。その時にできる酸化膜をクロカワ（黒皮）という。

イガタ（鋳型）とは、『日本国語大辞典』に「鋳物を鋳造するのに用いる型。多く砂を材料として鋳るべき凹形の型を作り、金属を溶かして注ぎ入れて鋳る」とある。『十巻本和名抄』には「鎔　漢書注云鎔〈音容伊賀太〉鋳鐵形也」、『徒然草』には「常在光院のつき鐘の銘は在兼卿の草なり。行房朝臣清書していかたにうつさせんとせしに」、『文明本節用集』には「鎔鋳　イガタ鉄形則鋳形也」、『日葡辞書』には「Icata（イカタ）」、俳諧『毛吹草』には「氷はる池は鏡のゐかた哉〈光有〉」、『和英語林集成』（初版）には「タマノ　igata（イガタ）」とある。方言として「かたち。しるし」とあり、鹿児島県肝属郡高山が挙げられている。

イコム（鋳込む）とは、『日本国語大辞典』に「金属を溶かして鋳型の中に流し込む」とある。

イモノ（鋳物）とは、鋳造された粗作りの製品である。『日本国語大辞典』には「溶かした金属（鉄、銅、アルミニウムなど）を鋳型に流し込んで造った金物」とある。『新撰字鏡』には「鉨　伊物　又草切」、『観智院本名義抄』には「鋳　イモノ」、随筆『譚海』には「肥前長崎にかめといふは、鋳物に高名な婦人なり」とある。

キヅチ（木槌）とは、『日本国語大辞典』に「木製の槌。木くぎなどを打

ち込むための工具」とある。

　モチとは、錫を熔かしてできた塊をいう。

　トノコ（砥粉）とは、『日本国語大辞典』に「砥石を切り出す際に生じた砥石の粉末。また、黄土を焼いて粉にしたもの。刀剣をみがいたり、板・柱などの色づけをしたりするのに用い、また、漆器の塗下地の原料にする。俳優などが顔のしわを延すため、また厚化粧の下塗りとしても用いる」とある。俳諧『類船集』には「砥の粉はうるしに合せてぬり物に用る也」、『和英語林集成』（初版）には「Tonoko　トノコ　礪粉。Tonoko（トノコ）スル」とある。

　ケズリ（削り）とは、『日本国語大辞典』に「けずること。けずった様子」とある。ケズル（削る）とは、前記辞典に「刃物などで、表面を薄くそぎ取る。少しずつへぎ取る」とある。『四分律行事鈔平安初期点』には「整斉しくあらずは、劉て斉平にあらしむべし」、『新撰字鏡』には「乱削也〈略〉又介豆充」、『興聖寺本大唐西域記卷十二平安中期点』には「況や方なるを剭て円なるに為しし世」、『源氏物語』には「いとらうたげに、白くそびやかに、柳をけづりて、作りたらむやうなり」、『観智院本名義抄』には「剔　ケズル」とある。

　センバン（旋盤）とは、『日本国語大辞典』に「最も一般的な工作機械の1つ。ベット・主軸台・心押し台・往復台および送り装置などからなり、工作物に回転運動を与え往復台上の刃物（バイト）を動かして切削するもの。外丸削り・中ぐり・端面削り・ねじ切り・穴あけなどを行なう。作業目的によってタレット旋盤・ならい旋盤・正面旋盤・車輪旋盤などがある。旋造機」とある。

　ヒラガナとは、ヒラガンナ（平鉋）である。幅1センチメートル、長さ40センチメートルの錫細工用の特殊な鑿である。ヒラガンナとは、『日本国語大辞典』に「台の平面が平らで、板の平らな面を削るのに用いる鉋」とある。

　バイトとは、『日本国語大辞典』に英語で bite、「単一の切刃を持った切

削工具の一つ。機械に取り付けて用いるものを単にバイトといい、手で扱うものを手バイトという。旋盤と形削盤などに用いられる」とある。

キッサキ（切先）には、丸型、なぎなた型、やり型などがある。『日本国語大辞典』に「きりさき（切先）」の変化した語、「刀の刃の最先端。刃物の先端」とある。『平家物語』には「能登殿の舟に押し双べ乗り移り、太刀のきさきを調へて一面に打って懸る」、『太平記』には「首を取り鋒（キッサキ）に貫いて、山本九郎は是より六波羅へ馳せ参る」、『虎明本狂言』には「たがひのもんだうむやくなり。ひげをむしりてくれんとて、きっさきをそろへてかかりけり」、仮名草子『恨の介（かなぞうし うらみ すけ）』のには「衣（きぬ）の下より守り刀を抜き出し、きっさきを衛（くわ）へつつ、『南無阿彌陀仏』を最後にて俯し給ふ」とある。

キリコ（切粉）とは、削った時に出る削りカスである。カンナクズ（鉋屑（くず））ともいう。『日本国語大辞典』には「物を切った時に出る屑。切屑。削り屑」とある。カス（糟・滓・粕）とは、前記辞典に「よい所を取り去ってあとに残ったもの。くず。つまらぬもの。のこりくず。不用なもの」とある。『法華義疏 長保四年点（ほっけ ぎしょ ちょうほう よねんてん）』には「五千の人は中道の真味を失ひて、但、断常の糟（カス）を得たらく耳（のみ）」、『東大寺本大般涅槃経平安後期点』には「无明の滓（カス）を除きて、真明を生す」、『新撰大阪詞大全』には「かすとは、わるいこと」とある。

カストリ／カストリ作業とは、切粉と酸化錫と木屑を混ぜて燃やし、錫を還元させて、また錫を作ることである。

カンナ（鉋）とは、『日本国語大辞典』に「材木の面を削って平らに、また、なめらかにするための工具。やりがんな（さおがんな）は、槍の穂先の反（そ）ったような形、突きがんな（桶がんな）は、桶大工などの用いるもので刃が広く、両端に柄があり、押して用いる。現今、ふつうには、台がんなをいい、堅い木の台に、刃を適当に傾けてはめこんである。かな」とある。『延喜式』には「採正殿心柱祭〈略〉小刀子一枚、鉋一枚」、『観智院本名義抄』には「鉋　カンナ　ケズル」、『十問最秘抄』には「かんなかけ

て油みがきをしての上の事也」、浮世草子『好色五人女』には「おせんかなはじとかくごのまへ鉋にしてこころもとをさし通しはかなくなりぬ」、『和英語林集成』（初版）には「イタヲ　kanna（カンナ）デ　ケズル」とある。

　ナギナタ（長刀・薙刀）とは、『日本国語大辞典』に「手矛のように長い柄があり、刃を長く広くそらせた武器。敵をなぎ払うのに用いる。11世紀末の後三年の役の頃にはじまり、室町中期まで盛んに用いられた。その後、従来のものより刀身が短く、そりが深く、柄の長いものが考案されて、これをなぎなたと称し、旧来のものを長巻と称して区別するようになった。江戸時代はもっぱら婦人の武具とされた。大長刀、小長刀、両刃長刀、小反刃長刀、鉈長刀（＝筑紫長刀）、無爪鉈長刀などの種類がある。ながかたな。なぎがたな」とある。『平家物語』には「長刀（ナギナタ　高良本ルビ）でむかふかたき五人なぎふせ」、『名語記』には「なぎなた、如何。なぎは薙也。なたはなかつかの反。つかの長き故也」、『奥州後三年記』には「龜次兜きながら、鬼武がなぎなたのさきにかかりておちぬ」、『元和本下学集』には「長太刀　ナギナタ」とある。

　パスとは、『日本国語大辞典』に「カリパス」の略、「円筒の内径・外径、穴の直径、物の厚さなどをはかるための器具。コンパス形の二端で計るもので、その一端を固定して他端を開く。直線形の通常のパスと、内径用の内パス、外径用の外パスなどがある」とある。

　ミガキ（磨き）は、戦前の花器などに用いられた。『日本国語大辞典』には「みがくこと。また、その光沢。転じて、すぐれたものにすること。また、洗練された様子」とある。『虎明本狂言』には「骨にみがきをあてかなめしっかとして」とある。

　ナシジ（梨子地）とは梨のような肌をしたという意味で、薩摩錫器でのみいう。『日本国語大辞典』には「蒔絵の一種。漆塗の面に梨子地粉を蒔いて梨子地漆を塗って粉をおおい、粉を研ぎ出さずに漆を透して見せる法。桃山時代には文様中に用いられる絵梨子地が流行し、江戸時代には叢梨子地、鹿の子梨子地、刑部梨子地などの各種が工夫された。梨子地蒔絵。梨

子地蒔」とある。『宇津保物語』には「御前には古びたるかは蒔絵のなしぢの箱」、『御伽草子』には「月毛の馬になしぢの蒔絵を鞍置かせ」、歌謡『松の葉』には「住みなす床の一構へ、しかの投入違ひ棚、なしぢの硯玉くしげ」、浄瑠璃『傾城反魂香（けいせいはんごうこう）』には「男のそばへ寄ることは、常になしぢの煙草盆」とある。

　イブス（燻す）とは、黒漆で漆がけをすることである。『日本国語大辞典』には「銀、銅などの金属に硫黄のすすで曇りをつける。いぶしをかける」とある。

　イブシ（燻し）とは、漆がけである。『日本国語大辞典』には「硫黄を燃やして、金属器具にすす色をつけること」とある。

　エツケ（絵付け）とは、絵をかきこむことである。『日本国語大辞典』には「陶磁器に絵模様を描くこと。釉（うわぐすり）の下に焼きつけるのを下絵付、上に焼きつけるのを上絵付という。また、用具などの違いによって書き絵付、銅版絵付、石版絵付、写真転写などがある」とある。

　エナメルとは、『日本国語大辞典』に英語で enamel、「（金属や陶器の表面に焼きつける）ガラス質の顔料。琺瑯（ほうろう）」とある。

　ショウサン（硝酸）とは、『日本国語大辞典』に「窒素の酸素酸の一つ。化学式 HNO_3。純粋なものは無色の液体で、吸湿性強く、発煙性が激しい。一般にはその水溶液をさしていう。各種の金属を侵しやすく、有機物をニトロ化する。硝酸塩・硝酸エステル・ニトロ化合物・硝安・火薬の原料、医薬品、酸化剤などに広く用いられる」とある。『植学啓原』には「以=軟毛筆=〈西用=駝毫=〉塗=薬水=、〈焼酒、消酸各等分、調停〉」、『改正増補和英語林集成』には「Shōsan　セウサン　硝酸」とある。

　ソーダとは、『日本国語大辞典』にオランダ語で soda、「炭酸ナトリウムのこと。また、苛性（かせい）ソーダ・重曹（じゅうそう）などを含めていうこともある」とある。『植学啓原』には「即加里、〈略〉、或曹達（ソーダ）〈略〉、酸化鉄、酸化満俺」、『西国立志編』（中村正直訳）には「ここに於て悵然として意を失しが、後に及で、ソーダを入たる水を煮て、これをその中に入れ」とある。

エッチングとは、艶消しである。「艶消ししないか」は、エッチングセンカのようにいう。エッチングとは、『日本国語大辞典』に英語で etching、エッティングともいう。「銅板などに耐酸性の膜を塗り、その表面を鉄筆などでひっかいて模様や絵などを描き、露出した金属面を酸で腐食させて線描画を得る技法。また、それによる印刷物。銅版画、写真製版などに用いる」とある。ツヤケシ（艶消し）とは、前記辞典に「物の色つやを消すこと。つやのないようにすること。また、そのもの」とある。

4　薩摩錫器製造者の生活との関係について

　職名、職人気質、錫器製造における男女の役割、錫器に関する行事、苦労話などについて順に述べる。

　職人がおり、職名には、イモノ（鋳物）とケズリ（削り）がある。ほかは弟子、見習いの仕事で、洗ったり、硝酸をつけたり、燻したりしていた。鋳物に数年、そして、削りに数年のようにいわれている。また、錫職人という言い方もある。今は序列がそれほど厳しくないが、昔は厳しかった。親方の言うことは絶対だった。

　職人気質としては、いじわるなところがあり、下が入ってくるといじめた。箒（ほうき）で殴られたりなどしたが、憎みががんばりになった。「淘汰」、「頑固」といえる。失敗したら、日が悪いか天気が悪いといい、自分のせいにしなかった。職人の気分が悪いと、製品ができなかった。いくらでも早くできるのに早くしなかった。また、「我々の目指しているのは工法を守って伝承することではない。絶えず見直して製品の向上を図り、合理化していくことこそ伝統を受けつぐことだと思っています」と研究に余念がない人もいる。また、「伝統はあるけど伝承したら何もならない」、「ものは気持ちでできる」、「完璧なものはできない」などもある。

　錫器製造では、削りや鋳物は男性がし、洗い、絵描きは女性が担当する。
　錫器に関係がある行事として、昔、鹿児島では、米を収穫した時のお祝

いに甘酒を作る慣わしがあって、錫器に入れて、隣近所に配った。鹿児島人にとっての錫器は、身近で、一般的な日用品だったので、たいていの家庭には錫器が１つか２つはあった。ところが、第２次世界大戦でみんな供出させられた。

　職人として薩摩錫器製造に従事してきた中で、昔の思い出や苦労話についていくつか挙げる。職人は蛸部屋で、夜10、11時に寝て、朝５時に起きていた。戦前は寝るのが12時、起きるのが５時だった。15、16人でしていた。被調査者の父が弟子入りした時は、電気がなく、下で弟子がロクロを紐で動かした。動力は人間だった。おがくずを燃やして鋳物をした。暇がもらえるのは、盆と正月だけで、親方が職人に小遣いを出した。職人が結婚する時や独立する時は、親方がもたせてあげた。職人は親方の言う通りにしなければならなかった。昔は勘だったが、今は意図して作っている。技術が向上すれば、検査も変わってくる。

　鹿児島県で生産されているものの中には、鶴が描かれているものがあるので、出水地方の鶴について簡単に触れておく。鶴には真名鶴と鍋鶴がいる。鶴の世話をしている人は、真名鶴をマナマナ、鍋鶴をナベナベと呼ぶ。多くの真名鶴は、中国や朝鮮半島から来る。鶴は、家族愛・夫婦愛の象徴である。親子の絆が強く、夫婦と子供２羽（オス・メス）のいつも４羽で行動している。子供は茶色い。めでたい鳥で、鶴に対して悪いイメージはない。鶴は警戒心が強く、人に慣れにくい。寝る時は飛び立つ方向を向いて寝る。だいたい風向きと一致しており、いつでも飛べる状態で寝る。「ボス」が見張る。1950年代の阿久根地方では、鶴は仲間と見なしていた。鶴が左を向いたら雨が降り、右を向いたら風が吹くといわれていた（ほかの地域ではいわない）。これは迷信であり、1950年代頃老年層は信じていた。

　以上の考察より、ユとモチの意味の使われ方が職人ことば特有である。ユとは鋳込みの時に熔けた錫で、モチは錫を熔かしてできた塊を指す。

第8章

竹細工・竹製品製造

1 竹細工・竹製品について

　鹿児島はモウソウチク（孟宗竹）の伝来の地であり、全国一の竹の生産地である。鹿児島の土地は竹の生育に適し、自生または植栽された竹林面積は全国一である。竹材は豊富で、竹の種類は13属80種ある。中でもモウソウチクが最も多く、マダケ（真竹）、ハチク（淡竹）、ホテイチク（布袋竹）など種類も非常に多い。竹材を利用して、古い時代から各種の竹細工・竹製品が発達した。南国産の丈夫なモウソウチクを材料に丁寧に編まれた竹籠をはじめ、生活用品、工芸品など竹の特性を生かして、生活に密着した多種多様な竹細工・竹製品が豊富に作られている。鹿児島の竹細工・竹製品は、素朴で荒々しい作りのものから、高度な技術を要する箕に至るまで、多彩で豊かである。数多い竹細工・竹製品の中には、鹿児島独特といったものが少なくない。その1つに、バラという籠がある。

　鹿児島の竹細工・竹製品の特色は、使用される竹材の性質にもよるが、概して荒ぶりのものや大型のものが多く、飾り気はないが、丈夫である。鹿児島独特のものとして有名なものには、大山どんの鳥籠、知覧の傘提灯がある。前者はひごによる繊細、優美な作品ながら、その丈夫さで知られ、後者はその形と多様性および輸出品として知られている。

　竹・笹の類は軽く弾力性に富み、耐久性を持つので、各種用具の素材としてよく利用される。特に南九州は、古来、竹が非常に豊富な地域で、竹

細工製品は古代隼人の重要な貢納品となっていた。鹿児島地方で竹細工・竹製品に使われる竹は、主としてマダケ（カラタケ〔幹竹〕）で、ソウケ、バラ、テゴなどほとんどの竹細工に使われる。そのほか、細かい細工物、例えば、モミトーシ（籾篩）などにはキンチクダケ／キンチッダケ（金竹）やメダケ（雌竹／女竹）が使われ、スイヅツ（水筒）のような太い竹筒を利用するものなどにはモウソウチクが使われる。クサキイテゴ（草切り籠）のような大まかな細工物は自製するのが普通で、ほとんど誰でも作ることができた。バラ・テゴ類は、昔はどの集落にも1人か2人は細工物の上手な高齢者がいて、村人の需要にこたえていた。また、箕を作るのは特殊な技術で、古くから日置郡日吉町柿之谷の人々が専門に作って、日置箕と称された。

　竹細工・竹製品は、薩摩郡宮之城町をはじめ、鹿児島県内各地で作られている。生産地は、鹿児島市、指宿市、薩摩郡樋脇町（各種竹製品）・宮之城町（各種竹製品、かぐや姫人形などの竹製品）、姶良郡姶良町（ものさし）・栗野町（弓などの竹製品）・吉松町（竹細工）、肝属郡吾平町、日置郡、川辺郡が挙げられる。現在では、日置郡と川辺郡が主産地である。工場数（作業所・会社の数）は2000年3月で25である。竹細工・竹製品製造に従事している人の数は2000年3月で600人程度である。昔は1000人位いた。竹細工・竹製品の生産量は1998年で112382.4キログラムである。竹材の生産量の20%が工芸品になる。竹細工・竹製品の生産量の変遷は次の通りである。

■表　竹細工・竹製品の生産量の推移

	生産量（千束）	生産額（千円）
1993年	338.8	190657.4
1994年	307.6	173079.6
1995年	252.2	143107.0
1996年	214.0	108175.2
1997年	150.0	81741.0

　臨地調査した竹細工店は60年以上続いており、親の代からで現在2代目である。昔ながらの道具が残っており、それを使って製作している。また、個人で作っているので、分業化されていない。

2 竹細工・竹製品の歴史について

　鹿児島は京都、大分とともに竹材の3大産地で、竹細工・竹製品は日常百般、あらゆるものに利用されてきた。南九州の竹細工・竹製品の歴史は古く、隼人の時代からよく作られ、朝廷には定期的に献上していた。竹材を利用して、古い時代から各種の竹細工・竹製品が発達した。

　中国江南地方が原産のモウソウチクの日本への渡来については、2つの説がある。1736年、薩摩藩主21代島津吉貴が琉球から取り寄せたという説と、琉球から持ち帰った2株を仙巌園（磯庭園）に植えたのが始まりとの説である。島津吉貴に献上されたモウソウチクは、宮之城島津家が宗功寺に移植し、現在に至ったとされる。もともと中国の江南地方に多く、江南竹とも呼ばれるが、高温多雨の薩摩の土壌に適しており、太さも直径30センチメートル位に成長する。

　竹細工・竹製品は18世紀中頃から、マダケやモウソウチクを原料にして、副業的に農具が作られ始めたと伝えられている。島津藩政時代はもとより、明治時代においても、竹製の各種の器具が多く作られた。昭和時代初期には、鹿児島県内には竹細工業者が約2000人いたといわれ、第2次世界大戦前までは県内各地で作られていた。その製品は遠く中国大陸まで輸出されたという。しかし、これら竹工の大部分は、農家の副業の域に止まり、農閑期の仕事として、納屋や馬小屋や土間の隅で、高齢者や女性たちが細々と作った農民工芸であり、種類も無数に近い。小売りされたり、荒物屋に卸されたりして、生活の手助けとなった。つまり、鹿児島の竹細工・竹製品は、家内産業から発展した。作られた物は、生活用品として、オカベテゴ（豆腐籠）、味噌漉し、シオテゴ、飯籠、弁当籠、自在鉤、鳥籠、花生、米ザル、カタグチジョケ（片口ザル）、着物籠、ソンギリボン（そんぎり盆）など、農具として、箕、籾篩、バラ、ブイ、ショケ（ザル）、ヒリョウブイ（肥料ザル）、茶摘み籠、びわ籠、漁具として、ビク、ウナギテゴ（鰻

籠）、そのほか子供の玩具から室内装飾品に至るまで、種々雑多だった。

　太平洋戦争後は、竹工芸品の様相が一変した。進駐軍を通じて、竹製品が爆発的な人気を呼び、各種籠類、釣竿、すだれ、そのほか多くの製品が主として米国に輸出され、外貨獲得に大きな役割を果たした。その後、プラスチック製品の進出や、オイル・ショック、また発展途上国の追い上げなどにより打撃を受けたが、生産の合理化と高級品志向による努力で苦境を脱した。現在でも、ローカル色豊かな品々が、諏訪市、西郷市など各地の市に山と積まれている。

3　竹細工・竹製品の生産工程

　材料、製作工程と各工程ごとに使われている語彙、道具、編み方、竹細工・竹製品について述べる。また、竹の種類などについてもみていく。

① 材　料

　材料は青竹で、年数３年程のものが適している。１年目の竹は、白い粉をふき、もろく、４年目になると、黄色くなって艶が出ないので、２、３年目の竹で、冬に切った竹には力がこもる。旧暦８月から旧正月まで、つまり、秋の彼岸から春の彼岸までの闇の夜に伐る。旧暦の正月までに竹を伐るのはよいが、竹の子が生えるとだめである。月の夜は竹が養分を吸って、虫や害虫（チビタケナガシンクイ虫、タケノトラカミキリ）がつきやすくなる。竹は甘いので、養分がない時がよく、闇夜に伐れといわれる。また、竹は寒暖の激しい所のもので、鹿児島の竹は火山灰の影響でわりあいによい。

　竹材は伐採したら、日光の直射を避けて、日陰の風通しのよい場所に置かれる。また、竹材の表皮面に傷がついていないものが選ばれる。

　竹の種類には、マダケ（真竹）、カラタケ（幹竹）やモウソウチク（孟宗竹）などがある。マダケは節目が長く、細工しやすい。

第 8 章　竹細工・竹製品製造

　マダケ（真竹）とは、『日本国語大辞典』にマタケともいい、「イネ科タケササ類の一つ。中国原産で、広く栽植される。稈は高さ20メートル、径13センチメートルに達する。節には 2 輪があり、節間は長さ25〜50センチメートル。筍の皮には暗い斑点がある。葉は長楕円状披針形で長さ 6 〜15センチメートル、小枝の先に掌状に 3 〜 6 枚ずつつく。初夏、長い周期をおいて円柱状の花穂をつける。花穂はへら形の大きな苞を伴う。茎は細工物に、根茎はつえや印材に、筍は食用にする。漢名、苦竹。呉竹」とある。『日葡辞書』には「Mataqe（マタケ）。または、Madaqe（マダケ）」、『大和本草』には「苦竹　国俗呉竹と云。又真竹と云」、『日本植物名彙〈松村任三〉』には「クロチク　ゴマダケ　マダケ　キンメイチク　ハチク」とある。
　モウソウチク（孟宗竹）はモウソウダケともいう。『日本国語大辞典』には、「イネ科の多年草。中国原産で、筍を採るために、広く栽培されている。稈は木化し高さ10〜20メートル、径20センチメートルに達する。枝は節ごとに双生。葉は披針形で長さ 4 〜 8 センチメートル。花穂は長い周期（約70余年）をもって生じる。小穂は細く円柱形で包葉におおわれ円錐状につく。竹の皮は緑褐色で黒褐色の斑点がある。筍は美味。茎は筆立・盆など細工物に使う。和名は、中国の故事の、冬に母のために筍を掘り採った孝行者の孟宗にちなんだもの。もうそうだけ。もうそう」とある。『黒本本節用集』には「孟宗竹　マウソウチク」とある。
　カラタケ（幹竹・唐竹・漢竹）とは、『大隅肝属郡方言集』に「まだけ。『からたけ割り』と言う時のそれ」とある。『日本国語大辞典』にはカラダケともいい、「植物『真竹』の異名。また、『淡竹』の異名」とある。『類聚ルイジュ大補任』には、「又、宝治の比より唐竹枯始て、建長年中諸国竹皆枯失畢。適相残分九牛一毛云々」、『虎明本狂言』には「『あの藪は見事なから竹ではなひか』、『あれをきってすのこにかひたらばよからふな』」、『古今要覧稿』には「おほたけ　はちく　おほたけ、一名からたけ、一名あはだけ、一名はちくは、西土にいはゆる淡竹、一名水竹也。その高さ凡二三丈、囲み七八寸に」、『和訓栞』には「たけ〈略〉雄竹をから竹といふ。常の竹也。雌

179

竹をみがこといふ。後まて皮つけり」とある。また、「植物『布袋竹』の異名」とある。浮世草子『日本永代蔵』には「唐竹の烟管筒日野絹の頭巾此二色は薬師の中林道伯老へ形見なり」とある。さらに、漢字で唐竹・漢竹とのみ書くカラダケは「昔、中国から渡来した竹。笛などを作る材料とし、また、庭園に植え、生垣などにもした。寒竹のこととされる」とある。『古今和歌六帖』には「からたけのこちくの声も聞かせなんあうれしとも思ひしるべく」、『河内本源氏』には「へだてのかきにからたけうゑて、松のはしげく、雪をもてあそばんたよりによせたり」、『新撰六帖』には「から竹の笛に巻くてふかば桜春おもしろく風ぞ吹くなる〈藤原知家〉」、随筆『貞丈雑記』には「から竹は漢竹也。一説にからは韓にて矢からにせし竹を箸になす故から竹と云、されど此説悪し。唐竹と記せし書もあれど唐の字は仮字也」とある。方言として『日本国語大辞典』に「植物、真竹」と説明してあり、宮崎県東諸県郡、鹿児島県肝属郡が挙げられている。

2 油抜き

竹は伐った後1～2カ月置き、苛性ソーダでユヌキ（油抜き）をする。油抜きとは、竹材加工工作の準備として、竹材加工に当たってまず行うことで、竹の油を抜くことである。竹の表皮の油分を除去するとともに汚れも落とし、同時に竹の弾性や靭性を強め、またカビや虫害の防除になる。『竹工』50～52ページの「油抜き」を参考にして考察する。

　油抜きには、湿式（湿式法）と乾式（乾式法）の2通りあり、湿式の場合は鉄製の釜に水を入れ、これに少量の苛性ソーダを投入し、それに竹材を入れて煮沸する。沸騰したら取り出し、竹の表皮ににじみ出た油や汚れを素早くウエス（布切れ）などを使って拭き取る。乾式の方は、炭やガスなどの直火に竹を当て、竹が焦げない程度に回しながら、熱によって浮かび出た油を手早く拭き取る。湿式は量産方式であり、乾式は一品製作に適している。さらに詳しくみていく。

　乾式油抜き法では、油抜きに適した炉を使用し、炉の竹材に当たる面の

広いものを使う。炭火またはコークスのいずれかを使用する。炉の上に、れんがを両側に立て、上側に鉄板などで屋根を作り、その間に竹材を差し入れて、回転させながら焦げない程度に焙り、染み出した油を布で拭き取る。冷却してからでは落ちないので、拭き取りは完全に行われる。加工上矯正の必要があれば、矯木(きょう)を使ってゆがみを直す。油抜きが終わったら、1カ月位乾燥晒(かんそうさら)しを行う。上質のものを得るには、夜露を防ぐ。また、夏はあまり強い日光に当てると割裂を生じるので、日光の直射を避ける。乾燥中に雨に当てることは差し支えない。梅雨期には黒変するから避ける。肉部の薄い竹類に対しては、節を抜いておかないと、火に焙(あぶ)る場合に破裂することがある。少し黄色い美麗な晒し竹ができる。

　湿式油抜き方法は乾式法に比べて能率的であるから、多量生産する場合に行う。材料によっては、煮釜の設備がいる。煮釜は円筒形のものが使われる。釜で竹を煮沸し、油抜きをするが、苛性ソーダの薬品を使用した方が能率的で、早く油が抜けて、きれいである。煮沸した熱湯に竹材を浸漬して煮沸し、約10分間80度以上で青味が残っている位で引き上げ、布で拭き取りを完全に行う。拭き取りは手早く行わないと、冷えれば取れなくなる。拭き取りが終わったら、水洗いして、日光で乾燥して、晒す。3週間位すれば、白色となる。竹材の種類にもよるが、稈(かん)の細いものは短時間煮沸し、モウソウチクのように太くて肉の厚いものは長時間煮沸する。光沢の良否は薬品の量と天候にもよるが、煮沸時間が長すぎると黄色くなる。薬品の量が少ない場合と、火力の温度が低い場合は完全な油抜きはできない。苛性ソーダに脂肪の強い石鹸(せっけん)を加えると、ある程度冷却しても拭き取りは容易である。

3 道　具

　竹細工用の用具は少ない。竹を割るのに鉈(なた)包丁、竹割り包丁、ヨツワリを用いる。縁を作る時などに所々を固定するための烏口(からすぐち)や、結わえるための葛(つづら)を通すのに穴を開けるインギなどがある。職人は道具を自分で砥ぐ。

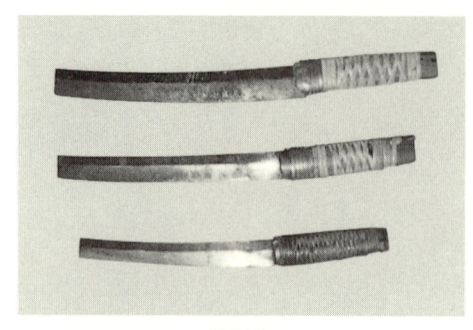

竹割鉈

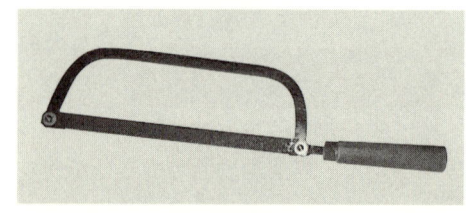

弦掛鋸

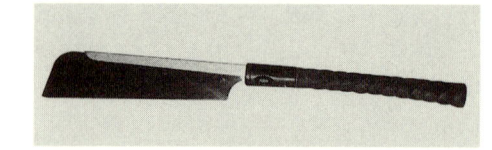

胴付鋸

『竹工』53～61ページを参考にしながら、竹材加工の道具についてさらに詳しく考察していく。

道具には、竹割鉈、弦掛鋸(げんかけのこ)、胴付鋸、小形挽廻鋸(ひきめぐり)、面取器(めんとりき)、磨き鉈、目通し、焼鏝曲鏝(やきごてまげごて)、丸ボルト、鑿鏝、幅きめ／幅ぎめ、削り鑿、突鑿、竹切鋏、口鋏、幅金(はばがね)、烏口、竹銑(たけせん)、舞錐(まいぎり)／ロクロ錐、切出小刀(きりだし)、金床(かなどこ)、金槌、砥石(といし)などがある。

タケワリナタ（竹割鉈）はナタという。竹を割ったり、荒削りをするのに用いる。その形は地方によって異なる。刃には両刃のものと片刃のものとあるが、割りには両刃を、削り作業の多い時には片刃のものを使う。刃渡り18センチメートル、幅2.7センチメートル、重さ225グラム位のものが割りに使われ、削りに幅の片刃のやや小形のものが使われる。タケワリボウチョウ（竹割り包丁）ともいう。

ゲンカケノコ（弦掛鋸）はタケヒッノコ（竹引き鋸）ともいう。竹細工用の目の細かい鋸である。竹材は空洞であるので、鋸も身幅の狭い2～3センチメートルの薄いもので、屈曲しやすい弓形の刃金を当てて、両端を止め張りしたものである。鋸の歯形は、上刃と下刃の傾斜を等しく切刃したものである。

ドウツキノコ（胴付鋸）は、モウソウチクの細工に用いる。普通、長さ10センチメートル、幅5センチメートル位である。精巧なものの作業に用

いる。

コガタヒキメグリノコ（小形挽廻鋸）はめったに使わない。かわりに目が小さい鋸を使う。小形挽廻鋸は鋸身の幅の細い鋸で、挽抜などの場合に用いられる。丸竹の半面の部を挽き抜くような糸鋸の使用できない場合に用いる。

メントリキ（面取器）はメントイという。作る人によって違う。面取器はヒゴ抜きを併用したものである。割竹を調整する場合に剥竹の角を落とし、滑らかにするのに用いる。上の刃先に山形および半月形の刃が大小ある。竹幅の広い狭いによって、適当な箇所に用いられる。面取器の中央にある数個の穴は、ヒゴ竹を一定にするのに使用する。竹を四角の方形に割り剥し、最初大きな穴を通して面角（ぜんじ）を取り、漸次小さな穴に通して所要の太さの丸ヒゴを作る。

ミガキナタ（磨き鉈）は、セン（銑）、ミガキセン（磨き銑）という。竹の表皮を磨剥する際に用いる。刃先が丸竹の表皮の３分位当たるように、彎曲（わんきょく）になっているものもある。丸竹に直角に当て、前に進める際に刃に表皮がかかり手前に引く際にもかけるようにできている。刃渡り15センチメートル、幅２センチメートル、厚さ0.2センチメートルである。

メトオシ（目通し）は、めったに使わない。別名、メサシ（目差し）、ヘラともいう。ザルや籠類の縁巻の場合に、編目の間を差し通して道穴を作り、それに縁巻竹を通すために使用する。差し通しする場合に、編竹を損じやすいので、それを防ぐために両側の厚さに丸味をつけ、中央部には溝が作ってある。

ヤキゴテマゲゴテ（焼鏝曲鏝）は、ヤッゴテともいう。今は使っておらず、かわりにろうそくで曲げる。竹は加熱すれば、容易に曲がる。ヤキゴテ（焼鏝）には数種の形のものがあり、鏝の形状はいろいろある。

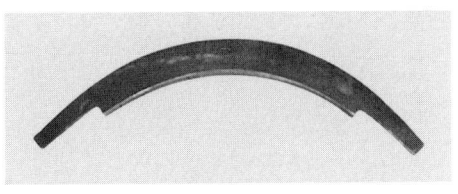

磨き鉈

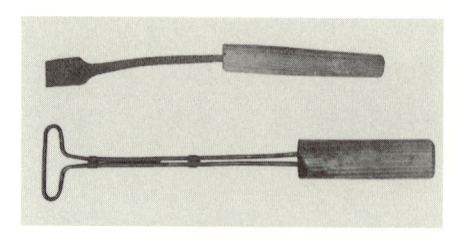

焼鏝曲鏝

幅きめ

　マルボルト（丸ボルト）はボートという。丸く曲げる場合に使用する。普通、直径1～2.5センチメートルのものが3種ある。
　ノミコテ（鑿鏝）は現在使っておらず、かわりにろうそくを使って竹を曲げる。鑿鏝は、木工用の鑿の形をしている。先の厚さは0.2～0.3センチメートルのものの2種類である。
　ハバキメ（幅きめ）／ハバギメ（幅ぎめ）は、幅ひくからハバヒ、ハバイという。ハバトリダイ（幅取り台）ともいう。割剥がした竹を一定の幅に決めるのに使用する。左刃と右刃の短い小形の相鉋を向き合わせて作業台に打ち込み、その間に竹を通して一定の幅の竹を作る。
　ケズリノミ（削り鑿）は、ケズリノンという。削り鑿はもともとすき鑿で、曲げる所を薄くするのに使う。割竹を曲げたり、縁の部分を曲げたりするためには、削り鑿で曲げる部分を薄く削る。竹の肉部を削りやすくするために、丸味があるように作ったもので、刃先幅3センチメートル位である。使用箇所によって適当な太さにする。
　ツキノミ（突鑿）は、花入れなどを作る時に使う。平らに削る場合と狭い部分を削るのに用いる。鑿には、タタキ鑿と、突鑿の区別がある。突鑿には、丸鑿と平鑿がある。突鑿は削刃の身と柄よりなり、作業によって柄の長さ、鑿身の幅などが異なる。柄付けは、普通全長30センチメートル位である。手前より向こうに押して削る。
　タケキリバサミ（竹切鋏）は、バサン、ハサン、タケキリバサンという。

第8章　竹細工・竹製品製造

竹切りの鋏には、普通に使われる選定鋏、植木屋鋏、生花用鋏などが適している。普通はセンテバサン（選定鋏）を使う。ヤナッパサンはもともとブリキを切るのに使っていた。刃先は短く、握り柄の長いものがよく切れる。刃元は植木屋鋏のようにやや厚い。鋏は刃先が左刃と右刃とからなり、握り柄を付け、刃元と柄の中央部を鋲釘で締めてある。握り柄を開けば刃先も開き、握り柄を堅く握れば刃先が閉じる。

　クチバサン（口鋏）は、縁を仕上げる時に使う。地方によって、押工竹（おうこうちく）または鋏竹ともいい、割竹の根元の肉の厚い部分で作る。割竹の肉部を切り剥がして、両方より相対させて鋏口を作り、握柄を針金で堅く縛って作る。烏口に類したもので、主として縁竹を当てる際に縁を挟んで押さえる時に使用する。口幅は0.6～1.8センチメートルである。

　ハバガネ（幅金）はシメハバ（締幅）ともいい、あまり使わない。工作の際に数本の材料を一定に墨付けする場合に用いる。親身金と2つの子身金からなる。2つの子身金は、左右に自由に動く。2つの子身金の間に材を挟んで、ねじで締め付け、動かないようにして、一度に数本の材に墨付けをする。また数本一度に鋸の切り込みをする場合と、幅などを一定にするための削りなどにも使われる。小物の竹器類の製作には必要である。

　カラスグチ（烏口）は、カラスグッといい、クチバサンと類似した道具である。烏口は自作でき、丸竹を切り取って作る。握りの部分を針金で堅く巻いて、割れを防ぐ。挟口を入りやすくするために角面を削る。工作上

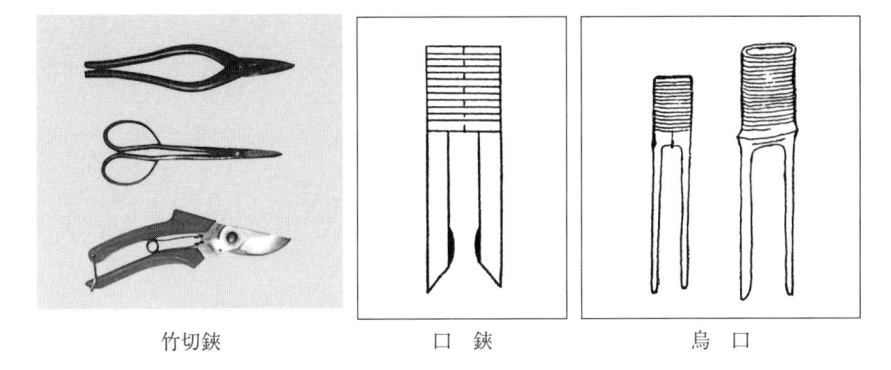

竹切鋏　　　　　　　口　鋏　　　　　　　烏　口

185

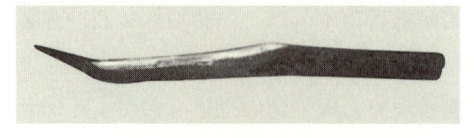

手先で押さえて止める時に、烏口で挟み締める。烏口は特に力の必要な場所に用いる。普通、丸竹の直径2.4センチメートル位のもので、挟む口の広いもの狭いものなど大小3種位ある。同一の太さのものが数個ずつ使われる。

竹　銑

タケセン（竹銑）は、竹を削るために使う。刃渡り24センチメートル位、幅2.4センチメートル位で、片刃になっており、両端に握り柄が付いている。主に鉋の代用として、鉋の使用できない箇所を削るのに使われる。両端の握柄を握って、手前にも向こうにも削ることができる。刃先は片刃に傾斜35度位に研磨する。

マイギリ（舞錐）／ロクロギリ（ロクロ錐）は、ドリルのかわりに使っていた。穴を開けるために使う。舞錐は、心棒・横木・錘（おもり）・紐（ひも）・錐先の5部分から作られている。心棒は箭竹（せんちく）の細いもので作り、横木はモウソウチクで作る。錐先は普通鼠歯錐（ねずみばぎり）を用いるが、特に細いものは三稜形（さんりょうけい）のものを用いる。心棒の先端を紐の中央でくくり、両端を横木の両端にくくって、組み立てる。舞錐の使用は、横木を右手に持ち、心棒を回して、紐を心棒に巻きつける。次に横木の中央を持ち、目的の所に錐先を当て、横木を下方に圧すると、紐が解けると同時に舞錐は回転して、その惰力（だりょく）によって紐はまた心棒に巻

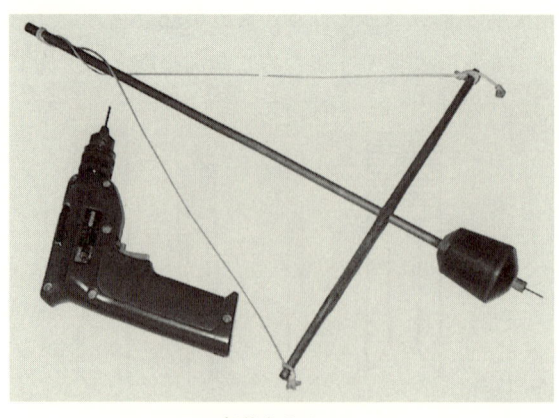

舞錐とドリル

鼠歯錐の先

きつけられる。横木は自然に上にあがるから、また下に圧して錐の心棒を休ませないように交互に行うと、容易に錐は回転して穴を開ける。舞錐のほか、三つ目錐、四つ目錐など大小ある。鼠歯錐は先が3本に分かれ、上の図のような形をなし、中央のものが少し長く、4つの錐の形状をしている。この中央の先端で穴の位置を定め、左右のもので周囲をかき切り、穴を開ける仕組みになっている。普通幅は0.5～2センチメートルで各種ある。

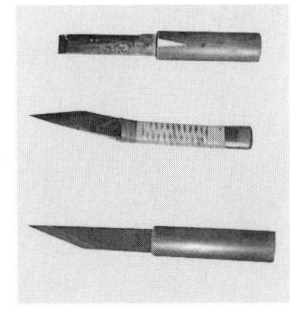

切出小刀

キリダシコガタナ（切出小刀）は（キッダシ）コガンナという。竹材を削る時に使う。小刀は柄付のもので、幅1.5センチメートル位である。

カナドコ（金床）／カナジキ（金敷）／カナバン（金盤）はカナダイ（金台）で、釘をとめる時に敷石として使う。レールを使っている。桶屋でも使う。

金槌はカナヅッという。釘打ちの際に使用されるだけで、普通細い釘を用いるので、小型のものである。

そのほかの道具として、物指、鉋、ペンチ、鋏（はさみ）、燭切（しょくきり）、鋏（やっとこ）などがある。

砥石はアラトイシ（荒砥石）という。砥石には、天然砥石と人工砥石がある。普通、竹工用には天然砥石を使用する。荒砥、中砥、仕上げ砥の3種類がある。荒砥は刃物の刃先の破損した場合に使用するもので、普通は中砥で刃先を研ぎ、仕上げ砥で仕上げをする。

4 割りと剥ぎ

竹を割って、剥いで、幅を揃えて、削って、次の編む工程へ進む。

剥ぎは何回もする。剥いだ材料をヘギ／ヘッという。面を取ったりする。細くて長いのはタケヒゴで、普通ヒゴと呼んでいる。皮9割、残りの身をデザインに使う。

5 **編み方**

　編み方はアンカタという。編み方（編組）には数種類あり、大別するとザルアミ（ザル編み）／カゴアミ（籠編み）とアジロアミ（網代編み）がある。前者は鹿児島ではショケアミといい、各種籠類はほとんどこの編み方である。後者はバラアミといわれ、編目の詰まったバラという平籠類や、特殊なものとしては、シオテゴなどに使われる。網代編みはアジロといい、アミは省略する。四つ目編みのな編みは飾り用や高級品を作る時に使う。六つ目編みには麻の葉編みが入る。『竹工』75～86ページを参考にみていく。

　ヨツメアミ（四つ目編み）は、ヒトマツアミ（一松編み）、シカクメアミ（四角目編み）ともいう。四つ目編みは縦、横を直角に折り合わせて、正方形に編むのが普通である。作業の目的によっては、長方形に編む場合もある。普通、籠類の底に多く応用されるが、底を四つ目に編んで、胴体も四つ目編みにして、籠を作ることもできる。編み方は剥竹6本を縦に並べ、横剥1本越しに編んでいく。第2番の剥竹は、第1に上げた竹を押さえ、第1に押さえられた竹を上げて編んでいく。第3の横剥は第2に押さえられた剥を上げ、反対に上げられている竹を押さえて編み、次々にこの順序で編み進む。四つ目編みは、日用品および工芸品に広く応用される。

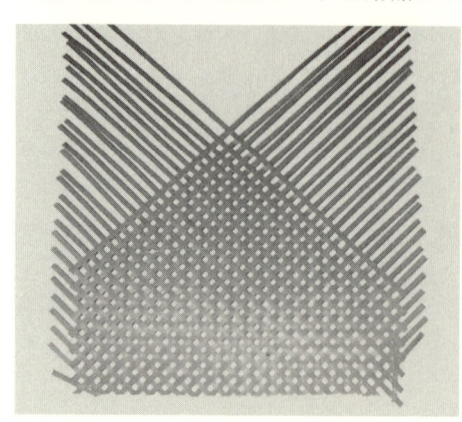

四つ目編み

　ムツメアミ（六つ目編み）／ロッカクメ（六角目）は、6本の剥で三角の目と六角の目ができるように編む。まず、1の剥を右の上から左の下になるように、1の剥を斜めに置き、次に2の剥を左の上から右の下に斜めにX形になるように置く。第3の剥は①の形になるようにして、第1の剥を上げ、第2の剥を押

第8章 竹細工・竹製品製造

さえて横に置く。第4の剝は②の形に、第1の剝と平行に3の剝を押さえ、第2の剝を上げて置く。第5の剝は③の形に、第3の剝と平行になるように、上前に1と2を押さえて、4の剝を上げて編み込む。第6の剝は④の形に第2の剝と平行に右斜め上に1と4を押さえ、5と3を上げて入れる。1と5の三角目の重点を、5を下に1を上に編む。これで1つの六つ目ができたので、これを正確に六角になるように目を詰める。次は、この順序で、周囲に1本ずつ加えて編み進めると、6本ごとに正六角形となる。以上の順序で編んだものをウリョウアミ（右稜編み）という。これを反対に編むと、サリョウアミ（左稜編み）となる。一般に日用品を作るには、右稜編みを多く用いる。

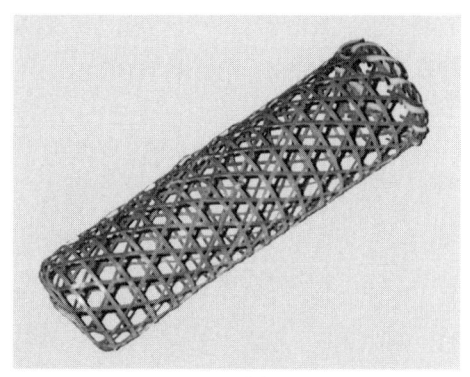

六つ目編み

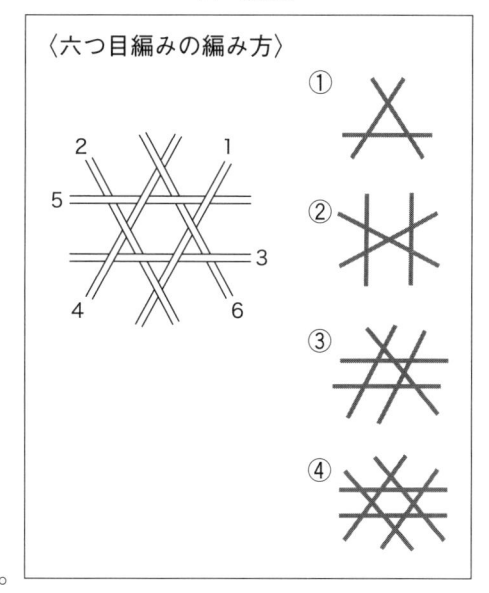

〈六つ目編みの編み方〉

六つ目編みは、日用品をはじめ工芸品などに応用される範囲が広い。また、地方によっては六つ目編みをカゴメ（籠目）ともいう。

　アサノハクズシアミ（麻の葉崩し編み）は、ニジュウムツメアミ（二重六つ目編み）ともいう。6本で中央に六つ目を作り、その周囲に1本ずつ剝竹を挟み、編み合わせる。六つ目編みの角目の重点の間に挟まれ、1角1本増すごとに、挟まれる箇所が1つずつ増える。三角の重点を上下に編

み替える。常に1本ずつ回りながら編み込む。編み方には、右稜編みと左稜編みの別がある。使用の目的によって、最初の六つ目編みの際は、右稜と左稜の区別する。日用品をはじめ、工芸品にも応用され、用途が広い。

　アサノハアミ（麻の葉編み）は、六つ目編みを基本として編んだもので、麻の葉崩し編みと同様であるが、違う点は中心部に穴がないことである。六つ目編みは1つ作り、それに3本の剝を差して三角形の目を作り、周囲に1本ずつ加えて作り、広く編む。6本加えるごとに正六角になる編み方は、麻の葉崩し編みの順序で編む。左稜と右稜の区別は、最初の六つ目編みの際に決める。

　イカダアミ（筏編み）は、四つ目編みを応用したもので、芯竹と幅の広いレンガ竹（ちょうどレンガを積んだ形になるので、レンガタケという）で詰め編む。縦竹2本を、一方の端を前に、反対の端を向こうにして、皮面を上に2本並べ、その間にレンガ竹を1本並べ、これに横になる剝竹を直角になるように編み入れる。レンガ竹のみを上げて、手前の端まで持ってくる。第2の横剝を、縦剝2本だけを上げて編み入れ、第3の横剝をレンガ竹を上げて編み入れると、崩れなくなるから、この時8分の間隔にする。次はこの順序で、9本の横剝を入れ、正確に間隔を決め、縦剝とレンガ竹を密着するように目を詰め、次に縦と横の位置を変えて、今度はレンガ竹を入れ、次に縦剝を入れる。この順序で縦剝が全部で4本になるように編み、今度は反対に手前が向こう側になるように位置を変え、先の順序で縦竹が全部で7本になるように編み入れる。最両端が2分の縦剝になるようにするので、レンガ竹より縦剝の竹が1本多くなる。特殊な場合を除いて、普通は奇数に編む。偶数の場合は、側編の際に同一の場所から順次に編めない。イカダ編みは、日用品・工芸品に応用されるので用途が広い。

　ヤツメアミ（八つ目編み）／ハッカクメ（八角目）は、剝竹8本によって1つの八角目ができる。六つ目編みを応用したものである。まず8本の剝竹で3角点8カ所を作り、8角の目を作る。1つおきに平行になるように1本ずつ加えると、4本加えることになり、加えた剝の左右に四つ目がで

き、その中間に変形の5角目が2つでき、八つ目編みの中心となる母体を構成するので、この形を中心にして広げていく。次に広く編むには、四つ目を中心にして四つ目の角に3角点を作り、両端に変形5角を2つ作るように角ごとに1本を加えると、7角の形のものが4カ所できる。次に7角の角に、1本ずつ4本を加えると、正8角の目が4つできるので、次々とこの順序で編み加える。八つ目編みは、工芸品、花籠や飾窓椅子の腰掛け、電気笠などに応用される。

　アジロアミ（網代編み）は、四つ目編みを基礎にして、飛ばしながら編んでいく。四つ目編みは1本越しであるが、それでは目が詰まらないので、2本飛びまたは3本飛びにすると目が詰まる。普通、2本飛びの網代編みの編み方では、まず幅0.9センチメートル位の剝竹を作り、縦に11本並べ、これを動かないように押さえておき、第1の横竹を縦竹の右側より編み始め、1本下げ、2本上げ、2本下げ、2本上げ、2本下げ、2本上げで編む。第2の横竹は2本上げ、2本下げ、2本上げ、2本下げ、2本上げ、1本下げに編んで、第1の横竹と平行に並べて詰める。第3の横竹は1本上げ、2本下げ、2本上げ、2本下げ、2本上げ、2本下げで編み、第2の横竹と平行に詰める。第4の横竹は2本下げ、2本上げ、2本下げ、2本上げ、2本下げ、1本上げで編む。第5の横竹は1本下げ、2本上げ、2本下げ、2本上げ、2本下げ、2本上げで編む。第1の横竹と同一の飛

網代編み

び方である。第6の横竹は第2の横竹と同一の飛び方である。第7の横竹は第3の横竹と同一の飛び方である。次にこの順序で広く編んでいく。3本飛び網代編みが2本飛び網代編みと違っている点は、3本越しに編む点である。このほか、柳形網代編み、団十郎網代編み、分け網代、親子網代編みなど種類が多い。すべて模様編み網代編みは3本飛びでないと編めない。網代編みは室内の装飾、建築用、敷物、日用品、農水産品、土木用、工芸品などに応用範囲が広い。

6 製品の名称

　竹細工・竹製品には、チャワンメゴ（茶碗籠）、コメアゲジョケ（米揚ザル）、バラ、味噌漉し、三段重の弁当籠、オカベテゴ（豆腐籠）、イネテゴ（担い籠）、クサキイテゴ（草切り籠）、ブイジョケ、コエジョケ（肥料ザル）、スミジョケ（炭ザル）、チャベロ、カルテゴ（背負い籠）、風呂先戸風、ショケ（ザル）、ミッキイザル（水切りザル）、ケゴジョバラ（蚕用のザル）、カタグチジョケ（片口ザル）、アラジョケ（粗目ザル）、籾筵、米筵、シオテゴ、ダゴアゲ、ウナギテゴ（鰻籠）、サカナテゴ（魚籠）、ガネテゴ、箕、筵など、20～30種類ある。竹器をのぞいたザル・カゴ類だけを大まかに日用品と農具に分けると、次のようなものがある。日用品には米ザル、味噌漉し、シオテゴ、飯籠、カタグチジョケ、オカベテゴ、衣料籠、水たらし、箒などがあり、農具では籾筵、茶摘み籠、箕、バラ、ヒリョウブイ（肥料ザル）、竹畚などが代表的である。

　バラは、丸い平籠である。網代に編み、縁は内側と外側に太めに割った竹を当てたものである。直径50センチメートルほどのものから、140センチメートルほどもある大きいものまであり、大きさによりウバラ（大きいバラ）、中バラ、小バラのように呼ぶ。農家などは、大小合わせて10枚位バラを持っている。バラには用途によっていろいろ種類があり、養蚕用のケゴバラ、粉を碾く時のコヒキバラ、雑魚を干すジャコバラ、正月や節句の時撞いた餅や団子を広げる際によく使うウバラなどがある。ウバラには三

斗バラ、一石バラなどがあって、よく味噌麹を寝かせる時に用いられるので、ネセバラともいう。バラは畳2枚位の大きさで、味噌を作る時は、バラの上で味噌を揉んだ。バラとは、『大隅肝属郡方言集』に「竹を薄くへぎ、五分幅位にしてそれを円く網代編にし、ふちを取った物で、農作物や餅などを入れる。大なるは直径四尺、小は二尺位ある」とある。『日本国語大辞典』には、方言として「薄く削った竹で目を細かく編んだ笊」とあり、熊本県南関、鹿児島県が挙げられている。また、「笊」とあり、長崎県西彼杵郡茂木が挙げられている。

　ケゴジョバラとは、蚕用のザルである。

　テゴは、少し大きくて深さがあり、丈夫な籠である。

　イネテゴは、担い籠が2つあって、天秤棒（イネサシ）に前後に提げて背負う。穀物、野菜、魚などあらゆる食料品を運搬する道具である。

　クサキイテゴは草切り籠で、伐った草を入れる。

　シオテゴは、円錐形をしており、網代編みで作られている。南九州だけに残り、庶民の台所で鴨居にぶらさげて使った。籠に入れた塩は、自分の重みで籠の先端から苦汁を搾り出す。湿気の多い南国の風土に見事に合った作りである。

　カルテゴとは、カラウ（背負う）籠という意味である。伊佐郡菱刈町辺りではあまり使わなかった。ダッテゴとは、背負って仕事に行く籠である。

　チャツンテゴ（茶摘み籠）は、茶摘みの時に使う。

　ショケは、比較的小さい深さのある籠である。『大隅肝属郡方言集』に「笊」とある。

　ブイジョケは、肥料の運搬や芋の収穫に使う。

　コエジョケとは肥料ザルで、『大隅肝属郡方言集』に「肥料を入れて撒く笊。これも極めて荒目のもの」とある。

　ヤセジョケは、野菜を洗って入れておくザルである。

　アラジョケとは粗目ザルで、『大隅肝属郡方言集』に「極めて目の荒い笊」とある。

ツイジョケとは、『大隅肝属郡方言集』に「笊に鉉がつけてあって鉤などに掛け得るもの」とある。
　カタクッジョケとは片口ザルで、『大隅肝属郡方言集』に「一方に口の開いている笊」とある。
　チャベロは、茶葉を乾燥させるために使う。竹籠で最も大きいもので、高さ60センチメートル、直径80センチメートルほどある。上に被せる笠の部分はザル目編み、下の台は網代編みで作ってある。
　イケスカゴは、一辺2メートルある四角い籠で、鰹釣りの生き餌用である。最大の竹製品である。
　ミ（箕）は脱穀した穀物などと殻やゴミを振り分ける農機具として使われる。穀物を入れ、中であおって簸うと、ゴミや殻が飛び出し、中にはきれいな実だけが残る。農作業の機械化が進み次第に使われなくなってきたが、最後の仕上げには箕とこだわる農家もなお少なくない。箕（片口箕）は、竹細工の中でショケなどと比べて製作材料が多く、技術的に高度であるので、箕作りの専業者によって作られる。生産地の名で、日置箕などと呼ばれる。かつては需要も多く、専業者も多かったが、現在では数名の伝承者が細々と製作しているにすぎない。かつては、箕作り職人自身が、箕の修繕や行商に出掛けた。それは、種子島、屋久島から九州一円に及んだ。行商先が種子島、屋久島までということは、全国に分布する箕が、奄美以南の島々にはないことを意味する。南の島々には、サンバラ、ハラ、ミーゾーキーなどと呼ばれる丸い平籠があり、箕に代わって、穀物を簸る道具として使われる。箕は、インテリアや商売繁盛、子孫繁栄の縁起物として重宝されている。十五夜に供え物を入れる器としても使われる。臼の上に載せられ、マスも置かれる。小正月に稲穂を載せてカマドに置く所もある。子供の初誕生を祝う餅踏みの時は、箕に大きな餅を置いて踏ませる。暮らしの中で、箕は貴重な農具であり、霊力のあるものとして生き続けてきた。
　メゴとは、『大隅肝属郡方言集』に「メゴザサで編んだ食器入れ。これを編む人は土地の人ではなかった」とある。メゴ（目籠）とは、『日本国語大

辞典』に「『めかご（目籠）』に同じ」とある。『日葡辞書』には「Mego（メゴ）、または、メカゴ」とある。方言として『日本国語大辞典』に「目の粗い籠」と説明してあり、島根県那賀郡、広島県比婆郡、山口県、香川県、愛媛県、高知県、福岡市、佐賀県、対馬、熊本県阿蘇郡、大分県下毛郡が挙げられている。「食器を入れておく籠」とあり、山口県阿武郡、徳島県、愛媛県大三島、高知県、壱岐、大分県、宮崎県東諸県郡、鹿児島県、屋久島が挙げられている。「担い籠」とあり、福岡県久留米が挙げられている。メカゴ（目籠）とは、前記辞典に「物を入れて、持ったり背負ったりする、目を粗く編んだ竹籠。めがたみ。めご」とある。『御伽草子』には「女はうは又、めかこをひぢにかけさせ給ひて」、浮世草子『日本永代蔵』には「茄子の初生を目籠（メカゴ）に入れ売来るを」、俳諧『寛政三年紀行』には「腰かがまりたる老人の、目籠おもたげに、杖にすがりてとぼとぼかへるあり」とある。方言として『日本国語大辞典』に「目の粗い笊。目笊」と説明してあり、茨城県、埼玉県秩父、長野県、静岡県志太郡、愛媛県周桑郡が挙げられている。「茶碗入れの籠」とあり、大分県北海部郡が挙げられている。「野菜籠」とあり、福島県相馬郡が挙げられている。「いもなどを入れる目のある籠」とあり、大阪府南河内郡が挙げられている。「口径一尺足らずの小形の竹籠」とあり、青森県南津軽郡が挙げられている。「大籠」とあり、香川県が挙げられている。

　1つの作品を作り上げるのに、2～3週間かかる。すすのような時代色（じだいしょく）仕上げの製品もある。

7 製品の各部分ごとの名称

　製品の各部分ごとの名称には、縁、胴、底、クッ（首）、ミン（耳）、口、肩がある。一番肝心な所を縁という。『竹工』74～75ページの基本編の名称を参考にしてみていく。

　籠を製作するには、第1に底になる部分を作る。底編みまたは敷編みという。底編みを終えれば、腰曲げをして胴体を作る。胴編みという。底よ

り胴作りに移ることを、腰曲げまたは腰立という。胴編みが終わって縁をつける所を、口という。口と胴部の間を肩という。籠ができあがり、これに持ち手をつける。工芸的な花籠などの場合は、ツルまたは手という。籠に台をつけたり、丸竹や割竹に足をつける場合がある。高台または足という。工芸品には肩と口の所の飾りをつけることが多い。ミンという。

4 竹細工・竹製品製造者の生活との関係について

　職名、職人気質、職場語、忌み詞と禁忌、キロクタケハチ、キモトタケウラのようなことわざ、天気との関係、竹細工・竹製品製造における男女の役割、竹細工・竹製品に関する祭り、苦労話などについて順に述べる。

　職名には、親方と弟子があり、弟子は年代によって、一番弟子、二番弟子、三番弟子というように、仕事に入った順番でいう。店の場合はまた違う。序列は第2次世界大戦後なくなった。昔はショケツクイ（竹細工屋）、テゴヅクイ、カゴヤサンと呼ばれた。鹿児島では、竹細工職人をショケツクイドンと呼ぶ。

　ショケツクイドンは、現在販売業者の注文に応じて製作しているが、以前はショケツクイドン自身が、遠方まで出掛け、製作した。南薩地方の山間に白川という300戸ほどの集落があり、かつては全戸が竹細工をしていた。盆が終わると鹿児島県内はもちろん、宮崎、熊本、大分方面へも出掛けた。そこには昔から決まった宿があって、仲間や弟子など10人ほどが泊り込み、竹細工を編み、行商して回った。これは白川に限らず、どこのショケツクイドンも同じであったようである。

　職人気質は人によって違う。自分が気に入るまで作る人と適当に作る人がいる。また、「仕事は真心込めて、うわべだけの人にこびる仕事をしちゃいかん」という人もいる。

　職人として生活される中で、おもしろいことばに、ノメノメがある。ノメノメとは、右六つ目を編む時の編み方である。左六つ目についてはわか

らない。

　忌み詞や禁忌などとして、「編み合わせる時は節の数を奇数にせよ」がある。2はよいが、4は嫌う。シ（四）は死ぬに通じると考えられており、シのかわりにヨツメのようにヨという。

　竹細工・竹製品製造に関係のあることわざなどに、キロクタケハチ（木六竹八）がある。木六竹八とは、木を伐る適期は6月、竹の適期は8月をいったものである。キロクのロクは旧暦6月、タケハチのハチは旧暦8月を指す。「竹は旧暦8月から伐れ。その前に伐ってはいけない」といわれる。つまり、「木材は6月、竹材は8月が用材として、最も実の入る月だから、この季節に伐り出すのがよい」という薩摩の先祖たちの教えを言い伝えたものである。また、竹材はタケハチのことわざどおり、9月から翌年の正月までが切り出しの適期である。この時季の竹は、養分を吸い込んで実が充実しているから、命が旺盛で虫がつかない。正月以後の筍をもった竹は甘く弱っているので、虫がつきやすくもろい。寒に打たれた竹はしっかりとしていて丈夫である。一番よい竹は、11月の初霜の頃、白いのをサッと浴びたくらいがよい。また、キモトタケウラ（木もと竹うら）／タケウラキモト（竹うら木もと）とは、竹は裏から剝ぎなさいということである。ほかのことわざとして、タケハギサンネン（竹剝ぎ3年）があり、竹剝ぎ工程が難しいということを表したことばである。ヘギトリサンネン（へぎ取り3年）ともいう。

　天気や風向きなどと竹細工・竹製品製造は関係があり、雨が降り、湿度が高い時はいけないといわれており、カビが生える時期のナガシ（梅雨）がいけない。ナガモンをする時は外でできない。寒い時の方がよい。風向きは関係ない。

　竹細工・竹製品製造における男性と女性の役割分担などとして、竹細工・竹製品製造は男性の仕事とみなされていた。大分・別府では、竹取りと編む人で分かれている。竹取りは男性がして、編むのは女性がする。女性が入ってはいけないことはなかった。釣り竿を女性が跨いではいけないと

いわれている。

　竹細工・竹製品（の製造）に関係がある行事として、曾我どんの鬼火炊き、門松、弓引き、テコ踊りなどがあり、祭りは全部竹に関係する。製造者同士で行事はない。竹の神社はある。南九州では、八月十五夜に臼の上に箕を置き、それに里芋や薄などを載せて月に供える行事がある。箕は技術的に高度なことや、農具としても貴重なことからか、箕を神聖視し、呪力を認めていると思われる。また、『竹の民俗誌』によると、昔から竹には霊力が備わっていると信じられてきた。箕も同じように、農機具としてだけでなく、神秘的な器として祭りなどに利用されてきた。例えば、娘が嫁入りする時は無事に子どもができるようにと、頭の上に箕を載せ、その中に父親がお酒を載せて送り出した。また、子どもが生まれると、誕生日には箕の中に餅を入れて踏ませ、健康を祈ったという。竹細工職人の中には、山の神への挨拶を欠かさない人もいる。箕作りでは、蓬莱竹、山桜、藤葛、山枇杷と材料のすべてを山の恩恵にあずかっている。

　職人として竹細工・竹製品製造に従事してきた中での昔の思い出や苦労話として、修業中は睡眠不足になった。昔は月2回休みがあったらよい方で、朝8時頃から夜遅くまで働いた。

　以上の考察より、鹿児島方言の影響を受けている職人ことばが使われている。例えば、コガタナの代わりにコガンナ、アミカタの代わりにアンカタが挙げられる。また、アジロアミの代わりにアジロ、タケワリナタの代わりにナタのような略語もみられる。

結　論

　鹿児島方言についての研究は、木部暢子(のぶこ)の『西南部九州二型アクセントの研究』にみられるように、アクセントや音声の研究が盛んに行われている。一方、語彙に関する研究は、上村孝二の『九州方言・南島方言の研究』が挙げられるぐらいであまり行われてこなかった。また、地域の特徴や地域差に重点が置かれる傾向が強かったので、本稿で取り上げた特定の集団についての言語の実態を明らかにした言語研究は皆無に近く、鹿児島方言の研究では初めての試みであると思われる。

　日常生活において使われている語彙とを常に比較しながら、職業語の数例として、鹿児島茶、焼酎、さつまあげ、福山酢、薩摩焼（龍門司焼）、薩摩切子、薩摩錫器、竹細工・竹製品の８つの伝統産業集団を取り上げ、その中で使われている製造工程語などについて社会言語学的観点から考察してきた。

　鹿児島県における職業集団語は、家内工業から発達したため、ほかの職種で使われていたことばが別の業種でも使われるようになり、同じ語や類似した語が複数の職業集団で用いられている場合もある。

　薩摩切子製造のように、ブレンダー、バッチ、カレットなど外来語を多く使っている職業集団がある。また、鹿児島茶製造におけるトメバのトメのように、略語が多く見出せた。その結果、本来の意味と異なってしまった語がある。

　職人ことばの中には、方言が多数含まれていることが明らかになった。鹿児島方言と関係がある語彙には、ブエン、イヲ、ビンタ、スイコッ／スイコ、アマンツボ、ガマ、ドンコが挙げられる。鹿児島の職業集団語と鹿児島方言とはつながりがあり、主に日常生活でよく使われる語彙にみられ

る。そのため、職人ことばといえども、一般の人にも理解できることばがある。職業集団に特有の語彙としては、ツケボウチョウ、フリコウジ、クソブタなどがある。

　職人ことばにおける方言の使用は、職業集団と地域社会との接触、また、職業集団を取り巻いている地域との関わりが大きいと思われる。龍門司焼製造のように、集落が産業と深くかかわってきた所では、職人同士での方言の使用が多く見出された。また、交通機関の発達の違いなどのように地理的条件も関係する。

　本研究により、鹿児島の職業集団における現在の言語状態が明らかになった。現在の職人の特徴としては、機械化が進んでいる中で、かつての手作業だった頃も経験しており、機械化以前の回顧された語彙がいくつか見出せた。例えば、龍門司焼製造における今日の粉砕機にあたるスタンプやフンムシがある。産業によっては、焼酎製造のように、製造元ごとに機械化か手作業かの両極端に分かれており、その中間段階である機械化の途中の製造元が少ないのが現状である。機械化による使用語彙の変化は顕著であり、かつての語彙を明らかにするのは今後困難になっていくと思われる。

　伝統産業の機械化によることばの変化については、変化を受けた語と機械化の影響を受けなかった語がある。機械化と機械化に伴うことばの変化との関係について調査してみると、機械化とともに容易に変化した語もあれば、昔のままを留めている語もある。今と昔で同じことばが使われている場合でも、機械化により意味が異なっている語がある。

　また、焼酎製造における原材料の見分けのように、機械化できない作業に対して、機械化したことにより変化した語の影響を受けて変わった語があると思われる。鹿児島茶製造のように産業により、機械化がほとんど進んでしまったものもあれば、焼酎製造のように手作業にこだわっているところもあり、それに伴って職人ことばにも多様性が見られる。

　機械化には、焼酎ブームなど社会的要因も関係している。ブームにより、大量生産の必要性に迫られ、製造工程とそれに伴う語彙も変化した。焼酎

製造や福山酢製造では、麴造りが機械化し、モロブタ、麴室などの語が使われている製造元は限られている。また、鹿児島茶製造の機械化のように、畑作平坦地域を有するなど地理的条件が変化をもたらした。機械化により、焼酎製造において杜氏がいない製造元もある。その結果、徒弟制度が崩れ、定年制が導入されている。そこには、職人の世界から食品製造業への転身がみられる。機械化の特徴としては、機械化できる部分、合理化できる部分は、合理化されている。しかし、それは手作りと変わらないか手作りを超える部分に限られており、手作りのよさが失われる合理化は行われていない。手作業として残っているものとして、鹿児島茶製造では、茶の苗木を手で挿す作業などがある。

　職業集団語彙の男女の使い分けについては、鹿児島茶製造や焼酎製造のように、今回取り上げた伝統産業ではあまりないように思われる。この点は、職業集団によって、男性がすることと女性がすることとが分かれていて、全体として、女性がすることが限られている。しかし、鹿児島では、ほかの地域の類似した職業集団と異なる点もみられる。龍門司焼製造では女性も窯焚きをしていた。

　年代差によることばの使い分けについては、弟子に教え継がれる語とそうではない語がある。職人により、職業集団に属している年数による特定語の使用の違いが明らかになった。また、職業集団に属している人々の平均年齢層により、ことばの使用に特徴があると考えられる。龍門司焼製造における窯の間の名前ケンのように、同じ年齢層でも、昔の特定の語彙を知っている人が限られている場合がある。例えば、代々受け継がれる秘伝である。職人業界特有のことばの継承は、先祖代々かどうかという家系にも関係している。

　職業集団を取り巻いている天気など環境との関係についてである。職業集団ごとに、天候をいうのに使われている語があると思われる。さつまあげ製造などのように、雨や風などの状態により、材料の質や量などが、作業や商品の出来具合に影響が及ぶ時、その状態をどう表現しているかがわ

かる。鹿児島ならではのものには、火山灰に関係するものが多い。

職業集団において使われている忌み詞については、職業世界では職人がけがをした場合など、間接的・婉曲的に表現する。また、職人の知恵、禁句、隠語などもある。龍門司焼製造では、葬式をクロヒ（黒火）にたとえ、亡くなりそうな人がいた場合は、窯焚きを延期した。葬式があった集落から人が窯に来ることを禁止するために、注連縄を集落の境界に張ったことがあったという。また、葬式帰りの人が窯に立ち寄ることは、死を持ってくると思われ、忌みとした。窯焚きにおいては、黒は「消える」に通じると思われる。職人ことばが喜怒哀楽の表現として、特殊な意味で用いられる例である。龍門司焼製造の窯焚きの時の赤と黒がある。赤は喜ばしいものであり、黒は慎むべきものと考えられる。

また、福山酢製造では、麹造りの際、納豆菌の方が黄麹菌より強いので、納豆を食べてはいけないという職人の禁忌がある。竹細工・竹製品製造では、数字の四はシといわず、ヨツメのようにヨヤヨンという。竹の節の数が合計4にならないようにしている。日本語のシは死に通じるので、嫌い避けている。

一般語から職人ことばとなった例には、モロブタがある。かつては家庭でも使われていたが、現在は焼酎や福山酢の伝統産業にだけ残っている。

動物名が比喩的に特殊な意味で用いられる例には、ドンコや鮫肌がある。龍門司焼製造では釉薬の名前である。

一般語とは異なった意味の職人ことばの例として、錫器製造のモチ、ユ、さつまあげ製造のウスがある。錫器製造では、モチは鋳込みの時に錫を熔かしてできた塊を指している。ユは、鋳込みの時は熔けた錫である。さつまあげ製造のウスは、攪拌に使う機械を指す。

人名の普通名詞化には、カワチキンがある。焼酎製造の麹仕込みで使う麹菌である。

職人の修業には変化があり、かつてのように見様見真似ではなくなり、理論化した部分がある。製造工程が勘から意図に変わった。さぼるのと楽

結　論

をするのは別である。錫器製造における熔融の温度は、かつては勘であったが、今は温度が決められており、それに基づいて製造している。

　職人の修業が鹿児島県内に留まらないため、他地域からの職業語の移入が起こっている。そのため、鹿児島方言と関わりが深く鹿児島独特の職人ことばが少なくなりつつある。また、修業の形態が変化してきたのに伴って、伝承される語彙が変化した。Ｕターンなどで研究所や企業から職人が転身している。

　職人気質においては、「昔ながらの製法を守りながら、新しいものを入れていく」は、さつまあげ製造、龍門司焼製造、錫器製造などいくつかの職業集団に共通している。伝統を重んじながら、新しいものを取り入れている。そこには、「歴史は作れない」という考えがある。また、職人というプライドを持っている。「こだわりを持って作っていかないといけない」という考えがあり、「おいしいものを作って食べてもらう」という職人気質が食品関係ではある。龍門司焼製造では、「ものは作れ」、「十作るよりも百」、「数多く作って覚えなさい」、「作ればほかの人のが見えてくる」といわれ、努力するという職人気質がある。薩摩切子製造には、「一つのものを作るのに対する熱」がある。

　職人芸には、キロクタケハチ（木六竹八）がある。木を伐る適期と竹を伐る適期を表現している。

　職人の信仰には、龍門司焼製造の窯焚きのように、窯詰めした時と窯出しした時にコレガンサアを拝むがある。また、福山酢製造においては酢の神様はいないので、その代わりに酒の神様へお参りに行く。

　以上の点より、鹿児島の伝統産業は地域の特徴をもとに発展してきたとまとめられる。鹿児島方言に由来する職業集団語の特徴は、地域社会と深く関わっている。つまり、鹿児島の産業は自然と共に形成されてきたといえる。また、社会が求めていることの変化が、職業集団語に影響を与える。消費者の価値観は、語彙と無関係ではない。

第2次世界大戦が鹿児島の伝統産業集団に大きな変化をもたらした。大戦を境に焼酎の主な原材料が変化した。その結果、現在鹿児島でいう焼酎は、米焼酎から芋焼酎に変わった。
　産業の衰退には、錫器製造のように、原料の輸入が関係している。鹿児島は武士階級でも農業に従事していた地域だったこともあり、職業集団の形成が遅く、歴史の浅い職業集団もある。伝統産業ではあるが、薩摩切子は復元されたものである。そのため、鹿児島方言の影響が少ない。
　鹿児島の伝統産業をはじめとする職人集団語彙が明らかになることにより、これらの伝統産業集団へ職人気質などの社会言語学的観点も加わると思われる。また、職業語により、鹿児島方言の実態もわかる。
　鹿児島ならではの産業を主に取り上げたことが、本稿の特異な点である。社会言語学的観点に重点を置きながら、なおかつ言語地理学の観点も考慮に入れたところが、新しい試みともいえ、ひいては日本の社会言語学にも貢献するものと思われる。従来の研究は、言語地理学を中心に、社会言語学の考察を加えたものである。職人ことばの先行研究は少ないが、方言についても検討を加えたものはないと思われる。
　20世紀は「進歩の時代」であるといわれる。産業においてもそれはあてはまり、確かに機械化が進んだ。それに伴い、職人と呼べる人々は減少した。
　今後の課題としては、伝統産業の中には、後継者不足や職人の高齢化の問題に直面し、失われる可能性がある産業がいくつかあり、それらの産業の集団語彙を至急記録しておく必要がある。また、機械化の過程における言語変化についても明らかにする必要があると思われる。
　また鹿児島茶製造や竹細工・竹製品製造のように、他県でも行われている伝統産業との比較を試みることにより、本研究についての新たな進展もあるだろう。その伝統産業が鹿児島県で発祥したか他県から取り入れたかによってや、清酒と焼酎のように類似した産業との比較についても、研究の余地が残されている。麹造りの期間は納豆を食べてはいけないという黄

結　論

　麹菌に対するタブーは、福山酢製造だけではなく、黄麹を使う清酒製造にもあるのではないかと思われる。
　職業集団語の多様性について言語地理学的観点からの考察も試みる必要がある。

あとがき

　大学院を修了して5年が経とうとしています。ここにかねてからの希望でした博士論文の日本語版として、『鹿児島の伝統産業と職人ことば』を出版することになりました。論文執筆から数年が経ち、鹿児島の伝統産業にも多少なり変化がみられます。また、論文執筆中に書き落としたことや、臨地調査の時には明らかになっていなかったことも、ここで触れておきたいと思っています。

　鹿児島茶製造では、粉末緑茶も作っている。

　さつまあげ製造では、調査先ではゴーヤあげ、ほかの業者では、うなぎ、豚の角煮などを入れたさつまあげも作られている。

　薩摩焼（龍門司焼）製造では、川原輝夫氏が2001年7月、龍門司焼企業組合を退職し、2002年6月、父川原軍次氏の生誕100年を期して、55年ぶりに次郎太窯を再興した。次郎太窯は、約400年の歴史を誇る龍門司焼、数々の名品を生み出した古窯の横で、父軍次氏を育てた祖父次郎太氏の域に達するよう願いを込めて命名された。

　龍門司焼のダカツユ（蛇蝎釉）は、1945年以前は、カンノンヤキ（観音焼）といっていたようである。カンニュウユ（貫入釉）と同じ釉薬で、観音様を鹿児島方言でいうとカンニュと聞こえるので、1945年以後いうようになったようだ。ほかの釉薬として、アイユ（藍釉）もあり、リョクユ（緑釉）はワカバユ（若葉釉）ともいう。

　薩摩切子製造では、2色の色被せをした商品が作られている。色では島津紫が加わった。

　薩摩錫器製造では、製品に急須、コーニックタンブラー手彫（鎚目）、ロックグラス手彫、イルミネートデザインカップが加わった。コーニックタンブラー手彫（鎚目）は、手に取ると、ソーサーが外れる不思議なデザイ

ンである。イルミネートデザインカップは、エッチングにより逆に絵や文字を彫り込み、色漆などを施し、「輝(かがやき)」(細い線カット加工)で仕上げたカラー加飾品である。観覧車と秋彩の絵柄がある。「輝」とは、エッチングに替わる表面カッティングの加工の商品で、島津家別邸仙巌園の文化財錫瓦仕上げに使用した。

　この論文で取り上げたのは職人ことばのほんの一部分であり、まだまだ多くのことを書き留めておかなければならないことは、言うまでもありません。しかし、たとえ一部分であっても、本書に記述できたこと、そして、1人でも多くの方々に知っていただけたらと願っています。更なる研究は別の機会を待ちたいと思っています。

　最後になりましたが、本書を出版するにあたっては、海鳥社の方々に校正その他でお世話になりました。ここに厚くお礼を申し上げます。

　　2006年3月15日

　　　　　　　　　　　　　　　　　　　　　　　　　　　福田陽子

参考文献

阿久根市誌編さん委員会編『阿久根市誌』阿久根市、1974.12
朝日印刷編集企画『標準語と鹿児島方言の和薩摩和実用語辞典（鹿児島方言集）』朝日印刷、1991.11
有村勝男監修『若さを保つ浄血革命——天然つぼ酢「くろず」の秘密』カーフ研究所、1997.1
飯田正毅『薩摩の伝統工芸』春苑堂出版、1995.9
飯田正毅『鹿児島の工芸』春苑堂書店、1982.3
飯豊毅一ほか編集委員『講座方言学9　九州地方の方言』国書刊行会、1983.3
家の光協会編『地上』47巻5号、家の光協会、1993.5
池田俊彦『島津斉彬公伝』岩崎育英会奨学会、1954.3（1980.2、復刻版）
石川哲『山ケ野金山のすべて』高城書房出版、1990.4
伊地知信一郎『日当山侏儒どん　改訂版』随筆かごしま社、1990.12
出水市教育委員会社会教育課『出水の生活伝承　付ことわざ伝承』出水市教育委員会、1994.10
出水郷土誌編集委員会編『出水の歴史と物語』出水市役所、1967.4
稲垣真美『ふるさとの名酒と焼酎』新潮社、1984.12
井之口有一・堀井令以知『職人ことば辞典』桜楓社、1983.6
今村知子『鹿児島の料理』春苑堂出版、1999.2
牛留致義『「かごしま語」の世界』春苑堂出版、1991.11
牛留致義『第三さつま語の由来』牛留致義、1986.2
牛留致義『新・さつま語の由来』南日本新聞開発センター出版教育局、1978.5
牛留致義『さつま語の由来』牛留致義、1975.10
梅田康夫編『【新】日本のやきもの　別巻2　[陶芸の技法百科]』読売新聞社、1997.11
浦島正兵衛『薩摩焼酎の回顧』鹿児島県酒造組合聯合会、1940.5
榮喜久元『鹿児島の文化遺産——時の流れの中で』丸山学芸図書、1990.4
頴娃農業改良普及所『えい茶を築いた谷場のあゆみ（生活史）』頴娃農業改良普及所、1984.3
江口滉『陶芸入門』文研出版、1973.10
ＮＨＫ鹿児島放送局編『さつま今昔』つかさ書房、1983.8
遠藤元男・児玉幸多・宮本常一編『日本の名産事典』東洋経済新報社、1977.10

大石貞男・畑明美・林栄一『健康食お茶』農山漁村文化協会、1987.6
大槻文彦『新編　大言海』冨山房、1982.2
岡田喜一・矢部良明『日本陶磁大系16　薩摩』平凡社、1989.11
沖浦和光『竹の民俗誌』岩波書店、1991.9
沖縄大百科事典刊行事務局編『沖縄大百科事典上巻』沖縄タイムス社、1983.5
奥村三雄編『九州方言の史的研究』桜楓社、1989.2
小倉厚子編『オレンジページ』1998年6月2日号、オレンジページ、1998.6
小野重朗『鹿児島歳時十二月』西日本新聞社、1978.9
折田尚子・川野菜穂子『この道ひとすじ　竹細工』加治木高等学校図書委員会、1989.9
柿本靜志『鹿児島県肝属郡串良町の方言　さつま語と地方方言の語源をさぐる』めいけい出版、1992.4
鹿児島市立美術館編『薩摩のやきもの』鹿児島市立美術館、1978.11
鹿児島県『鹿児島県史』鹿児島県、1939.4（鹿児島県『鹿児島県史』第三次復刊全7巻〔8冊〕鹿児島県、1980.10）
鹿児島県企画部統計課編『鹿児島県産業マップ』鹿児島県企画部統計課、1997.3
鹿児島県教育会編『鹿児島方言集』国書刊行会、1975.6
鹿児島県高等学校歴史部会編『新版鹿児島県の歴史散歩』山川出版社、1992.7
鹿児島県酒造組合連合会編『鹿児島県酒造組合連合会史』鹿児島県酒造組合連合会、1986.6
鹿児島県姓氏家系大辞典編纂委員会編著『鹿児島県姓氏家系大辞典』角川書店、1994.11
鹿児島県農政部流通園芸課『鹿児島県食彩情報誌　花・果・菜 Vol.6』鹿児島県農政部流通園芸課、1998.11
鹿児島県歴史資料センター黎明館編『鹿児島・竹の世界――環シナ海文化の視座から』鹿児島県歴史資料センター黎明館、1995.2
鹿児島県歴史資料センター黎明館編『「さつまやき――その歴史と多様性」図録』鹿児島県歴史資料センター黎明館、1985.10
鹿児島県歴史資料センター黎明館編『「手わざ――くらしに生きる伝統技術」図録』鹿児島県歴史資料センター黎明館、1989.1
鹿児島県歴史資料センター黎明館編『「子どもの世界」図録』鹿児島県歴史資料センター黎明館、1990.2
ＫＴＳ鹿児島テレビ『歌之介のさつまのボッケモン』高城書房、1998.7
『かごしま文庫』編集部『ことわざが語る薩摩』春苑堂書店、1998.8
鹿児島民具学会編『鹿児島民具博物誌　かごしまの民具』慶友社、1991.10
加治木郷土誌編さん委員会『加治木郷土誌　改訂版』加治木町長、1992.11

参考文献

加藤唐九郎編『原色陶器大辞典』淡交社、1972.10
蟹江松雄『福山の黒酢 —— 琥珀色の秘伝』農山漁村文化協会、1989.12
蟹江松雄監修『肥後の赤酒・薩摩の地酒』金海堂、1996.9
蟹江松雄『本格焼酎のすべて』チクマ秀版社、1997.10
上村孝二「鹿兒島縣下の表現語法覺書」(『鹿児島大学紀要「文科報告」』第3号) 鹿児島大学文理学部、1954.3
上村孝二「薩隅語をさかのぼる」(『国語国文　薩摩路』38号) 鹿児島大学法文学部国語国文学研究室、1994.3
上村孝二『九州方言・南島方言の研究』秋山書店、1998.3
上村美智雄『新面白・鹿児島方言集（保存版）』南日本書房出版部、1990.6
亀井孝・河野六郎・千野栄一編著『言語学大辞典　第6巻　術語編』三省堂、1996.1
川越政則『焼酎文化図譜』鹿児島民芸館、1987.5
川越政則『鹿児島民芸風土記』鹿児島民芸館、1978.11
川越政則『鹿児島の美＝南日本民芸図説』鹿児島民芸館、1969.6
川越政則『南日本風土記』至文社、1962.9
神部宏泰『九州方言の表現論的研究』和泉書院、1992.2
北山易美『黒潮からの伝承』南日本新聞開発センター、1978.8
北山易美『さつまのことわざ』いさな書房、1968.9
北山易美『さつま漁村風土記』いさな書房、1962.3
木原三郎『陶工有山長太郎』有山長太郎四十年祭 (創業八十周年記念) 協賛会、1979.11
木部暢子『西南部九州二型アクセントの研究』勉誠出版、2000.2
九州通商産業局監修『九州の伝統的工芸品』九州電力株式会社事業開発部地域振興室、1996.11
九州方言学会編『九州方言の基礎的研究　改訂版』風間書房、1991.11
九州旅客鉄道『プリーズ　No.137（1998年10月号）』九州旅客鉄道、1998.9
京都大學文學部國語學國文學研究室編『諸國方言物類稱呼　本文・釋文・索引』京都大學國文學會、1973.11
楠本正憲『薩摩語　黄昏の散策』岩波ブックサービスセンター、1994.4
熊倉功夫・杉山公男・榛村純一編著『緑茶文化と日本人 —— World O-CHA Festival に向けて』ぎょうせい、1999.3
藏薗治己『詩集　村人たち —— 南薩摩のむらことば』鉱脈社、1998.11
倉橋楡樹江・青木早智子編『現代日本の陶芸家と作品　VOL.1 西部編』小学館、1996.5
フロリアン・クルマス著、諏訪功・菊地雅子・大谷弘道訳『ことばの経済学』大修館書店、1993.12
小泉武夫『日本酒ルネッサンス』中公新書、1992.11

光芸出版編『陶器作り方事典』光芸出版、1976.7
講談社編『日本の名酒事典　増補版』講談社、1998.4
国語学会『国語学辞典』編集委員会編『国語学辞典』東京堂出版、1955.8
国語学会編『国語学大辞典』東京堂出版、1980.9
国立国語研究所編『日本言語地図（縮刷版）』全6巻、大蔵省印刷局、1981.10～1985.3
五代夏夫『薩摩的こぼれ話』丸山学芸図書、1994.11
五代秀尭・橋口兼柄編『三国名勝図会』山本盛秀、1905.12（1982.8～10、青潮社）
齋藤建夫編『郷土資料事典46　鹿児島県』人文社、1998.4
佐藤庄五郎『図説　竹工入門 ── 竹製品の見方から製作へ』共立出版株式会社、1993.9
真田信治・渋谷勝己・陣内正敬・杉戸清樹『社会言語学』桜楓社、1992.11
さんぎし発行所編『薩摩文化月刊誌　さんぎし　昭和34年9月号』さんぎし発行所、1959.9
視覚デザイン研究所・編集室『ガラス工芸ノート』視覚デザイン研究所、1991.7
四蔵典夫『かごしまの美術館』春苑堂出版、1996.9
静岡県茶業会議所編『新茶業全書』静岡県茶業会議所、1966.10
下中邦彦編『やきもの事典』平凡社、1984.12
下野敏見編『川辺町民俗資料調査報告書　川辺町の民具』川辺町教育委員会、1993.7
下野敏見『フォークロア南九州』丸山学芸図書、1992.10
下野敏見『さつま路の民俗学』丸山学芸図書、1991.10
下野敏見『鹿児島の民俗文化』丸山学芸図書、1990.11
主婦と生活社編『焼酎全蔵元全銘柄』主婦と生活社、1984.6
尚学図書編『日本方言大辞典』全3巻、小学館、1989.3
陣内正敬『〈地域語の生態シリーズ〉地方中核都市方言の行方 ── 九州』おうふう、1996.8
新村出編『広辞苑』岩波書店、1955.5
菅間誠之助『焼酎の事典』三省堂、1985.9
菅間誠之助『焼酎のはなし』報光社、1984.11
鈴木たね子『かまぼこの驚くべき効用』チクマ秀版社、1997.11
鈴木博『焼酎讃』風濤社、1977.1
清野文男『日本の職人ことば事典』工業調査会、1996.5
瀬戸口嘉昭「鹿児島県枕崎市東鹿篭方言語彙」（『国語国文　薩摩路』26号）鹿児島大学法文学部国語国文学研究室、1981.12
瀬戸口俊治『南九州方言の研究』和泉書院、1987.10
瀬戸口望『志布志地方のことわざ集』瀬戸口望、1990.10
曾槃・白尾国柱編『成形図説　第二冊』国書刊行会、1974.1
第二アートセンター『ふるさと日本の味10　九州路味めぐり』集英社、1982.8

参考文献

高野實・谷本陽蔵・富田勲・岩浅潔・中川致之・寺本益英・山田新市『緑茶の事典』柴田書店、2000.5
高橋秀雄・向山勝貞編『祭礼行事・鹿児島県』おうふう、1998.6
高浜幸敏・谷川健一著者代表『日本の技⑨　西海九州技のさと』集英社、1983.6
高城書房編集部『かごっま弁辞典』高城書房、1997.7
高城書房編集部編『語りもんそ鹿児島』高城書房出版、1994.8
瀧田実編『陶工房』No.1、誠文堂新光社、1996.6
竹村清『かごしま語あんない』かごしま語あんない社、1969.5
田沢金吾・小山富士夫『薩摩焼の研究』東洋陶磁研究所、1941.2
橘正一『方言学概論』育英書院、1936.5
橘南谿『東西遊記』1795（塚本哲三編『東西遊記附北窓瑣談』有朋堂書店、1927.3）
千羽晋示『出水のツル』春苑堂出版、1994.11
沈壽官・久光良城『日本のやきもの1　薩摩』淡交社、1986.5
通産企画調査会『日本の伝統産業（物産編）』通産企画調査会、1979.3
塚田定清『一焼酎屋の記録』田苑栗源酒造株式会社、1992.12
佃有『いい顔いい匠』高輪出版社、1995.2
土屋良雄『薩摩切子』紫紅社、1983.7
津村喬『ザ・焼酎「焼酎ハンドブック1985」』海風社、1985.2
寺尾作次郎『鹿児島県文化財調査報告書　第2輯　薩摩の苗代川焼と大隅の龍門司焼』鹿児島県教育委員会、1954.10
寺尾作次郎『鹿児島県文化財調査報告書　第14集　龍門司焼古窯』鹿児島県教育委員会、1967.3
寺島良安『和漢三才図会』巻第105、1712（谷川健一編集委員代表『日本庶民生活史料集成　第29巻』三一書房、1980.8）
伝統的工芸品産業振興協会編『伝統的工芸品の本』同友館、1995.3
土井忠生・森田武・長南実編訳『邦訳　日葡辞書』岩波書店、1980.5
東条操『方言学講座　第4巻』東京堂、1961.6
東條操編『標準語引　分類方言辞典』東京堂出版、1954.12
東條操編『全国方言辞典』東京堂出版、1951.12
東條操『方言と方言学』春陽堂、1938.6
徳川宗賢編『日本の方言地図』中央公論社、1979.3
戸澤道夫『薩摩ガラス——殖産と美の追求にゆれた幕末の光芒』里文出版、2000.5
戸澤道夫『薩摩ガラスと江戸の文化』協立書店、1984.4
外池良三『酒の事典』東京堂出版、1975.6
豊田謙二『薩摩焼酎紀行』高城書房出版、1991.12

213

P.トラッドギル著、土田滋訳『言語と社会』岩波書店、1975.12
西日本新聞社販売開発部『九州焼酎百科（西日本新聞情報誌、1999秋）』西日本新聞社販売開発部、1999.10
西日本新聞社福岡県百科事典刊行本部編『福岡県百科事典上巻』西日本新聞社、1982.11
日本アート・センター編『日本の伝統工芸12』ぎょうせい、1985.6
日本大辞典刊行会編『日本国語大辞典』全20巻、小学館、1972.12～1976.3
日本大辞典刊行会編『日本国語大辞典（縮刷版）』全10巻、小学館、1979.10～1981.4
「日本の食生活全集　鹿児島」編集委員会編『日本の食生活全集46　聞き書　鹿児島の食事』農山漁村文化協会、1989.12
日本放送協会編『全国方言資料　第6巻　九州編』日本放送出版協会、1966.11
野崎耕二『画文集　からいも育ち　戦中戦後のあそびと暮らし』筑摩書房、1985.8
野村伝四著・柳田国男編『大隅肝属郡方言集』国書刊行会、1977.11
橋口満『鹿児島県方言辞典』桜楓社、1987.5
橋村健一『発想の驚異　シラス文化』高城書房、1997.9
濱田甫『暮らしに生きる竹』春苑堂書店、1996.12
原口虎雄『鹿児島県の歴史』山川出版社、1973.9
原田種夫ほか『九州方言考』読売新聞社、1982.6
平凡社地方資料センター編『鹿児島県の地名』平凡社、1998.7
菱刈郷土研究会編『菱刈郷土研究　第八号』菱刈郷土研究会、1994.11
平田信芳『地名が語る鹿児島の歴史』春苑堂出版、1997.4
平山輝男編著代表『日本のことばシリーズ46　鹿児島県のことば』明治書院、1997.7
平山輝男ほか編著『現代日本語方言大辞典』全9巻、明治書院、1992.3～1994.6
平山輝男編『全国方言辞典1　県別方言の特色』角川書店、1983.1
平山輝男編著『全国方言辞典2　県別人体語彙の体系』角川書店、1982.12
平山輝男編『全国方言基礎語彙の研究序説』明治書院、1979.2
深野治『白色革命、焼酎しらなみ軍記』創思社、1978.8
福山町郷土誌編集委員会編『福山町郷土誌』福山町、1978.9
藤野武彦『驚異の「天然つぼ酢」――血液が若がえる』講談社、1997.3
古園清一『ふるさとのことば――阿久根を中心とした』朝日印刷書籍出版、1996.5
J.C.ヘボン『和英語林集成（再版）（復刻版）』東洋文庫、1970.2
J.C.ヘボン編訳『和英語林集成（初版）（復刻版）』北辰、1966.10
宝雲新舎著作権者『陶器大辞典巻四』五月書房、1980.9
宝雲新舎著作権者『陶器大辞典巻五』五月書房、1980.10
堀井令以知『ことばの不思議』おうふう、1998.3

堀井令以知『比較言語学を学ぶ人のために』世界思想社、1997.3
堀井令以知『感性の言語学』近代文芸社、1996.2
堀井令以知『語源をつきとめる』講談社、1990.5
堀井令以知『地域社会の言語文化』名著出版、1988.3
松村明編『大辞林　第二版』三省堂、1995.11
源川チエ・福司山エツ子・徳永睦子『「CHA CHA CHA COOKING」お茶で楽しいクッキング』フーディアム　トクナガ、1992.11
南日本新聞開発センター『直伝！　おばあちゃんの味　鹿児島　新ふるさと料理』南日本新聞社、1996.10
南日本新聞開発センター出版教育局『日本の伝統的工芸産業　ふるさとの心と歴史を語る工芸品』南日本新聞開発センター出版教育局、1980.11
南日本新聞開発センター編集部『かごしまの窯元めぐり』南日本新聞社、1998.9
南日本新聞社・静岡新聞社『お茶最前線』南日本新聞開発センター、1999.5
南日本新聞社制作『「かごしま　文化の表情」第4集（景観編）』鹿児島県県民福祉部県民生活課、1994.3
南日本新聞社制作『「かごしま　文化の表情」第3集（祭り・行事編）』鹿児島県県民福祉部県民生活課、1993.3
南日本新聞社制作『「かごしま　文化の表情」第2集（衣・食・住編）』鹿児島県県民福祉部県民生活課、1992.3
南日本新聞社制作『「かごしま　文化の表情」第1集（民具・民芸品編）』鹿児島県県民福祉部県民生活課、1991.3
南日本新聞社販売局『南日本くらしの宝シリーズ155号』南日本新聞社販売局、1997.8
南日本新聞社編『かごしま弁　南九州の言葉と風土』筑摩書房、1984.9
南日本新聞社編『用と美──南日本の民芸』未来社、1966.2
南日本新聞社鹿児島大百科事典編纂室『鹿児島大百科事典』南日本新聞社、1981.9
南不二男『現代日本語の構造』大修館書店、1974.3
民俗学研究所編著『綜合日本民俗語彙』全5巻、平凡社、1955.6～1956.10
宮本馨太郎『民具入門』慶友社、1969.6
椋鳩十『薩摩伝統工人伝』西日本図書館コンサルタント協会、1979.1
向田民夫『カラーブックス421　日本の陶磁9　薩摩』保育社、1978.2
向山勝貞『南九州の民俗仮面』春苑堂出版、1999.11
村上正名『やきもの古窯めぐり　下』雄山閣出版、1976.10
村田了阿・井上頼国・近藤瓶城編『増補　俚言集覧』全3巻、皇典講究所印刷部、1899.8～1900.8
村田熙編『薩摩・大隅の民話』未来社、1960.8

村林孫四郎『鹿児島語法』郷土研究社、1929.9
安田耕作『かごいまべん　鹿児島方言と薩摩人』南洲出版、1996.6
安田耕作『オモシロかごいまべん　鹿児島方言とワゲェーたい』南洲出版、1999.6
矢部良明・水尾比呂志・岡村吉右衛門『日本のやきもの⑧　薩摩・民窯（講談社カルチャーブックス59）』講談社、1992.8
山ケ野小学校史編集委員会『山ケ野　小学校九十年史　金山三百年史』山ケ野小学校史編集委員会、1973.12
山口丹海著・所崎平編『生活の中の薩摩焼』山口和子、1979.1
山田尚二『さつまいも ―― 伝来と文化』春苑堂出版、1994.11
雄山閣編集部編『陶磁用語辞典』雄山閣出版、1988.7
横川町郷土誌編纂委員会編『横川町郷土誌』横川町長、1991.3
吉井和子『薩摩おごじょ ―― 女たちの夜明け』春苑堂出版、1993.1
吉田新一『やきものを始める人のために』池田書店、1999.9
吉田陞『山ケ野金山物語』高城書房、1997.10
吉町義雄『九州のコトバ』双文社出版、1976.12
由水常雄『ガラスと文化』日本放送出版協会、1997.9
読売新聞西部本社社会部編著『ふるさと物産館』条例出版、1981.7
陸田幸枝『百年の技、千年のかたち　日本の手仕事』小学館、1997.1
労働者職業安定局編『竹工』信陽堂出版部、1953.10
スザーン・ロメイン著、土田滋・高橋留美訳『社会のなかの言語』三省堂、1997.4

Albert DAUZAT. (1917), *Les argots de m tiers,* Paris: HONORÉ CHAMPION.
Austin, J. L. (1966), *How to Do Things with Words*, New York: Oxford University Press.
Bailey, B.L. (1966), *Jamaican Creole Syntax*, London: Cambridge University Press.
Fischer, J. (1958), Social influences on the choice of a linguistic variant, *Word* 14:47-56.
Haugen, E. (1956), *Bilingualism in the Americas: A bibliography and research guide*, Gainsville, FL: The American Dialect Society.
Hymes, D. (1962), The ethnography of Speaking. In Gladwin, T. and W. Sturtevant (eds.), *Anthropology and Human Behavior*, Washington, D. C.: Anthropological Society of Washington, pp. 13-53.
Labov, W. (1966), *The Social Stratification of English in New York City*, Washington, D. C.: Center for Applied Linguistics.
Labov, W. (1963), The social motivation of sound change, *Word* 19: 273-307.
Weinreich, U. (1953), *Language in Contact: Findings and problems*, New York: Academic Press.

新　聞
「朝日新聞」
「鹿児島新報」
「西日本新聞」
「日本経済新聞」
「毎日新聞」
「南日本新聞」
「讀売新聞」

パンフレット
阿萬屋「くろず情報館　阿萬屋」阿萬屋
大口酒造協業組合「伊佐錦会社案内」大口酒造協業組合
(有)大辻朝日堂「薩摩錫器伝統工芸品」(有)大辻朝日堂
(有)大辻朝日堂「薩摩錫器の沿革」(有)大辻朝日堂
鹿児島県蒲鉾協同組合「さつま揚げ」鹿児島県蒲鉾協同組合
鹿児島県茶業会議所「Green Tea of Kagoshima　鹿児島茶1999～2000」鹿児島県茶業会議所
鹿児島県茶業会議所「お茶のはなし」鹿児島県茶業会議所
「季節展解説シリーズ　尚古集成館　薩摩切子」
小正醸造株式会社
さつまいも産業振興協同組合「さつまいも　加工食品アラカルト集」さつまいも産業振興協同組合
薩摩ガラス工芸株式会社「島津薩摩切子」薩摩ガラス工芸株式会社
薩摩町ガラス工芸館
田中蒲鉾店
田中蒲鉾店「田中蒲鉾店　揚げづくしだより　2000春号」田中蒲鉾店、2000
田中蒲鉾店「田中蒲鉾店　揚げづくしだより　創刊号」田中蒲鉾店、1999.9
本坊酒造株式会社鹿児島工場「さつまおはら」本坊酒造株式会社鹿児島工場
本坊酒造株式会社鹿児島工場「焼酎の郷（くに）から」本坊酒造株式会社鹿児島工場

ホームページ
http://www.minc.ne.jp/~max_yi/einewpage1005.htm
http://www.minaminippon.co.jp/newsj/2000/04/newj_20000405.htm
http://www.cmp-lab.or.jp/~hana/fukuyama/sygehisa.htm
http://www.hana-maru.com/fukuyama/towa1.htm

http://www.cmp-lab.or.jp/~hana/fukuyama/towa2htm
http://www.synapse.ne.jp/~chiran/chiran_cha/history.html
http://www.kwc-u.ac.jp/ARA/syouchu.html
http://www.minaminippon.co.jp/21seiki/21seik69.htm
http://www.minaminippon.co.jp/21seiki/21seik36.htm
http://www.minaminippon.co.jp/21seiki/21seiki2.htm
http://www.minaminippon.co.jp/21seiki/21seik83.htm
http://www.venus.dti.ne.jp/~bambuu27/A-BambooCraft.html
http://www.venus.dti.ne.jp/~bambuu27/tool.html
http://www.minaminippon.co.jp/sanga/ka20-990419.htm

索　引

▶ア

アオナガシ（青流し）　119
アオユナガシ（青釉流し）　121
アカナガシ（赤流し）　119
アカヒ（赤火）　132
アク　121
アゲオロ　112
アサオロ　112
アサノハ　151
アサノハアミ（麻の葉編み）　190
アサノハクズシアミ（麻の葉崩し編み）　189
アジロ　188
アジロアミ（網代編み）　188, 191
アタリ（当たり）　149
アブラヲトル（油をとる）　82, 79
アブリ（焙り・炙り）　117, 128
アマミ　90
アマン　90
アマンツボ（アマン壺）　89, 97, 102
アマンツボバタケ（アマン壺畑）　89, 99
アメクスリ（飴釉）　117
アメユ（飴釉）　119
アライ（洗い）　44, 48
アライキ（洗い器）　44
アラジョケ（粗目ザル）　193
アラズリ（荒ずり）　150
アラチャ（荒茶）　27, 31
アラトイシ（荒砥石）　187
アラモミ（荒揉み）　112, 126
アンカタ　188

▶イ

イガタ（鋳型）　163, 168
イカダアミ（筏編み）　190
イケスカゴ　194
イコミ（鋳込み）　163, 168
イコム（鋳込む）　163, 168
イシカケ（石掛け）　150
イタニツケル（板につける）　80, 84
イタモノ　165
イチジシコミ（一次仕込み）　45, 51
イチジシコミハジメ（一次仕込み始め）　46, 51
イチジモロミ（一次醪）　46, 52
イチノマ（一の間）　117
イチョウカ（菱凋香）　27, 31
イッサキ（五尖・五裂）（青桐）　100
イッシンニヨウヅミ（一芯二葉摘み）　27, 31
イッチャ（一番茶）　26, 30
イネ　125
イネサジ　99
イネテゴ（担い籠）　193
イネル　124
イノウ（担ぐ）　34
イブシ（燻し）　166, 172
イブス（燻す）　166, 172
イモノ（鋳物）　163, 168, 173
イロガワリ（色変り）　111, 119
イロキセ（色被せ）　149, 152
イロミ（色見）　117
イヲ（魚）　79, 81
インゴット　162, 167

▶ウ

ウキコウジ（浮き麴）　103
ウス（臼）　80, 83
ウズヲマク（渦を巻く）　80, 84
ウチキセ（内被せ）　152
ウチベラ（内ベラ）　114
ウデ（腕）　60
ウネマ（畝間）　25, 29
ウバラ（大きいバラ）　95, 192
ウリョウアミ（右稜編み）　189
ウワガワキ（上乾き）　28, 31
ウワグスリ（釉・上釉・上薬）　127
ウワコウジ（上麴）　103

▶エ

エツケ（絵付け）　166, 172
エッチング　166, 173

219

エナメル　166, 172
エンゴロ　128
エンバン(円盤)　149, 153

▶オ

オオグチ(大口)　129
オオクベ(大くべ)　128
オカベテゴ(豆腐籠)　177, 192
オコジンサア(荒神)　133
オコジンジャ(荒社)　133
オメバッ(御米鉢)　123
オリヅミ(折り摘み)　27, 31
オロ(沈殿槽)　111, 126

▶カ

カイ(櫂)　46, 55
カイイレ(櫂入れ)　46, 52
カイオトシ　26, 30
カイゾウ(皆造)　48, 54
カイテンモミ(回転揉み)　28, 32
ガイノモロブタ　95, 96, 101
ガエ　101
ガエノモロブタ　96, 101
カエマゲドン　101
カゴメ(籠目)　189
ガザ　134
カス(糟・滓・粕)　170
カストリ　165, 170
カストリ作業　165, 170
カタオシ(型押し)　114
カタグチジョケ(片口ザル)　177, 192
カタクッジョケ　194
カタテギ　98
カタブキ(型吹き)　149, 152
カタメボウ　121
カット　149, 153

カットコウ(カット工)　154
カナジキ(金敷)　187
カナヅッ(金槌)　187
カナドコ(金床)　187
カナバン(金盤)　187
ガネ　121
ガネテゴ　192
ガネミソ(蟹味噌)　110, 119
ガマ(穴)　110, 124
カマ(窯)　114, 128, 149
カマオコシ(窯起こし)　129
カマキズ　134
カマキッ　134
カマゲ(叺)　34
カマダキ(窯焚き)　118
カマダシ(窯出し)　117, 129
カマツ(粘土)　34
カマツチ(窯土)　110
カマヅメ(窯詰め)　117
カマドウグ(窯道具)　114, 127
カマトト　85
カマモト(窯元)　130
カマヤキ(窯焼き)　114
カミリン(紙リン)　149, 153
カメ(甕)　46, 55
カメイタ(カメ板)　114, 127
カメツボ(甕壺)　103
カヤ　114
ガラ　62
カラカラ　62
カラカラー　62
カラシ　45, 51
ガラス　148, 151
カラスグチ(烏口)　185
カラスグッ(烏口)　185
カラタケ(幹竹・唐竹・漢竹)　176, 179

カルテゴ(背負い籠)　191, 193
カレット　148, 152
カワチキン(河内菌)　50
ガンギリ　165
ガンギリカケ　165
カンナ(鉋)　165, 170
カンニュウ(貫入)　130
カンニュウヤク(貫入釉)　119
カンモ　68
カンレイシャ(寒冷沙)　25, 29

▶キ

キアメ(黄飴)　119
キクモミ(菊揉み)　112, 126
キジガナ(木地刀)　164
キジツチ(素地土)　126
キズモン　134
キセガラス(被せガラス)　149, 152
キッサキ(切先)　165, 170
キッダシコガンナ(切出小刀)　187
キヅチ(木槌)　163, 168
キバンミガキ(木盤磨き)　150
ギヤマン　151
キリカエシ(切り返し)　45, 51
キリコ(切子)　149
キリコ(切粉)　165, 170
キリコシ(切子師)　154
キリダシコガタナ(切出小刀)　187
キレ　122, 130
キンチクダケ(金竹)　176
キンチッダケ(金竹)　176

索 引

キンバマジリ　29

▶ク

クサキイテゴ(草切り籠)　176, 193
クスイヂョカ　123
クスリ(釉・薬)(釉薬)　114, 127
クスリヂョカ(薬茶家)　123
クソ(糞)　53
クソブタ(糞蓋)　46, 53
クダッ　111, 125
クチヅクッ(口造り)　124
クチバサン(口鋏)　185
クッ(頸・首)　124, 195
クッツクイ(口造り)　124
クボ　125
クミミズ(汲み水)　46, 51
クライリ(蔵入り)　43, 48
グラインダー　150
クラカケズナ(鞍掛砂)　111
クラガケズナ(鞍掛砂)　111
クラグセ(蔵癖)　61
クラコ(蔵子)　57
クロカワ(黒皮)　168
クログスリ(黒釉)　119
クロサツマ(黒薩摩)　107, 122
クロダカツ(黒蛇蝎)　120
クロヂョカ(黒茶家)　63, 123
クロヒ(黒火)　132
クロモン　107
クロユ(黒釉)　119
クロユタマナガシ(黒釉玉流し)　121

▶ケ

ケゴジョバラ(蚕用のザル)　193
ケゴバラ　192
ケショウツチ(化粧土)　110
ケズリ(削り)　164, 169, 173
ケズリノミ(削り鑿)　184
ケズリノン(削り鑿)　184
ゲタ(下駄)　54
ゲテモノ(下手物)　107
ゲモン(下物)　134
ケロクロ(蹴轆轤)　113, 126
ゲンカケノコ(弦掛鋸)　182

▶コ

ゴウグミ(合組)　29
コウジ(麹)　45, 49
コウジキン(麹菌)　45
コウジシコミ(麹仕込み)　45, 49
コウジブタ(麹蓋)　54, 96
コウジムロ(麹室)　45, 96, 102
コウボ(酵母)　46, 52
コウボキン(酵母菌)　46
コエジョケ(肥料ザル)　193
コガタヒキメグリノコ(小形挽廻鋸)　183
コガヤキ(卵焼き)　80, 84
コガンナ(小刀)　187
コサグ　79, 82
コサク　82
コシ　49
コシキ(甑)　44, 54, 94
コシキダオシ(甑倒し)　45, 49
コシキダテ(甑立て)　44
コシキハジメ(甑初め)　44, 49
コシッダオシ(甑倒し)　49
コシュ(古酒)　48, 54

コス　71
コス(漉す・濾す)　98, 104, 111, 125
コデ(高台)　124
コテ(鏝)　127
コデビッ　124
コヒ　49
コヒキバラ　192
コヒン　64
コマ(駒)　54
コメアライキ(米洗い器)　44
コヤスノキ　164
コヤツノキ　164
コレガンサア(高麗神)　133

▶サ

サテイワイ(査定祝い)　59
サトガエリ(里帰り)　48, 54
サメ　121
サメグスリ(鮫釉)　119
サメハダ(鮫肌)　119
サメハダデ(鮫肌手)　119
サメハダユ(鮫肌釉)　119
サメワレ　134
サヤ(匣鉢・鞘)　114, 127
サリョウアミ(左稜編み)　189
サン　95, 101
サンカスズ(酸化錫)　163, 168
サンゲンメ　117
サンサイ(三彩)　119
サンサイユ(三彩釉)　119
サンノマ(三の間)　117
サンパイ(酸排)　53, 46

221

▶シ

シアゲチャカンソウ(仕上げ茶乾燥) 29
シオテゴ 177, 193
シカクメアミ(四角目編み) 188
シキ(敷) 95, 101
シキセン 29
シゴキヅミ(扱き摘み) 27, 31
シコミ(仕込み) 45, 51
シコミタンク(仕込みタンク) 46, 55
シタコウジ(下麴) 103
シッタ(湿台) 114, 127
シボリブクロ(搾り袋) 98, 104
シマイシゴト(仕舞仕事) 51
シマイテイレ(仕舞手入れ) 45, 51
シメハバ(締幅) 185
シャク(杓) 46, 55
ジャコバラ 192
シャットイ 26
シャットイムシ 26
シャベ 26
ジュウネン(揉捻) 28
ジュクセイ(熟成) 48, 53
シュジュ(樟脳) 110
シュジュハッパ 110
シュボ(酒母) 46, 52
シュン(旬) 26, 31
ショイ 110
ショウケ 75
ジョウゴ(漏斗) 97, 103
ショウサン(硝酸) 166, 172
ジョウテモノ(上手物) 107
ジョウモン(上物) 134
ジョウリュウ(蒸留) 47, 53
ジョウリュウキ(蒸留機・蒸留器) 47, 55
ショケ(ザル) 95, 177, 193
ショケアミ 188
ショケツクイ(竹細工屋) 196
ショケツクイドン(竹細工職人) 196
ショツ(焼酎) 39
ショッコウ(職工) 32
ショノ 110
シラアゲ(白上げ) 166
シリン(紙リン) 149, 153
シロサツマ(白薩摩) 107, 122
シロシアゲ(白仕上げ) 166
シロダカツ(白蛇蝎) 120
シロナガシ(白流し) 119
シロナガシユ(白流し釉) 121
シロモン 107, 122

▶ス

ス(簀・籭) 90, 95, 100
スイコ 80, 84
スイコッ 80, 84
スイヅツ(水筒) 176
スイヒ(水簸) 111, 126
スエダレ(末垂れ) 47
スケソウ 78
スゴキヅミ(扱き摘み) 27, 31
スゴッ 31
スタンプ 111, 125
スノコ(簀子) 95, 100
スヤッ(素焼) 114
スリアガル 80, 84
スリップス 26
スリミ(摺身・摺身) 78, 80
スリミヲスル(すり身を摺る) 80, 84

▶セ

セイキク(製麴) 49
セイジュウ(精揉) 28
セイロ(蒸籠) 94, 100
ゼーゲル(Seger) 117, 128
ゼーゲルスイ(Seger錐) 128
セジヂョカ 123
セメ(責め) 117, 128
セメダキ(責め焚き) 117, 128
セン(銑) 183
センテバサン(選定鋏) 185
センバン(旋盤) 164, 169

▶ソ

ソウケ 176
ソウセイスイ(創生水) 79, 82
ソウメンバツ 123
ソーダ 166, 172
ソジュウ(粗揉) 28
ソトキセ(外被せ) 152
ソトベラ(外ベラ) 114
ソバグスリ(蕎麦釉) 119
ソラギュウ 64

▶タ

ダイビシャク(大柄杓) 55
ダイヤメ(晩酌) 39
ダカツ(蛇蝎) 120
ダカツデ(蛇蝎手) 120
ダカツユ(蛇蝎釉) 119, 120

索　引

タケキリバサミ（竹切鋏）　184
タケキリバサン　184
タケセン（竹銑）　186
タケヒゴ　187
タケヒッノコ（竹引き鋸）　182
タケワリナタ（竹割鉈）　182
ダゴアゲ　192
タチハジメ　46, 52
ダチビン（抱瓶）　63
ダッテゴ　193
タテ　118, 129
タテイタ　118
タテボウチョウ　165
タナモリ（棚盛り）　51
タネカケ（種かけ）　45, 51
タネコウジ（種麴）　44, 96
タネフリ（種ふり）　51
タマ　152
タマナガシ（玉流し）　119
タマホドッ（玉解き）　28
ダルマ（坩堝）　152
ダレヤメ（晩酌）　39, 75
タンゴ（担桶）　98, 104
タンシキジョウリュウキ（単式蒸留機）　47, 56

▶チ

チキアーギ　76
チキアーゲ　77
チキアギー　76
チキアゲ　75
チクアーギ　76
チケアーゲ　76
チケアゲ　75
チドリ（千鳥）　25, 30
チャエン（茶園）　25
チャシ（茶師）　32

チャヂョカ（茶茶家）　122
チャツンテゴ（茶摘み籠）　193
チャベロ　194
チャワンヤ（茶碗屋）　130
チュウジュウ（中揉）　28
チュウブキ（宙吹き）　149, 153
チュウモン（中物）　134
チョ　64
チョウカア（酎家）　63
チョカ（茶家）　63, 122
ヂョカ　122
チョク　64
チンタラ　56

▶ツ

ツイジョケ　194
ツキノミ（突鑿）　184
ツケアゲ　75
ツケボウチョウ　80, 84
ツッキイ　165
ツッゲ　167
ツッゲスイビン　167
ツボフキ（壺ふき）　98
ツボヨセ（壺寄せ）　98
ツミシュン（摘み旬）　31
ツヤケシ（艶消し）　166, 173
ツユギイ（露切り）　28
ツユキリ（露切り）　28, 32

▶テ

デ　80, 84
デカン（下男）　105
テゴ　176, 193
デコウジ（出麴）　45, 51, 96
テゴヅクイ　196
テツユ（鉄釉）　119
テデシボル（手でしぼる）

79, 82
デビラキ（出開き）　31
デビラキド（出開き度）　26, 31
テミズバチ（手水鉢）　114
デャマン　151
テンネンエン（天然塩）　79, 82

▶ト

トイシ（砥石）　150, 154
ドウギ（胴木）　117, 129
ドウギノマ（胴木の間）　117
ドウギマ（胴木間）　129
トウジ（杜氏）　57
ドウツキノコ（胴付鋸）　182
トウメイユ（透明釉）　119
トコ　51
トコノセ　51
トコモミ（床揉み）　45, 51
トシ　57
トジ　57
トチ　129
トチミ　129
トチム　129
トチン　129
トッゴウ　118, 129
トト（魚）　85
トノコ（砥粉）　164, 169
ドバイ（土灰）　119
トメ　26, 31
トメグスリ（透明釉）　111
トメバ（止葉）　31
トモブタ（共蓋）　55
トヤ　126
トリアゲル　80, 84
トレハロース　80, 82
ドンコ（蟇ひきがえる）　120
ドンコヤキ（ドンコ焼）　120

223

ドンコユ（ドンコ釉） 119, 120
トンボ 114
トンメ 114, 127

▶ナ

ナガシ（流し） 121
ナガシ（梅雨） 132, 197
ナカシゴト（中仕事） 51
ナガシユ（流し釉） 119, 121, 132
ナカテイレ（中手入れ） 45, 51
ナカドメ（中留） 47
ナガモン 197
ナギナタ（長刀・薙刀） 165, 171
ナギナタガンナ 165
ナギナッ 165
ナシジ（梨子地） 166, 171
ナタ 182
ナマガケ（生がけ） 114, 128

▶ニ

ニジシコミ（二次仕込み） 46, 52
ニジモロミ（二次醪） 46
ニジュウムツメアミ（二重六つ目編み） 189, 121
ニチャ（二番茶） 26, 30
ニノマ（二の間） 117
ニミッ 110
ニミッグスリ（新道釉） 119, 121

▶ネ

ネセバラ 193

▶ノ

ノボリガマ（登り窯） 117
ノミコテ（鑿鏝） 184
ノメノメ 196
ノンベエハイ（飲んべえ杯） 64

▶ハ

バーナー 149, 152
ハイ 121
ハイグスリ（灰釉） 119
パイシャ 86
バイト 164, 169
ハイド（坏土） 126
ハグロヂョカ（歯黒茶家） 123
ハサン 184
バサン 184
ハシ（箸） 149, 153
パス 149, 153, 165, 171
ハゼ（破精） 96
ハタク（砕く） 111, 126
ハッカクメ（八角目） 190
ハッコウ（発酵） 46, 52
ハッダレ（初垂れ） 47
バッチ 148, 151
ハッパマ 118, 129
ハッポヂャワン 122
ハトカン（鳩燗） 64
ハトトックリ（鳩徳利） 63, 64
ハナタレ（初垂れ） 47
ハナダレ（初垂れ） 47
ハバイ 184
ハバガネ（幅金） 185
ハバキメ（幅きめ） 184
ハバギメ（幅ぎめ） 184
ハバヒ 184

▶ヒ

ヒィ（錺る） 27, 31
ビードロ 148, 151, 152
ビイドロ 152
ヒイレ（火入れ） 29
ヒク 98
ヒグチ（火口） 117, 129
ヒグッ（火口） 117
ヒゴ 187
ヒダテ 118
ヒトイネ（1荷） 110, 124
ヒトクボ（1臼） 111, 125
ヒトマツアミ（一松編み） 188
ヒネコウジ（老麹） 103
ヒネリ（手工法） 113
ヒネリモチ（捻り餅） 96, 102
ヒュウガチロリ（日向チロリ） 63
ビョウガイッタ 26, 30
ヒラガナ（平刀） 164, 169
ヒラガンナ（平鉋） 169
ヒラヂョカ（平茶家） 123
ビンタ（頭） 79, 81
ビンタン 81
ビンヅメ（瓶詰め） 48, 54

▶フ

ブイ（簀） 124, 177

索引

ブイジョケ　124, 193
ブイン　81
ブエン(無塩)　78, 80
フカオロ　112
フキサオ(吹き竿)　149
フキザオ(吹き竿)　149, 152
フタコウジ(蓋麴)　103
ブラシミガキ(ブラシ磨き)　150
フリコウジ(振り麴)　96, 103
ブレンダー　148, 151
ブレンド　48, 54
ブンギイ　110, 111, 134
ブンギリ　124
フンム　126
フンムシ　126

▶ヘ

ヘギ　187
ベタ　80, 84
ヘダテ　114, 118, 128
ヘダテアナ　118
ヘッ　187
ヘラ(箆)　114, 127
ヘワ　95, 101

▶ホ

ホイロ(焙炉)　28, 32
ホイロアゲ　34
ホウコウアカ(芳工赤)　121
ホウコウアカユ(芳工赤釉)　119
ホウコウユ(芳工釉)　121
ホウレイ(放冷)　45, 49
ポカン　149
ボッコヅチ　110, 125
ボロッチ　125
ホンダレ(本垂れ)　47

ポンテ　149, 153
ホンテザオ　153
ポンプ　95, 100
ホンヤッ(本焼)　114

▶マ

マイギリ(舞錐)　186
マクラ　30
マクラジ(まくら地)　25, 30
マサ　125, 134
マサッチ(正土)　111, 125, 134
マゼコウジ(混ぜ麴)　96, 103
マゼル(交ぜる・混ぜる・雑ぜる)　52, 80, 83
マダケ(真竹)　175, 179
マツル(祭る)　39
マルボルト(丸ボルト)　184
マンガン　148

▶ミ

ミ(箕)　194
ミガキ(磨き)　150, 166, 171
ミガキコ(磨き粉)　150, 154
ミガキセン(磨き銑)　183
ミガキナタ(磨き鉈)　183
ミショウ(実生)　25, 30
ミス　80, 84
ミッツ　123
ミツ花立て　123
ミノムシィ　26
ミン(耳)　195
ミンチ　79, 82

▶ム

ムシゴメ(蒸米)　44, 48
ムシツユ(蒸し露)　28, 31

ムツメアミ(六つ目編み)　188
ムロ(室)　102, 114, 132
ムロブタ　54
ムロヤ(室屋)　102
メカゴ(目籠)　195
メクラヂョカ　123
メゴ(目籠)　194
メサシ(目差し)　183
メシゲ　95
メトオシ(目通し)　183
メロ(下女)　105
メントイ　183
メントリキ(面取器)　183

▶モ

モウソウチク(孟宗竹)　175, 179
モチ(餅)　163, 169
モチアジ(持ち味)　60
モト(酛)　52
モトガマ　117
モミ(揉み)　45, 51
モム(揉む)　45, 49
モリ(盛り)　45, 51
モル(盛る)　45, 51
モルブタ　55
モロブタ　45, 54
モロフタ　55
モロミ(醪)　46, 52
モロミガメ　98
モロミキキ(醪利き)　46, 53
モロミヨセ(醪寄せ)　98
モロヤ　60

▶ヤ

ヤキ　118, 129
ヤキゴテマゲゴテ(焼鏝曲

225

鏝）　183
ヤスリ　165
ヤセジョケ　193
ヤッゴテ　183
ヤツメアミ（八つ目編み）　190
ヤッモン（やきもの）　122
ヤッモンヅクリ　130
ヤナッバサン　185
ヤブクマ　126
ヤマヂョカ（山茶家）　123

▶ユ

ユ（湯）　163, 168
ユウヤク（釉薬）　114, 118, 127
ユヌキ（油抜き）　180

▶ヨ

ヨツメアミ（四つ目編み）　188
ヨンゲンメ　117
ヨンノマ（四の間）　117

▶ラ

ランビキ（蘭引）　56

▶リ

リョウテヅミ（両手摘み）　27, 31
リョクユ（緑釉）　119

▶ル

ルツボ（坩堝）　148, 151

▶レ

レンギイ　28

▶ロ

ロクロ（轆轤）　112, 126, 165

ロクロギリ（ロクロ錐）　186
ロクロノシン（ろくろの芯）　114
ロッカクメ（六角目）　188

▶ワ

ワカイ（若い）　46, 53
ワカモロミ（若醪）　53
ワキツキ（湧きつき）　46, 52
ワスイ（割水）　48, 54
ワセ（早生）　26, 30
ワタ　79, 81
ワラガケ（藁掛け）　25, 29
ワラフツ　29
ワラユ（藁釉）　119, 121
ワリ　150

福田陽子（ふくだ・ようこ）
1974年　東京に生まれる
1996年　関西外国語大学外国語学部英米語学科卒業
1998年　関西外国語大学大学院外国語学研究科博士課程
　　　　前期言語文化専攻修了　修士（言語文化）
2001年　関西外国語大学大学院外国語学研究科博士課程
　　　　後期言語文化専攻修了　博士（言語学）
現在、福岡市在住

修士論文「九州方言の形容詞について」
博士論文「鹿児島県における職業集団語の社会言語学的研究
（A Sociolinguistic Research of Technical Terms of Craftsmen in Kagoshima Prefecture）」（2001年9月印刷公表）

鹿児島の
伝統産業と職人ことば
■
2006年9月1日　第1刷発行
■
著者　福田陽子
発行者　西　俊明
発行所　有限会社海鳥社
〒810-0074 福岡市中央区大手門3丁目6番13号
電話 092(771)0132　FAX 092(771)2546
http://www.kaichosha-f.co.jp
印刷・製本　有限会社九州コンピュータ印刷
ISBN 4-87415-597-9
［定価は表紙カバーに表示］